KB084069

발음부터 회화까지 2주 완성

GO! 독학 태국어 첫걸음

응지인 지음

S 시원스쿨닷컴

GO! 독학 태국어 첫걸음

초판 1쇄 발행 2021년 8월 18일
초판 4쇄 발행 2025년 1월 17일

지은이 옹지인
펴낸곳 (주)에스제이더블유인터내셔널
펴낸이 양홍걸 이시원

홈페이지 thai.siwonschool.com
주소 서울시 영등포구 영신로 166 시원스쿨
교재 구입 문의 02)2014-8151
고객센터 02)6409-0878

ISBN 979-11-6150-504-6
Number 1-430201-25031807-04

สวัสดีค่ะ ทุกท่าน

안녕하세요, 여러분!

태국의 면적은 대한민국의 약 5 배이며, 태국의 국민은 약 7천만 명이 있습니다. 태국은 대륙부 동남아시아와 해양부 동남아시아를 이어주는 지리적 이점을 가지고 있으며, 경제적으로도 동남아시아 국가들 중 선도적인 위치를 차지하고 있습니다. 태국어는 태국의 국어입니다. 태국어 글자는 1283년 쑤코타이 왕국의 3대왕인 '람캄행 대왕'에 의해 만들어졌는데, 이는 한글보다 약 160년 먼저 만들어진 것입니다. 이후 태국어 글자는 변화와 발전을 거듭하여 현재의 모습에 이르렀습니다.

현대 태국어 글자는 모두 44개의 자음, 32개의 모음, 그리고 4개의 성조 부호와 기타 부호들로 이루어져 있습니다. 태국어 말소리는 모두 5개의 성조를 가지고 있으며, 모음의 장단음이 구분됩니다. 그래서 태국어 말소리를 듣다 보면 높고 낮은 소리가 어우러지고, 장단음의 리드미컬함이 더해져 더욱 아름답게 들립니다.

많은 자모음 수와 성조 때문에, 처음 태국어 글자를 읽고 쓰는 것을 어렵게 느끼는 경우가 있는데, 사실 의사소통에서 사용되는 태국어 말하기는 비교적 쉬운 편입니다. 태국어에는 우리나라의 '은, 는, 이, 가, 을, 를'과 같은 조사가 없고, '먹다, 먹었다, 먹을 것이다' 등과 같은 어형변화도 없기 때문입니다.

<GO! 독학 태국어 첫걸음>은 태국어 기초에서 가장 필요한 문장이면서도 처음 태국인을 만났을 때 자주 사용되는 문장들로 구성되어 있습니다. 또한 태국어 문장 하단에는 한국어 발음을 함께 제시하여, 태국어 읽기에 익숙하지 않은 학습자들도 쉽게 따라 읽을 수 있도록 하였습니다. 태국어에서 빼놓을 수 없는 모음의 장단음과 성조도 모두 기재되어 있어, 태국어 학습자에게 도움이 될 것입니다. <GO! 독학 태국어 첫걸음>과 함께 쉽고 재미있게 태국어를 배워 보시길 바랍니다.

저자 옹지인

이 책의 구성과 특징

준비해 보GO!

단원의 학습 목표와 핵심 표현을 사진과 함께 제시하여 해당 단원에서 배울 내용을 미리 확인할 수 있습니다.

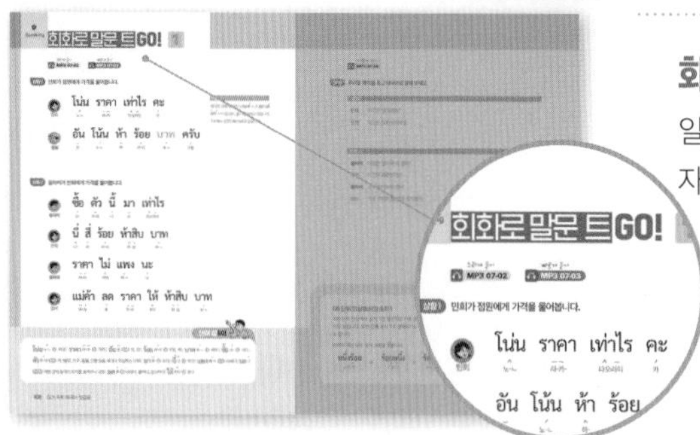

회화로 말문 트GO!

일상생활과 밀접한 주제로 대화문이 구성되어 있어 자연스러운 태국어를 구사할 수 있습니다.

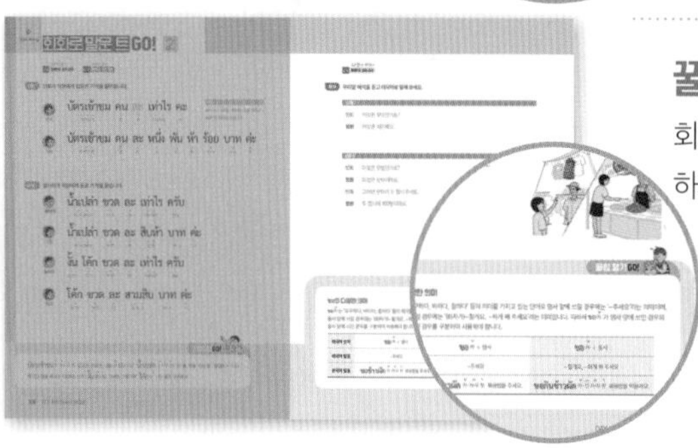

꿀팁 챙기GO!

회화 표현 중 추가적으로 필요한 어법이나 어휘를 간략하게 정리했습니다.

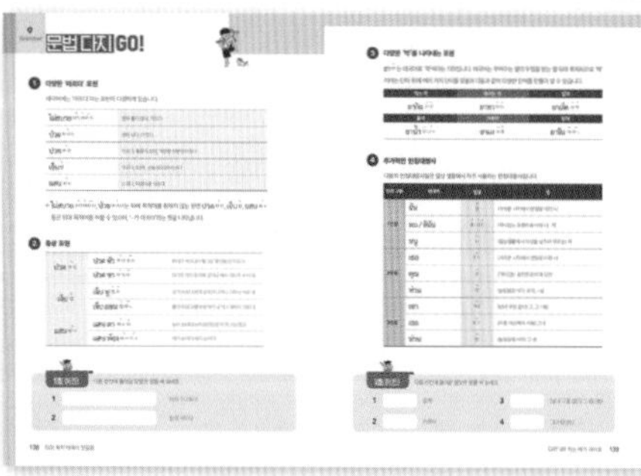

문법 다지GO!

매 단원의 핵심 어법을 체계적으로 정리하였으며, <1초 퀴즈>를 통해 학습 내용을 바로 점검할 수 있습니다.

띄어쓰기

성조 표시는 물론 띄어쓰기를 적용하여 학습에 편의를 더했습니다.

발음

태국어 발음은 성조와 장단음을 살려 최대한 현지 발음에 가깝게 표기하였습니다.

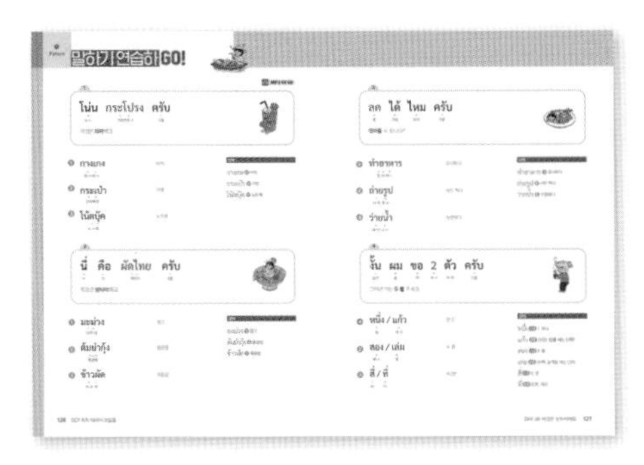

말하기 연습하GO!

매 단원에서 배운 문장을 응용해서 단어를 교체하며 다양한 문장을 쉽고 재미있게 배워볼 수 있습니다.

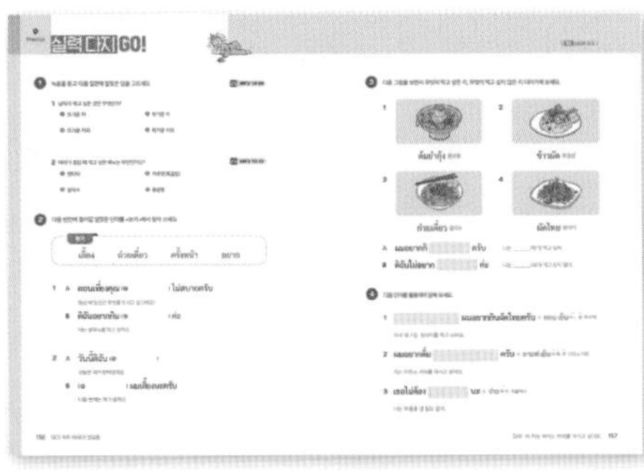

실력 다지GO!

듣기, 읽기, 쓰기, 말하기 등 각 영역별 다양한 연습문제로 매 단원의 학습 내용을 충분히 복습할 수 있습니다.

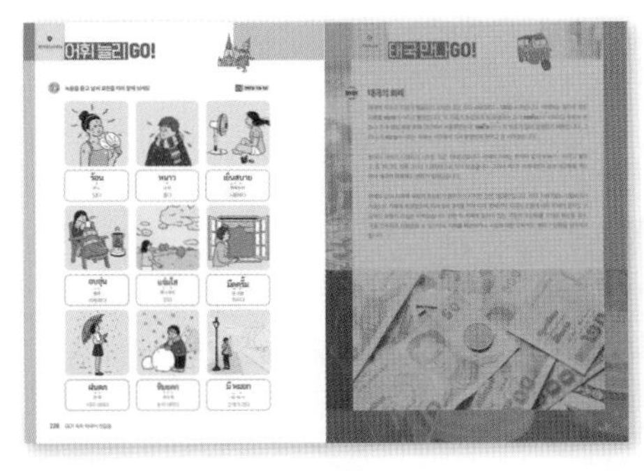

어휘 늘리GO!

매 단원에서 학습한 내용과 관련된 추가 어휘를 그림이나 사진과 함께 제시하여 태국어 학습에 재미를 더했습니다.

태국 만나GO!

최신 자료와 사진을 활용해 태국의 다양한 문화를 알려주고, 태국 문화를 간접 체험해봄으로써 태국어 학습의 흥미를 이끌어 냅니다.

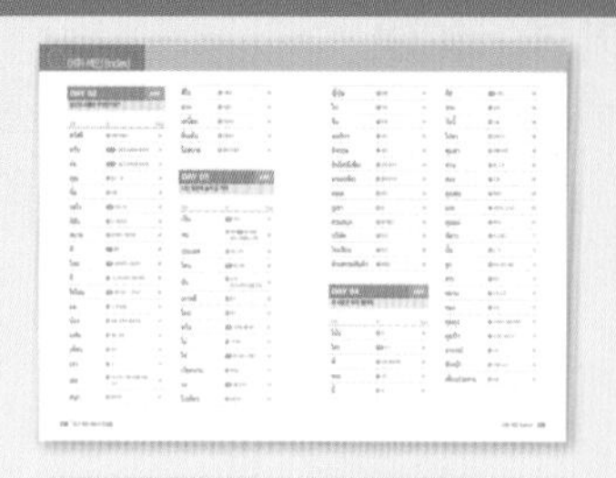

어휘 색인(Index)

매 단원에서 학습한 새단어를 과별로 정리하여 원하는 단어를 쉽게 찾아볼 수 있습니다.

쓰기 노트

매 단원에서 학습한 문장을 직접 쓰면서 연습할 수 있습니다.

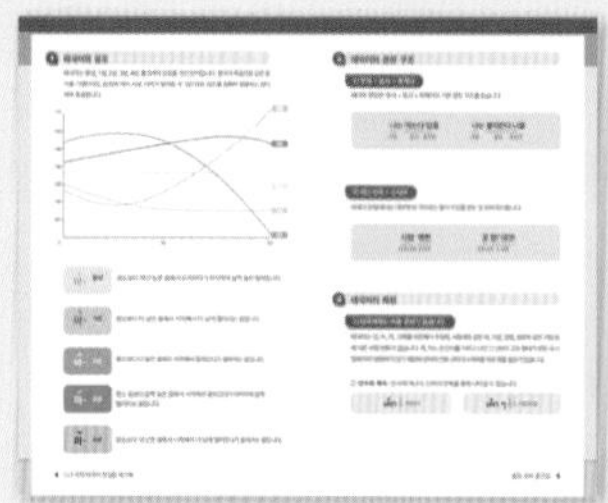

발음 강화 훈련집

성조, 자음, 모음을 체계적으로 학습하고, 태국어를 처음 접하는 학습자들도 태국어 발음을 쉽게 마스터 할 수 있습니다.

핵심 표현집

매 단원에서 학습한 핵심 표현 4문장을 엄선하여 원어민 MP3 음원을 들으며 태국어로 말하기 연습을 할 수 있습니다.

무료 영상

동영상 발음 말하기

책 속의 QR코드를 스캔하면
본 교재 동영상 강의, 발음 트레이닝,
말하기 트레이닝 영상을 시청할 수 있습니다.

무료 원어민 음원

MP3

시원스쿨 태국어(thai.siwonschool.com)
홈페이지 접속 ▶ 학습지원센터 ▶ 공부 자료실에서
MP3 파일을 다운로드 받으실 수 있습니다.

주요 등장 인물 소개

민희 (한국인, 대학생, 20살)

태국 쭐라롱껀 대학교를 다니고 있으며,
쏨차이와는 친구 사이이자, 성준과는 이웃사촌입니다.

쏨차이 (태국인, 대학생, 21살)

태국 쭐라롱껀 대학교를 다니고 있으며,
민희와는 친구 사이입니다.

성준 (한국인, 직장인, 32살)

태국 무역 회사에서 파견 근무를 하고 있으며,
쑤다와는 직장 동료 사이이자, 민희와는 이웃사촌입니다.

쑤다 (태국인, 직장인, 33살)

태국 무역 회사를 다니고 있으며,
성준과는 직장 동료 사이입니다.

목차

Bangkok Bank
KHAO SAN ROAD
MULLIGANS
IRISH BAR
ATM
Buddy
Lodge
SINGHA
SINGHA

부록

학습 구성

Day	회화 포인트	어법 포인트	문화 포인트
01	태국어는 어떤 언어일까?		
	· 태국어의 성조와 문장 구조 · 태국어의 특징 · 태국어의 자음과 모음	· 태국어의 기호 및 문장 부호 · 태국어의 음절	
02	당신의 이름은 무엇인가요?		
	· 기본 인사 나누고 안부 주고받기 · 이름 묻고 답하기	· 인칭대명사 · 의문사가 있는 의문문, 의문사가 없는 의문문	· 태국인의 닉네임 문화
03	나는 일본에 놀러 갈 거야.		
	· 태국어로 주요 국가 이름 말하기 · 국적 묻고 답하기	· 의문 조사 หรือ · 조동사 จะ · 부정사 ไม่	· 태국의 국기
04	저 사람은 우리 형이야.		
	· 가족 관련 어휘와 호칭 학습하기 · 태국어로 가족 소개하기	· 지시형용사 นี้, นั้น, โน้น · 의문사 ใคร · 지정사 คือ	· 태국의 가족 구성원
05	우리 가족은 4명이야.		
	· 태국어로 숫자 1~5 말하기 · 분류사의 사용법 익히기	· 태국어 숫자 표기법 · 의문사 กี่ · 소유의 표현 · 분류사의 사용법	· 태국의 인사법
06	어제는 며칠이었어요?		
	· 나이, 날짜, 층수 묻고 답하기 · 태국어로 숫자 6~10, 20, 30, 40… 말하기	· 기수와 서수 · 의문사 เท่าไร · 날짜와 층수 표현	· 태국인이 선호하는 숫자와 기피하는 숫자
07	저것은 얼마예요?		
	· 가격 묻고 답하기 · 지시대명사 활용하여 말하기 · '~당, ~마다'의 표현 학습하기	· 태국어의 숫자 단위 · 지시대명사 นี่, นั่น, โน่น	· 태국의 화폐

Day	회화 포인트	어법 포인트	문화 포인트
08	이것은 팟타이예요.		
	· 사물과 음식의 이름 묻고 답하기 · 태국어로 가격 흥정하기 · 요청·부탁의 표현 학습하기	· 의문사 อะไร · 가능·불가능의 표현 ได้, ไม่ได้	· 태국의 수상 시장과 기찻길 옆 시장
09	저는 배가 아파요.		
	· 태국어로 아픈 증상 말하기 · 다양한 종류의 약의 이름 익히기 · 신체 부위 관련 단어 학습하기	· 다양한 '아프다' 표현 · 다양한 '약'을 나타내는 표현 · 증상 표현	· 시리랏 병원
10	저는 아이스 커피를 마시고 싶어요.		
	· 태국의 유명 음식 이름 익히기 · 바람과 희망을 나타내는 표현 학습하기 · 당위를 나타내는 표현 익히기	· ~하고 싶다 อยาก · ~해야만 한다 ต้อง, ควร	· 태국의 지역별 음식 특색
11	한국어를 배우는 중이에요.		
	· 과거시제 학습하기 · 현재진행형 시제 학습하기 · 미래시제 학습하기	· 시제 조동사 จะ, กำลัง, อยู่, ได้ · 완료를 나타내는 수식사 แล้ว	· 태국의 설날 '쏭끄란'
12	싸얌스퀘어는 어디에 있나요?		
	· 위치, 방향을 나타내는 표현 익히기 · 택시를 타고 태국어로 유창하게 이야기하기	· 의문사 ไหน · 위치를 나타내는 표현 ข้าง, มือ, ตรง	· 태국의 위치, 지리, 기후
13	여기 오는데 시간이 얼마나 걸렸어?		
	· 소요 시간 묻고 답하기 · 교통 수단 관련 어휘 익히기	· '~을 타다, ~을 내리다' 표현 학습 · '~부터 ~까지' 장소와 시간을 나타내는 표현 학습	· 태국의 운하를 따라다니는 배
14	오늘은 월요일이야.		
	· 연도, 월, 요일 태국어로 말하기 · 불력과 서력 구분하기 · 태국의 12간지 학습하기	· 태국의 요일 표현 · 태국의 날짜 표현 · 태국의 월 표현	· 태국의 연도 표기법
15	저녁 식사하셨어요?		
	· ~시(時), ~분(分) 태국어로 말하기 · 취미 생활 묻고 답하기 · 날씨 관련 어휘 익히기	· 주중의 시간 표현 โมง · 저녁과 밤 시간 표현 ทุ่ม, ตี	· 태국의 시간 표현법

DAY

01

태국어는 성조, 자음,
모음만 잘 알면 돼!

발음편

태국어는 어떤 언어일까?

학습 목표

❶ 태국어의 성조와 문장 구조를 학습합니다.

❷ 태국어의 특징을 배웁니다.

❸ 태국어의 자음과 모음을 말할 수 있습니다.

❹ 태국어의 기호 및 문장 부호를 학습합니다.

❺ 태국어의 음절을 학습합니다.

1 태국어의 성조

MP3 01-01

태국어는 평성, 1성, 2성, 3성, 4성, 총 5개의 성조를 가진 언어입니다. 각각의 성조는 다음과 같은 소리를 가지고 있습니다.

① 평성

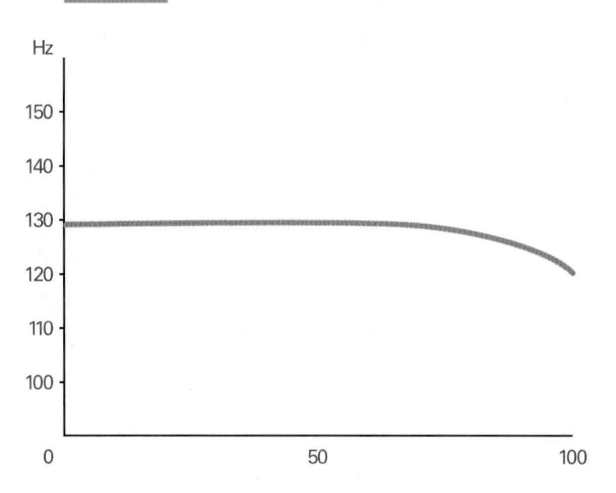

표기	특징
마̄-	평소보다 약간 높은 음에서 유지하다가 마지막에 살짝 음이 떨어집니다.

② 1성

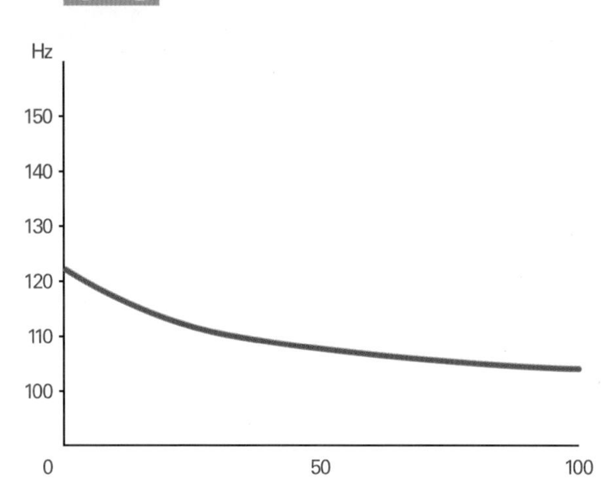

표기	특징
마̀-	평소보다 더 낮은 음에서 시작해서 더 낮게 떨어지는 음입니다.

③ 2성

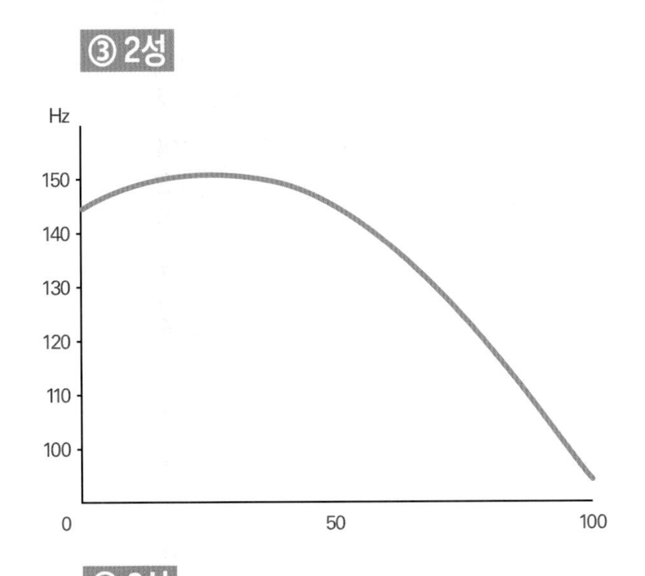

표기	특징
마̂-	평소보다 더 높은 음에서 시작해서 올라갔다가 떨어지는 음입니다.

④ 3성

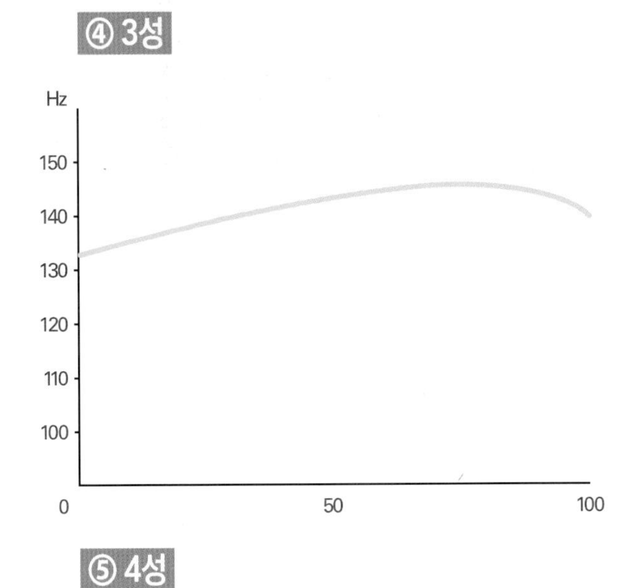

표기	특징
마́-	평소 음보다 살짝 높은 음에서 시작해서 올라갔다가 마지막에 살짝 떨어지는 음입니다.

⑤ 4성

Hz
150
140
130
120
110
100
0
50
100

표기	특징
마̌-	평소보다 더 낮은 음에서 시작해서 더 낮게 떨어졌다가 올라가는 음입니다.

성조는 태국어 음절에 자음, 모음과 같이 기본적으로 포함되는 요소입니다. 따라서 한국어 독음으로 같은 음가를 가졌더라도 성조에 따라 서로 의미가 달라질 수 있습니다. 그러므로 성조를 정확히 발음하는 것이 매우 중요합니다.

มา 마 오다	**ม้า** 마 말(동물)	**หมา** 마 개(동물)

2 태국어의 문장 구조

① 주어 + 동사 + 목적어

태국어 문장은 '주어 + 동사 + 목적어'의 기본 문장 구조를 갖습니다.

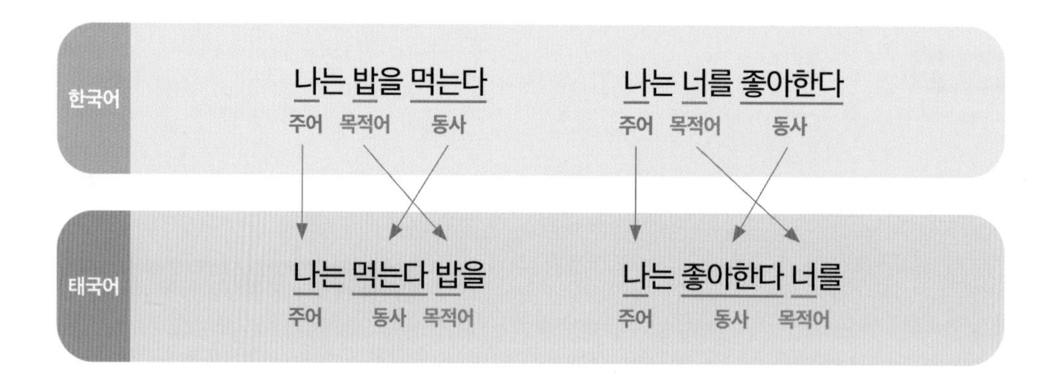

② 피수식어 + 수식어

태국어 문장에서는 대부분의 꾸며주는 말이 꾸밈을 받는 말 뒤에 위치합니다.

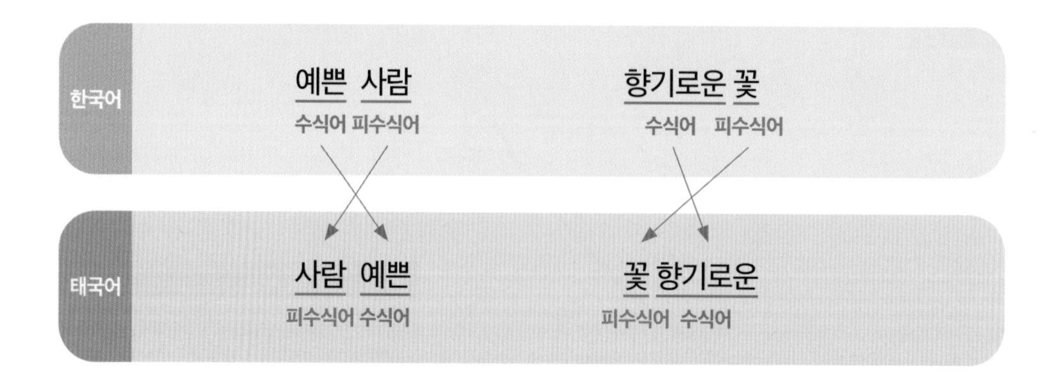

3 태국어의 특징

① 태국어에는 어형 변화가 없습니다.

태국어는 성, 수, 격, 시제를 비롯해서 수동태, 사동태와 같은 태, 의문, 명령, 청유와 같은 서법 등에 따른 어형 변화가 없습니다. 즉, 어느 한 단어를 익히고 나면 그 단어의 고유 형태가 문장 내 쓰임에 따라 변화하지 않습니다. 그래서 단어의 변화 규칙이나 예외를 따로 외울 필요가 없습니다. 한편 시제는 조동사를 통해 나타냅니다.

예시
ผมกินข้าว
폼 낀 카-우
나는 밥을 먹습니다.
조동사
1
ผมจะกินข้าว
폼 짜 낀 카-우
나는 밥을 먹을 것입니다.
조동사
2
ผมได้กินข้าวแล้ว
폼 다이 낀 카-우 래-우
나는 밥을 먹었습니다.
조동사
3
ผมกำลังกินข้าวอยู่
폼 깜랑 낀 카-우 유-
나는 밥을 먹는 중입니다.

② 태국어는 띄어쓰기가 없습니다.

태국어 문장에서는 일반적으로 단어 간 띄어쓰기를 하지 않습니다. 단, 문장과 문장 사이, 문장 내 영어나 숫자, ๆ, ฯ, ฯลฯ와 같은 태국어 부호 등이 나오는 경우에는 띄어쓰기를 합니다.

③ 태국어는 문장부호를 사용하지 않습니다.

태국어 문장에서는 일반적으로 쉼표, 마침표, 물음표, 느낌표 등의 문장부호를 사용하지 않습니다.

4 태국어의 자음

① 태국어 자음의 개수

태국어의 자음은 모두 44개가 있습니다. 이 중 현대 태국어에서 사용되지 않는 2개 글자(ฃ 커- 쿠-앗, ฅ 커- 콘)를 제외하면, 모두 42개의 자음이 사용되고 있습니다.

MP3 01-02

태국어 자음	자음 이름	초자음 음가	종자음 음가	대표 단어
1 ก	꺼- 까이	ㄲ	ㄱ	닭
2 ข	커- 카이	ㅋ	ㄱ	알
3 ฃ *현재는 사용되지 않음	커- 쿠-앗	-	-	병
4 ค	커- 콰-이	ㅋ	ㄱ	물소
5 ฅ *현재는 사용되지 않음	커- 콘	-	-	사람
6 ฆ	커- 라캉	ㅋ	ㄱ	종
7 ง	응어- 응우-	응(ŋ)	ㅇ(ŋ)	뱀
8 จ	쩌- 짜-ㄴ	ㅉ	ㅅ	접시

9	ฉ	ˇ ˋ 처-칭	ㅊ	-	태국 악기
10	ช	ˉ ˊ 처-차-ㅇ	ㅊ	ㅅ	코끼리
11	ซ	ˉ ^ 써-쏘-	ㅆ	ㅅ	쇠사슬
12	ฌ	ˉ ˉ 처-츠ㅓ-	ㅊ	-	나무
13	ญ	ˉ ˇ 여-잉	이(y)	ㄴ	여자
14	ฎ	ˉ ˊ ˉ 더-차다-	ㄷ	ㅅ	무용수가 쓰는 관
15	ฏ	ˉ ˋ ˋ 떠-빠딱	ㄸ	ㅅ	장대
16	ฐ	ˇ ˇ 터-타-ㄴ	ㅌ	ㅅ	받침
17	ฑ	ˉ ˉ ˉ 터-몬토-	ㄷ, ㅌ	-	여자 이름 라마끼안
18	ฒ	ˉ ^ ^ 터-푸-타오	ㅌ	ㅅ	노인

19	ณ	너- 네-ㄴ	ㄴ	ㄴ	동자승
20	ด	더- 덱	ㄷ	ㅅ	어린이
21	ต	떠- 따오	ㄸ	ㅅ	거북이
22	ถ	터- 퉁	ㅌ	ㅅ	자루, 봉지
23	ท	터- 타하-ㄴ	ㅌ	ㅅ	군인
24	ธ	터- 통	ㅌ	ㅅ	깃발
25	น	너- 누-	ㄴ	ㄴ	쥐
26	บ	버- 바이 마이	ㅂ	ㅂ	나뭇잎
27	ป	뻐- 쁘ㄹㄹㅏ-	ㅃ	ㅂ	생선
28	ผ	퍼- 픙	ㅍ	-	벌

29	ฝ	풔-퐈-(f)	f	-	뚜껑
30	พ	퍼-파-ㄴ	ㅍ	ㅂ	태국식 쟁반
31	ฟ	풔-퐌(f)	f	ㅂ	치아
32	ภ	퍼- 쌈파오	ㅍ	ㅂ	돛단배
33	ม	머- 마-	ㅁ	ㅁ	말
34	ย	여- 약	이(y)	이(y)	도깨비
35	ร	러- 르-아	ㄹ(r)	ㄴ	배
36	ล	ㄹㄹㅓ-링	ㄹㄹ(l)	ㄴ	원숭이
37	ว	워- 왜-ㄴ	우(w)	우(w)	반지
38	ศ	써- 싸-ㄹㄹㅏ-	ㅆ	ㅅ	정자

39	ษ	써- 르-씨-	ㅆ	ㅅ	수도승
40	ส	써- 쓰-아	ㅆ	ㅅ	호랑이
41	ห	허- 히-ㅂ	ㅎ	-	상자
42	ฬ	ㄹㄹㅓ-쭈ㄹㄹㅏ-	ㄹㄹ(l)	ㄴ	태국식 연
43	อ	어- 아-ㅇ	ㅇ	-	대야
44	ฮ	허- 녹후-ㄱ	ㅎ	-	부엉이

② 태국어 자음의 이름

태국어 자음의 이름은 ก 꺼- 까이와 같이 이루어져 있는데, 첫 부분의 꺼-는 해당 자음의 음가를 나타내며, 까이는 그 자음이 사용되는 대표적인 단어를 나타냅니다.

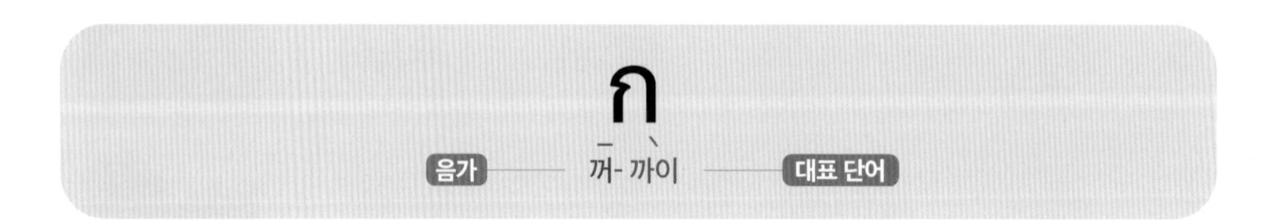

③ 태국어 자음의 종류

태국어 자음의 소리는 초자음 음가와 종자음 음가로 나누어질 수 있습니다. 초자음 음가는 해당 자음이 음절의 첫 소리로 쓰였을 때 나는 소리를 의미하고, 종자음 음가는 우리나라의 받침소리와 같이 쓰일 때 나는 소리를 의미합니다. 다만, 태국어는 한 줄로 늘여 쓰기 때문에 맨 처음에 쓰이는 자음을 '초자음', 맨 끝에 쓰이는 자음을 '종자음'이라고 구분하여 부릅니다.

④ 태국어 자음의 삼분법

앞서 익힌 44개의 태국어의 자음을 중자음, 고자음, 저자음 세 개의 부분으로 구분할 수 있습니다. 각 자음이 어느 그룹에 속하는 지에 따라 성조 규칙이 다르게 적용되므로 각각의 자음이 속하는 그룹을 반드시 알아야 합니다.

❶ 중자음 (9글자)

중자음은 혼자서 평성, 1성, 2성, 3성, 4성의 5개 성조를 만들 수 있는 유일한 자음 그룹입니다.

MP3 01-03

ก	จ	ฎ	ฏ	ด
꺼- 까이	쩌- 짜-ㄴ	더- 차다-	떠- 빠딱	더- 덱

ต	บ	ป	อ
떠- 따오	버- 바이 마이	뻐- 쁘ㄹㄹㅏ-	어- 아-ㅇ

❷ 고자음 (11글자)

고자음은 혼자서 1성, 2성, 4성을 만들 수 있는 자음 그룹입니다.

MP3 01-04

ข	ฃ	ฉ	ฐ	ถ	ผ
v \ 커- 카이	v \ 커- 쿠-앗	v \ 처- 칭	v v 터- 타-ㄴ	v v 터- 퉁	v ^ 퍼- 픙
ฝ	**ศ**	**ษ**	**ส**	**ห**	
v v 풔- 퐈-(f)	v v — 써- 싸-ㄹㄹㅏ-	v — v 써- 르-씨-	v v 써- 쓰-아	v \ 허- 히-ㅂ	

❸ 저자음 (24글자)

저자음은 혼자서 평성, 2성, 3성을 만들 수 있는 자음 그룹입니다.

· 저자음의 짝음자음(14글자)

MP3 01-05

ค	ฅ	ฆ	ช	ซ
— — 커- 콰-이	— — 커- 콘	— / — 커- 라캉	— / 처- 차-ㅇ	— ^ 써- 쏘-
ฌ	**ฑ**	**ฒ**	**ท**	**ธ**
— — 처- 츠ㅓ-	— — — 터- 몬토-	— ^ ^ 터- 푸- 타오	— / v 터- 타하-ㄴ	— — 터- 통
พ	**ฟ**	**ภ**	**ฮ**	
— — 퍼- 파-ㄴ	— — 풔- 퐌(f)	— v — 퍼- 쌈파오	— / ^ 허- 녹후-ㄱ	

· 저자음의 홀음자음(10글자)

MP3 01-06

ง	ญ	ณ	น	ม
— — 응어- 응우-	— v 여- 잉	— — 너- 네-ㄴ	— v 너- 누-	— / 머- 마-
ย	**ร**	**ล**	**ว**	**ฬ**
— / 여- 약	— — 러- 르-아	— — ㄹㄹㅓ- 링	— v 워- 왜-ㄴ	— \ — ㄹㄹㅓ- 쭈 ㄹㄹㅏ-

5 태국어의 모음

① 태국어 모음의 개수

태국어의 모음은 모두 32개가 있습니다. 특수모음의 반음절 모음을 제외한 단순모음과 이중모음, 음절모음은 단모음과 장모음의 짝을 이루고 있습니다.

MP3 01-07

단모음	소리	장모음	소리
อะ	아	อา	아-
อิ	이	อี	이-
อึ	으	อือ	으-
อุ	우	อู	우-
เอะ	에	เอ	에-
แอะ	애	แอ	애-
โอะ	오	โอ	오-
เอาะ	어	ออ	어-
เออะ	으ㅓ	เออ	으ㅓ-
เอียะ	이아	เอีย	이-아
เอือะ	으아	เอือ	으-아
อัวะ	우아	อัว	우-아
ไอ	아이	ใอ	아이
เอา	아오	อำ	암
ฤ	르, 리, 르ㅓ(r)	ฤๅ	르-(r)
ฦ	르(l)	ฦๅ	르-(l)

② 태국어 모음에서 주의할 점

❶ 태국의 모음의 위치

태국어의 모음은 좌, 우, 위, 아래에 모두 위치할 수 있으므로 어떤 모음이 어떤 자리에 위치하는 지를 알고 있어야 합니다. 모음을 쓸 때도 동그라미가 있는 경우는 동그라미부터 시작해서 그리며, 모음 อิ 이와 같이 동그라미가 없는 경우는 오른쪽에서 왼쪽, 모음 อา 아-와 같은 글자는 위에서 아래로 그립니다.

❷ 일부 모음 중 자음의 형태와 같은 모양을 가진 모음

อือ 으-, ออ 어-, อัว 우-아 등과 같이 일부 모음 중에는 자음의 형태와 같은 모양을 가진 모음이 있습니다. 이는 단순히 모양이 같을 뿐 자음이 아닙니다. 한편 종자음이 올 때 형태가 생략되거나 바뀌는 모음은 아래의 표에 표기하였습니다. 형태가 바뀌더라도 혼동하지 않도록 합니다.

· 종자음이 올 때 형태가 생략되는 모음

โอะ 단모음 오 → ก + โอะ + ด = กด
ㄲ ㅗ ㅅ 꼿

· 종자음이 올 때 형태가 바뀌는 모음

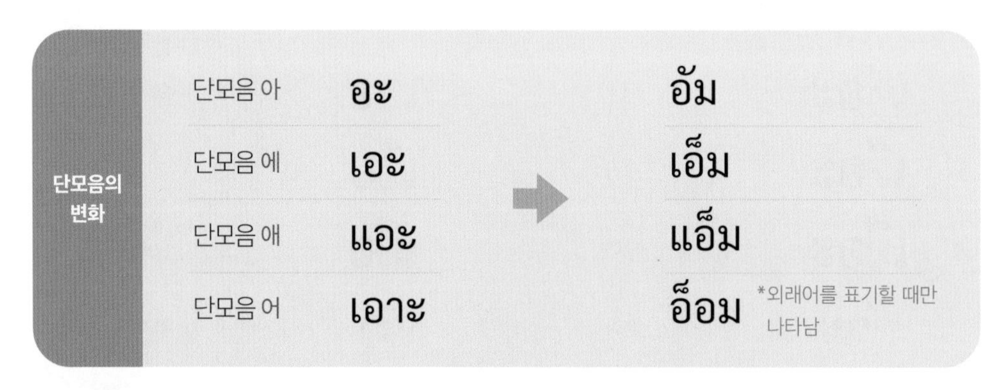

단모음의 변화	단모음 아	อะ	→	อัม
	단모음 에	เอะ		เอ็ม
	단모음 애	แอะ		แอ็ม
	단모음 어	เอาะ		อ็อม *외래어를 표기할 때만 나타남

장모음의 변화	장모음 으-	อือ	→	อืม
	장모음 으ㅓ-	เออ		เอิม *종자음이 ย일 경우, เอย 형태로 바뀜
	장모음 우-아	อัว		อวม

6 태국어의 기호 및 문장 부호

태국어에서만 사용되는 기호 및 문장 부호가 있습니다.

MP3 01-08

기호의 모양	이름	기능 및 역할
อ็	ไม้ไต่คู้ 마이 따이 쿠-	เอาะ 어, เอะ 에, แอะ 애와 같은 단모음이 종자음을 가질 때, อ็อ 어, เอ็ 에, แอ็ 애로 바뀝니다.
อ์	ไม้ทัณฑฆาต 마이 탄 타 카-ㅅ	자음 위에 위치해서 해당 자모음을 묵음시킵니다.(단, 모음 อิ 위에 위치 가능)
ๆ	ไม้ยมก 마이 야 목	단어나 구 뒤에 위치하여 반복하여 읽도록 합니다. 이를 통해 단수의 복수, 의미의 강조, 의미의 약화 등의 의미 변화를 표현합니다.
ฯ	ไปยาลน้อย 빠이 야-ㄴ 너-이	단어의 뒤에 위치하여 긴 명칭을 줄여서 표기하였음을 나타내거나, 일부 특수 단어에 나타납니다.
ฯลฯ	ไปยาลใหญ่ 빠이 야-ㄴ 야이	나열을 하는 문장 뒤에 위치하여, 뒤를 생략하였음을 나타냅니다. '등등', '기타 등등'의 의미를 가집니다. 이 기호가 문장에 있을 때는 **ละ** 라 혹은 **และอื่นๆ** 래 은으-ㄴ이라고 소리를 내어 읽습니다.

7 태국어 자음과 모음의 조합

8 태국어의 음절

① 유형성조 규칙

유형성조는 음절에 성조 부호가 표시되어 있는 것으로 성조 부호는 초자음의 오른쪽 상단에 위치합니다. 유형성조의 규칙에서 먼저 알아야 하는 것은 초자음의 종류입니다. 초자음의 종류는 중자음, 고자음, 저자음으로 나뉩니다.

❶ 중자음

1-4성 부호와 모두 결합할 수 있으며, 성조 부호가 나타내는 성조 그대로 발음합니다.

MP3 01-09

1성 부호	ป่า 빠̀-	삼림, 숲
2성 부호	ป้า 빠̂-	아주머니, 큰 이모, 큰 고모
3성 부호	ก๊ก 꼭́	나라
4성 부호	เดี๋ยว 디̌-아우	잠시, 잠깐

❷ 고자음

1성과 2성 부호만 결합할 수 있으며, 성조 부호가 나타내는 성조 그대로 발음합니다.

MP3 01-10

1성 부호	ข่าว 카̀-우	뉴스, 소식
2성 부호	ข้าว 카̂-우	밥, 쌀

❸ 저자음

저자음 위에 1성 표시가 있으면 2성으로, 저자음 위에 2성 표시가 있으면 3성으로 발음합니다.

MP3 01-11

1성 부호	น่า 나̂-	~함 직하다
2성 부호	น้า 나́-	작은 이모, 외삼촌

② 무형성조의 규칙

무형성조란 성조 부호가 없이 초자음과 모음, 종자음의 결합을 통해 규칙을 적용하여 성조를 발음해야 하는 단어를 뜻합니다. 초자음은 유형성조에서 언급한 바와 같이 중자음, 고자음, 저자음으로 나뉘며, 모음은 단모음과 장모음으로, 그리고 종자음은 생음 종자음과 사음 종자음으로 나누어집니다.

❶ 중자음

MP3 01-12

중자음 + 장모음	평성	ด + อี ➡ ดี 디- 좋다
중자음 + 단모음/장모음 + 생음 종자음	평성	ก + อิ + น ➡ กิน 낀 먹다
중자음 + 단모음	1성	จ + อะ ➡ จะ 짜 ~할 것이다
중자음 + 단모음/장모음 + 사음 종자음	1성	ป + อิ + ด ➡ ปิด 삗 닫다, 끄다

❷ 고자음

MP3 01-13

고자음 + 장모음	4성	ข + อา ➡ ขา 카- 다리
고자음 + 단모음/장모음 + 생음 종자음	4성	ส + อา + ม ➡ สาม 싸-ㅁ 3, 셋
고자음 + 단모음	1성	ส + อิ ➡ สิ 씨 ~해라, 하시오 (명령 어조사)
고자음 + 단모음/장모음 + 사음 종자음	1성	ส + อิ + บ ➡ สิบ 씹 10, 열

❸ 저자음

MP3 01-14

저자음 + 장모음	평성	ม + อา ➡ มา 마- 오다
저자음 + 단모음/장모음 + 생음 종자음	평성	ย + อา + ย ➡ ยาย 야-이 외할머니
저자음 + 단모음	3성	ย + เออะ ➡ เยอะ 여 많다
저자음 + 단모음 + 사음 종자음	3성	ค + อิ + ด ➡ คิด 킷 생각하다
저자음 + 장모음 + 사음 종자음	2성	ท + ออ + ด ➡ ทอด 터-ㅅ 튀기다

❹ 생음 종자음과 사음 종자음

구분	발음	자음
생음 종자음 소리가 나는 발음기관이 닫히지 않는 음가	ㄴ	น, ญ, ณ, ร, ล, ฬ
	ㅁ	ม
	ㅇ	ง
	Y(이)	ย
	W(우)	ว
사음 종자음 소리가 나는 발음기관이 닫히는 음가	ㄱ (ㄲ, ㅋ)	ก, ข, ค, ฆ
	ㅅ (ㅉ, ㅊ, ㅆ, ㄷ, ㄸ, ㅌ)	จ, ฉ, ช, ซ, ฌ, ฎ, ฏ, ฐ, ฑ, ฒ, ด, ต, ถ, ท, ธ, ศ, ษ, ส
	ㅂ (ㅂ, ㅃ, ㅍ)	บ, ป, พ, ฟ, ภ

③ 선도자음

선도자음이란 고자음이나 중자음이 저자음의 홀음자음 앞에 위치할 때, 뒤에 오는 홀음자음(저자음*)에 자신의 성조 규칙을 빌려주는 것을 의미합니다.

❶ ห 선도자음

ห + 홀음자음의 형태로 나타날 경우, ห 허-하-ㅂ은 발음하지 않고, 대신 홀음자음에 고자음의 규칙을 적용하여 읽습니다.

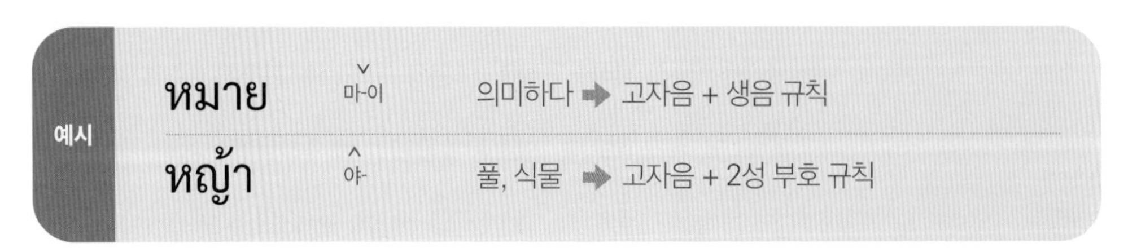

예시
หมาย 마-이 의미하다 ➡ 고자음 + 생음 규칙
หญ้า 야- 풀, 식물 ➡ 고자음 + 2성 부호 규칙

Tip *저자음의 홀음자음은 저자음 중에서 고자음에 같은 음가가 없는 자음들을 의미하며, 모두 10개가 있습니다.
ง, ญ, ณ, น, ม, ย, ร, ล, ว, ฬ

❷ อ 선도자음

초자음에서 อ + ย의 형태로 나타날 경우, อ 어-아-ㅇ은 발음하지 않고, 대신 ย을 중자음의 규칙을 적용하여 읽습니다.

예시			
อยาก	야-ㄱ	~하고 싶다	➡ 중자음 + 사음 규칙
อยู่	유-	있다, 살다	➡ 중자음 + 1성 부호 규칙

❸ 고자음 + 홀음자음 / 중자음 + 홀음자음

'고자음 + 홀음자음' 혹은 '중자음 + 홀음자음'의 경우에는 첫 번째 자음에 단모음 อะ를 첨가하여 읽지만, 두번째 자음에 위치한 저자음의 홀음자음을 읽을 때는 고자음 혹은 중자음의 성조 규칙을 빌려서 발음합니다.

· 고자음 + 홀음자음

예시			
สนาม	싸나-ㅁ	광장, 운동장	➡ 고자음 + 단모음 / 고자음 + 생음 규칙
สว่าง	싸와-ㅇ	밝다, 환하다	➡ 고자음 + 단모음 / 고자음 + 1성 부호 규칙

· 중자음 + 홀음자음

예시			
จมูก	짜무-ㄱ	코	➡ 중자음 + 단모음 / 중자음 + 사음 규칙
อร่อย	아러-이	맛있다	➡ 중자음 + 단모음 / 중자음 + 1성 부호 규칙

Tip (예외) 중자음 중에서 บ와 홀음자음 ร나 ว이 결합한 경우 즉, บร-, บว-의 경우는 첫번째 자음인 บ에 모음 ออ 어-를 결합하여 발음합니다.

บริษัท 버-리쌋 회사 | บวร 버-워-ㄴ 탁월하다, 고상하다

❹ 가성 복합자음

가성 복합자음은 초자음이 2개 있는 형태이지만, 두 개가 합쳐져서 완전히 다른 소리가 나거나, 둘 중 하나만 소리가 나는 경우를 의미합니다.

❶ ท +ร 결합

ท + ร 두 개의 자음이 합쳐지면, ซ 싸̄- 쏘̂-로 발음이 바뀝니다. (* 단, 외래어 차용어는 예외)

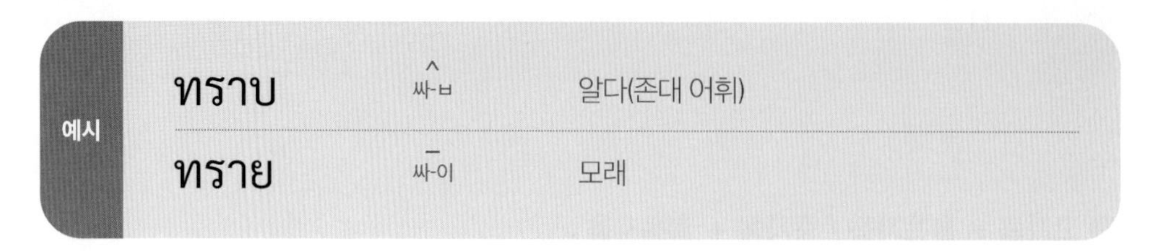

예시			
	ทราบ	싸̂-ㅂ	알다(존대 어휘)
	ทราย	싸̄-이	모래

❷ ซ, ส, ศ +ร 결합

ㅆ 음가를 가진 자음 ซ, ส, ศ이 ร와 결합하면, ร는 묵음이 되고, ㅆ 음가만 남습니다.

예시			
	ไซร้	싸́이	~한다면
	สร้าง	싸̂-ㅇ	세우다, 건설하다
	เศร้า	싸̂오	슬프다

❺ 발음의 예외 규칙

❶ -ร 읽기

모음 없이 자음+-ร 형태인 경우, '-ร'는 ออน -어-ㄴ으로 발음됩니다. 성조를 계산할 때는 생음 종자음 규칙을 적용합니다.

예시			
예시	พร	퍼-ㄴ	복, 축복
	จร	쩌-ㄴ	유랑하다

❷ -รร 읽기

모음 없이 자음+-รร 형태인 경우, '-รร'는 อัน -안으로 발음됩니다. 성조를 계산할 때는 생음 종자음 규칙을 적용합니다.

예시			
예시	กรรไกร	깐 끄라이	가위
	บรรทุก	반 툭	싣다, 적재하다

❸ -รร- 읽기

모음 없이 자음+-รร-+자음 형태인 경우, '-รร-'는 อะ 아로 발음됩니다. 성조를 계산할 때는 단모음 อะ 아가 활용된 것과 똑같이 적용합니다.

예시			
예시	กรรม	깜	업, 업보
	พรรค	팍	정당, 당

Practice

실력 다지기 GO!

1 녹음을 잘 듣고 일치하는 자음을 고르세요. MP3 01-15

1 ❶ ก ❷ ข ❸ ง

2 ❶ ค ❷ จ ❸ ฆ

2 녹음을 잘 듣고 알맞은 자음과 모음을 쓰세요. MP3 01-16

1 ______ 2 ______ 3 ______

4 ______ 5 ______ 6 ______

3 알파벳을 보고 태국어 자음의 삼분법 중 어느 것에 해당하는 지 답을 고르세요.

1 ก ❶ 중자음 ❷ 고자음 ❸ 저자음

2 ธ ❶ 중자음 ❷ 고자음 ❸ 저자음

3 ข ❶ 중자음 ❷ 고자음 ❸ 저자음

4 알파벳을 보고 <보기>에서 알맞은 답을 고르세요.

보기

처̌-칭̀　어̄-아̀-ㅇ　퍼̄-파̄-ㄴ　커̄-콰̄-이

1 อ ( )

2 ฉ ( )

3 ค ( )

4 พ ( )

5 다음 단어를 보고 같은 성조가 나는 단어끼리 짝지어 보세요.

1 กล้า 용감하다 ·	· ⓐ น้า 작은 이모, 외삼촌
2 ก๊ก 나라 ·	· ⓑ ข้าว 밥, 쌀
3 อยู่ 있다 ·	· ⓒ ป่า 삼림, 숲

이제 태국으로
출발해 보자 Go!

DAY

02

คุณชื่ออะไรครับ

당신의 이름은 무엇인가요?

핵심 표현

▶ MP3 02-01

1 คุณ ชื่อ อะไร ครับ

쿤 츠- 아라이 크랍

당신의 이름은 무엇인가요?

2 ดิฉัน ชื่อ มินฮี ค่ะ

디찬 츠- 민히- 카

제 이름은 민희예요.

3 คุณ สุดา สบาย ดี ไหม ครับ

쿤 쑤다- 싸바-이 디- 마이 크랍

쑤다 씨, 잘 지내나요?

4 ดิฉัน สบาย ดี ค่ะ

디찬 싸바-이 디- 카

저는 잘 지내요.

학습 목표

❶ 기본 인사를 나누고 안부를 주고받을 수 있습니다.

❷ 이름을 묻고 대답할 수 있습니다.

❸ 인칭대명사를 학습합니다.

❹ 의문사 อะไร 아라이를 학습합니다.

회화로 말문 트GO! 1

느리게 듣기 MP3 02-02 빠르게 듣기 MP3 02-03

상황 1 쏨차이와 민희가 인사를 합니다.

쏨차이: สวัสดี ครับ
싸왓디- 크랍

민희: สวัสดี ค่ะ
싸왓디- 카

Tip
สวัสดีครับ 싸왓디- 크랍과 สวัสดีค่ะ 싸왓디- 카는 가장 기본적인 인사 표현으로 만나고 헤어질 때 모두 사용할 수 있습니다.

상황 2 쏨차이가 민희의 이름을 물어봅니다.

쏨차이: คุณ ชื่อ อะไร ครับ
쿤 츠- 아라이 크랍

민희: ดิฉัน ชื่อ มินฮี ค่ะ
디찬 츠- 민희- 카

Tip
1인칭 단수에서는 남성과 여성을 각각 구분하여 말하는데, 남성은 ผม 폼, 여성은 ดิฉัน 디찬이라고 합니다.

단어 잡GO!

สวัสดี 싸왓디- 동 안녕(하세요) | ครับ 크랍 어조사 ~입니다(남성용 정중어) | ค่ะ 카 어조사 ~입니다(여성용 정중어) |
คุณ 쿤 대 당신, ~씨 | ชื่อ 츠- 명 이름 | อะไร 아라이 의문 무엇, 무슨 | ดิฉัน 디찬 대 나, 저(여성)

우리말 ➡ 태국어
MP3 02-04

해석 우리말 해석을 듣고 태국어로 말해 보세요.

상황 1

쏨차이 안녕하세요.

민희 안녕하세요.

상황 2

쏨차이 당신의 이름은 무엇인가요?

민희 제 이름은 민희예요.

꿀팁 챙기GO!

존댓말 '~입니다'

태국어는 성별에 따라 사용하는 존칭 어조사가 다른데, 남성의 경우는 **ครับ** 크́랍, 여성의 경우는 **ค่ะ** 카̂ (**คะ** 카́)라고 합니다.

남성	여성
평서문 / 의문문 + **ครับ** 크́랍	평서문 + **ค่ะ** 카̂ / 의문문 + **คะ** 카́

Speaking

회화로 말문 트GO! 2

느리게 듣기 MP3 02-05 빠르게 듣기 MP3 02-06

상황 1 성준이가 쑤다에게 안부를 묻습니다.

성준 คุณ สุดา สบาย ดี ไหม ครับ
쿤 쑤다- 싸바-이 디- 마이 크랍

쑤다 ดิฉัน สบาย ดี ค่ะ
디찬 싸바-이 디- 카

> **Tip**
> 서로 알고 지내는 사람 간에 안부를 묻고 답할 때는 สบายดี 싸바-이 디-라는 인사말을 사용합니다.

상황 2 쑤다가 성준에게 안부를 묻습니다.

쑤다 คุณ ซองจุน ก็ สบาย ดี ใช่ไหม คะ
쿤 써-ㅇ준 꺼- 싸바-이 디- 차이 마이 카

성준 ผม ก็ สบาย ดี ครับ
폼 꺼- 싸바-이 디- 크랍

สบาย 싸바-이 수식 평안하다, 편안하다 | ดี 디- 수식 좋다 | ไหม 마이 의문 ~이에요?, ~입니까? | ก็ 꺼- 수식 ~도, 역시(주어 뒤에 위치) | ใช่ไหม 차이 마이 의문 ~맞지요?, ~이지요? | ผม 폼 대 나, 저(남성)

우리말 ➡ 태국어
MP3 02-07

해석 우리말 해석을 듣고 태국어로 말해 보세요.

상황 1

성준 쑤다 씨, 잘 지내나요?

쑤다 저는 잘 지내요.

상황 2

쑤다 성준 씨도 잘 지내시죠?

성준 저도 잘 지내요.

꿀팁 챙기GO!

감사와 사과 표현

	감사 표현	사과 표현
인사	ขอบคุณครับ 커-ㅂ쿤 크랍 감사합니다.	ขอโทษครับ 커-토-ㅅ 크랍 죄송합니다.
대답	ยินดีค่ะ 인디- 카 천만에요.	ไม่เป็นไรค่ะ 마이 뻰 라이 카 괜찮아요.

문법 다지GO!

1 태국어 인칭대명사

태국어는 1인칭 단수에서 남성과 여성을 각각 구분하여 이야기하는데, 남성은 ผม 폼, 여성은 ดิฉัน 디찬이라고 합니다. 또한 เธอ 트ㅓ-는 2인칭으로 쓰였을 때와 3인칭으로 쓰였을 때 그 의미가 다른데, 2인칭으로 쓰였을 때는 친구나 아랫사람을 지칭하는 '너'라는 의미이며, 3인칭으로 쓰였을 때는 주로 여성을 지칭하는 '그녀'라는 의미가 됩니다. 이 밖에도 다양한 인칭대명사에 대해 알아봅시다.

1인칭	ผม	폼	나, 저(남성)
	ดิฉัน	디찬	나, 저(여성)
	ฉัน	찬	나(친구나 아랫사람에게 사용)
2인칭	เธอ	트ㅓ-	너(친구나 아랫사람을 지칭)
	คุณ	쿤	당신(공손한 표현)
	ท่าน	탄	선생님, 귀하, ~님
3인칭	เขา	카오	그, 그 사람(남녀 구분 없이 사용)
	เธอ	트ㅓ-	그녀(주로 여성에게 사용)
	ท่าน	탄	선생님, 귀하, 그분 ★ ท่าน은 예외적으로 단모음으로 발음
	พวกเขา	푸-악카오	그들
	พวกเธอ	푸-악트ㅓ-	그녀들

1초 퀴즈! 다음 빈칸에 들어갈 말을 써 보세요.

1 ______ 나, 저(남성)

2 ______ 나, 저(여성)

3 ______ 너(친구나 아랫사람을 지칭)

4 ______ 당신(공손한 표현)

2 태국어로 묻고 답하기

❶ 의문사가 있는 의문문

'무엇, 무슨'이라는 의미의 의문사 อะไร 아라이와 같이 의문사가 있는 의문문에서는 의문사 자리에 답변을 넣어 대답을 만들 수 있습니다.

A คุณชื่ออะไรครับ
쿤 츠- 아라이 크랍
당신의 이름은 무엇인가요?

B ดิฉันชื่อมินฮีค่ะ
디찬 츠- 민희- 카
제 이름은 민희예요.

❷ 의문사가 없는 의문문

문장 끝에 의문 조사 ไหม 마이를 덧붙여 주면 별도의 의문사 없이도 의문문이 됩니다.

A คุณมินฮีสบายดีไหมครับ
쿤 민희- 싸바-이 디- 마이 크랍
민희 씨, 잘 지내나요?

B ดิฉันสบายดีค่ะ
디찬 싸바-이 디- 카
저는 잘 지내요.

1초 퀴즈! B 문장을 잘 읽고 A 문장에 들어갈 말을 써 보세요.

A ________ 당신의 이름은 무엇인가요?

B ดิฉันชื่อมินฮีค่ะ 제 이름은 민희예요.

Pattern

말하기 연습하GO!

MP3 02-08

1

คุณ ชื่อ อะไร ครับ

쿤 츠- 아라이 크랍

당신의 이름은 무엇인가요?

1. น้อง
   너-ㅇ
   동생
2. แฟน
   퐤-ㄴ
   애인
3. เพื่อน
   프-안
   친구

단어

น้อง 명 동생, 손아래 형제자매

แฟน 명 애인, 연인

เพื่อน 명 친구

2

ดิฉัน ชื่อ มินฮี ค่ะ/ครับ

디찬 츠- 민희- 카 크랍

제 이름은 **민희**예요.

1. ผม / สมชาย
   폼 쏨차-이
   저 / 쏨차이
2. เขา / มินโฮ
   카오 민호-
   그 / 민호
3. เธอ / พลอย
   트ㅓ- 플러-이
   그녀 / 플러이

단어

ผม 대 나, 저(남성)

สมชาย 인명 쏨차이

เขา 대 그

มินโฮ 인명 민호

เธอ 대 그녀, 너(친구나 아랫사람을 지칭)

พลอย 인명 플러이

3

คุณ สุดา สบาย ดี ไหม ครับ
쿤 쑤다- 싸바-이 디- 마이 크랍

쑤다 씨, **잘 지내**나요?

1. สนุก
   싸눅
   재미있다
2. ดีใจ
   디-짜이
   기쁘다
3. ยาก
   야-ㄱ
   어렵다

단어

สนุก 수식 재미있다
ดีใจ 동 기쁘다
ยาก 수식 어렵다

4

ดิฉัน สบาย ดี ค่ะ
디찬 싸바-이 디- 카

저는 **잘 지내요**.

1. เหนื่อย
   느-아이
   피곤하다
2. ตื่นเต้น
   뜨-ㄴ떼-ㄴ
   긴장되다
3. ไม่สบาย
   마이 싸바-이
   몸이 안 좋다

단어

เหนื่อย 동 피곤하다
ตื่นเต้น 동 긴장되다, 흥분하다, 신나다
ไม่สบาย 동 몸이 안 좋다

Practice

실력 다지기 GO!

1 녹음을 듣고 다음 빈칸에 들어갈 알맞은 답을 <보기>에서 찾아 쓰세요. MP3 02-09

보기

สบายดีครับ　คุณชื่ออะไรครับ　สวัสดีค่ะ　ขอบคุณค่ะ

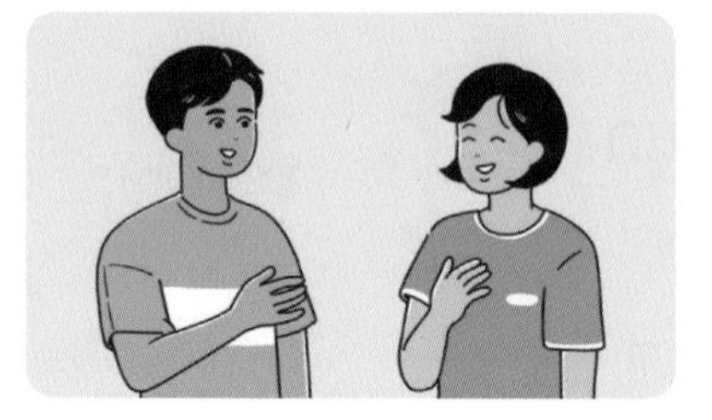

1 **A** สวัสดีครับ

안녕하세요.

B ____________

안녕하세요.

2 **A** ____________

당신의 이름은 무엇인가요?

B ดิฉันชื่อมินฮีค่ะ

제 이름은 민희예요.

2 다음 빈칸에 들어갈 알맞은 인사말을 <보기>에서 찾아 쓰세요.

보기

สบายดีครับ　ยินดีค่ะ　ขอบคุณครับ　ขอโทษค่ะ

1 **A** ขอบคุณครับ　감사합니다.

B ____________　천만에요.

2 **A** สบายดีไหมคะ　잘 지내나요?

B ____________　잘 지내요.

3 다음 단어들을 어순에 맞게 배열해 보세요.

1 **อะไร / คุณ / ครับ / ชื่อ**

당신의 이름은 무엇인가요?

➡ ______________________________

2 **ก็ / สบาย / ใช่ไหมคะ / คุณ / สมชาย / ดี**

쏨차이 씨도 잘 지내시죠?

 ______________________________

3 **ผม / ครับ / สบายดี / ก็**

저도 잘 지내요.

 ______________________________

4 다음 단어를 활용하여 말해 보세요.

1 ________ **ครับ** ★ สวัสดี 싸왓디- 안녕

안녕하세요.

2 **ดิฉัน** ________ **มินฮีค่ะ** ★ ชื่อ 츠- 이름

제 이름은 민희예요.

3 **คุณมินฮี** ________ **ดีไหม** ★ สบาย 싸바-이 평안하다, 편안하다

민희 씨, 잘 지내나요?

Vocabulary
어휘 늘리 GO!

녹음을 듣고 인칭대명사 어휘를 따라 말해 보세요.

MP3 02-10

ผม / เขา
폼 카오
나, 저(남자) / 그

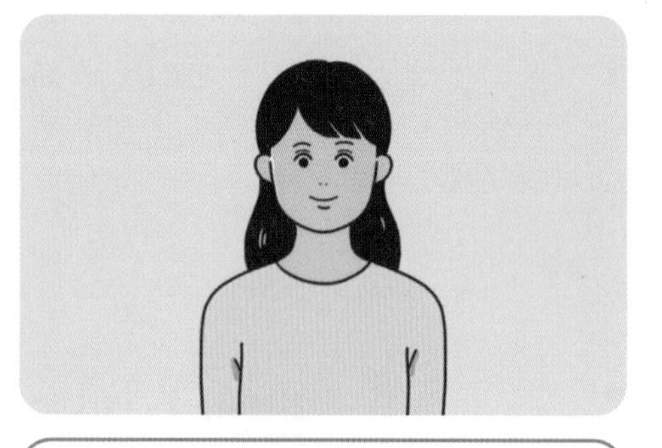

ดิฉัน / เธอ
디찬 트ㅓ-
나, 저(여자) / 그녀

พวกเขา
푸-악 카오
그들

พวกเธอ
푸-악 트ㅓ-
그녀들

ท่าน
탄
선생님(웃어른을 지칭)

พวกท่าน
푸-악 탄
그분들

Culture

태국 만나GO!

태국인의 닉네임 문화

현대 태국인이 사용하는 이름은 이름과 성씨(姓氏)로 이루어져 있으며, 우리나라와는 반대로 이름을 먼저 이야기하고 성씨를 뒤에 붙입니다. 태국인이 성씨를 사용하기 시작한 것은 현대 태국 왕조인 짜끄리 왕조의 라마 6세, 와치라웃 국왕(재위: 1910년~1925년)이 법을 통해 모든 태국 국민이 성씨를 갖도록 한 1912년부터입니다. 일반적으로 여성은 결혼을 하면 남편의 성(姓)으로 바꾸지만, 2008년부터는 법적으로 결혼 전 성을 그대로 사용하고, Miss로 표기할 수도 있도록 선택권을 주었습니다.

또한 모든 태국인은 공식적으로 사용하는 이름과 성씨 외에 비공식적으로 사용하는 닉네임을 가지고 있습니다. 우리나라 말로는 닉네임 혹은 별명이라고 부르지만, 태국에서는 친구들이 장난스럽게 붙여주는 것이 아니라, 부모님이 지어 주시는 또 다른 이름의 하나입니다.

부모님은 자녀들에게 같은 자음을 넣어 비슷한 발음의 닉네임을 지어 주고는 하는데, 보통 어떤 사물이나 과일, 색깔, 모양, 동물 등의 이름을 닉네임으로 많이 쓰며, 이 닉네임은 가족이나 친한 친구 사이에 사용합니다.

ฉันจะไปเที่ยวประเทศญี่ปุ่น

나는 일본에 놀러 갈 거야.

핵심 표현 ▶ MP3 03-01

1 ฉัน เป็น คน เกาหลี
찬 뻰 콘 까올리-
나는 한국인이야.

2 เธอ ไม่ ใช่ คน ไทย
트ㅓ- 마이 차이 콘 타이
그녀는 태국인이 아니야.

3 ฉัน จะ ไปเที่ยว ประเทศ ญี่ปุ่น
찬 짜 빠이 티-아우 쁘라테-ㅅ 이-뿐
나는 일본에 놀러 갈 거야.

4 ผม ไม่ ไป ญี่ปุ่น
폼 마이 빠이 이-뿐
나는 일본에 안 가.

학습 목표

❶ 태국어로 주요 국가의 이름을 말할 수 있습니다.

❷ 상대방의 국적을 묻고 답할 수 있습니다.

❸ 의문 조사 หรือ 르-를 학습합니다.

❹ 조동사 จะ 짜를 학습합니다.

❺ 부정사 ไม่ 마이를 학습합니다.

Speaking

회화로 말문 트GO! 1

느리게 듣기 MP3 03-02 빠르게 듣기 MP3 03-03

상황1 쏨차이가 민희에게 국적을 물어봅니다.

쏨차이

เธอ เป็น คน ประเทศ ไหน
트ㅓ- 뻰 콘 쁘라테-ㅅ 나이

민희

ฉัน เป็น คน เกาหลี
찬 뻰 콘 까올리-

Tip

- 인칭대명사 เธอ 트ㅓ-는 2인칭과 3인칭에 모두 사용할 수 있으며, 2인칭으로 사용될 때에는 남녀 구분 없이 반말체로 '너'라는 의미를 나타내고, 3인칭으로 사용될 때에는 주로 여성에게 사용하며 공손체로 '그녀'라는 의미를 나타냅니다.
- เป็น 뻰은 '~이다'라는 의미로 일반 명사를 설명할 때 사용합니다.

상황2 민희가 쏨차이 친구의 국적을 물어봅니다.

민희

เธอ ก็ เป็น คน ไทย หรือ
트ㅓ- 꺼- 뻰 콘 타이 르-

쏨차이

เธอ ไม่ ใช่ คน ไทย
트ㅓ- 마이 차이 콘 타이

เธอ เป็น คน เวียดนาม
트ㅓ- 뻰 콘 위-앗 나-ㅁ

단어 잡GO!

เธอ 트ㅓ- 대 너(친구나 아랫사람을 지칭), 그녀 | เป็น 뻰 지정 ~이다 | คน 콘 명 사람 분류 명 | ประเทศ 쁘라테-ㅅ 명 나라, 국가 | ไหน 나이 의문 어느, 어디 | ฉัน 찬 대 나, 저(친구나 아랫사람에게 사용) | เกาหลี 까올리- 명 한국 | ไทย 타이 명 태국 | หรือ 르- 의문 ~인가요? 접 혹은 | ไม่ 마이 부 ~이 아닌 | ใช่ 차이 수식 맞다, 옳다, 그렇다 | เวียดนาม 위-앗 나-ㅁ 명 베트남

우리말 ➡ 태국어
MP3 03-04

해석 우리말 해석을 듣고 태국어로 말해 보세요.

상황 1

쏨차이 너는 어느 나라 사람이야?

민희 나는 한국인이야.

상황 2

민희 그녀도 태국인이야?

쏨차이 그녀는 태국인이 아니야.

그녀는 베트남인이야.

의문사 อะไร

태국어로 어느 나라 사람인지를 물어볼 때는 '어느, 어디'라는 의미의 **ไหน** 나이 외에도 '무엇, 무슨'이라는 의미의 의문사 **อะไร** 아라이를 써서 다음과 같이 표현할 수 있습니다.

คุณเป็นคนประเทศไหน = คุณเป็นคนประเทศอะไร

쿤 뻰 콘 쁘라테-ㅅ 나이 = 쿤 뻰 콘 쁘라테-ㅅ 아라이

당신은 어느 나라 사람인가요?

회화로 말문 트GO! 2

느리게 듣기 MP3 03-05 빠르게 듣기 MP3 03-06

상황 1 쏨차이가 민희에게 여행 계획을 묻습니다.

쏨차이

มินฮี จะ ไปเที่ยว ประเทศ ไหน
민희- 짜 빠이 티-아우 쁘라테-ㅅ 나이

민희

ฉัน จะ ไปเที่ยว ประเทศ ญี่ปุ่น
찬 짜 빠이 티-아우 쁘라테-ㅅ 이-뿐

Tip
미래시제를 이야기할 때에는 동사 앞에 จะ 짜만 붙여주면 됩니다.

상황 2 민희가 쏨차이에게 여행 계획을 묻습니다.

민희

สมชาย ก็ จะ ไปเที่ยว ประเทศ ญี่ปุ่น หรือ
쏨차-이 꺼- 짜 빠이 티-아우 쁘라테-ㅅ 이-뿐 르-

쏨차이

ผม ไม่ ไป ญี่ปุ่น
폼 마이 빠이 이-뿐

ผม จะ ไปเที่ยว จีน
폼 짜 빠이 티-아우 찌-ㄴ

단어 잡GO!

จะ 짜 조동 ~할 것이다 | ไปเที่ยว 빠이 티-아우 동 놀러 가다 | ญี่ปุ่น 이-뿐 명 일본 | ไป 빠이 동 가다 | จีน 찌-ㄴ 명 중국

MP3 03-07

해석 우리말 해석을 듣고 태국어로 말해 보세요.

상황 1

쏨차이 민희야, 어느 나라에 놀러 갈 거야?

민희 나는 일본에 놀러 갈 거야.

상황 2

민희 쏨차이, 너도 일본에 놀러 갈 거야?

쏨차이 나는 일본에 안 가.

나는 중국에 놀러 갈 거야.

의문 조사 หรือ, ไหม

태국어에서는 평서문 뒤에 의문 조사를 덧붙여줌으로써 의문문을 만들 수 있습니다. 의문 조사 **หรือ** 르̌-는 상대방의 의견을 다소 추측할 수 있는 경우에 사용하며, 의문 조사 **ไหม** 나̌이는 상대방의 의견을 모르는 상태에서 의견을 알기 위해 사용합니다.

Grammar

문법 다지기 GO!

1 의문 조사 หรือ

의문 조사 **หรือ** 르-는 평서문 뒤에 쓰여 의문문을 만들 수 있습니다. 또한 **หรือ** 르-는 부정문 뒤에도 쓰일 수 있습니다.

เขาเป็นคนเกาหลีหรือครับ
카오 뻰 콘 까올리- 르- 크랍

그는 한국인인가요? **(의문문)**

เธอก็เป็นคนไทยหรือคะ
트ㅓ- 꺼- 뻰 콘 타이 르- 카

그녀도 태국인인가요? **(의문문)**

คุณสมชายก็จะไปเที่ยวประเทศญี่ปุ่นหรือคะ
쿤 쏨차-이 꺼- 짜 빠이 티-아우 쁘라테-ㅅ 이-뿐 르- 카

쏨차이 씨도 일본에 놀러 갈 건가요? **(의문문)**

คุณไม่ไปประเทศเกาหลีหรือครับ
쿤 마이 빠이 쁘라테-ㅅ 까올리- 르- 크랍

당신은 한국에 가지 않나요? **(부정 의문문)**

1초 퀴즈! 다음 빈칸을 채워 문장을 완성해 보세요.

1 เขาเป็นคน ______ หรือครับ 그는 한국인인가요?

2 เธอก็เป็นคนไทย ______ คะ 그녀도 태국인인가요?

2 조동사 จะ

미래시제를 표현할 때는 동사 앞에 미래시제 조동사 จะ 짜를 덧붙여주면 됩니다.

A คุณมินฮีจะไปเที่ยวประเทศไหนครับ

(ไปเที่ยว: 동사)

쿤 민히- 짜 빠이 티-아우 쁘라테-ㅅ 나이 크랍

민희 씨, 어느 나라에 놀러 갈 거예요?

B ผมจะไปเที่ยวจีนครับ

(ไปเที่ยว: 동사)

폼 짜 빠이 티-아우 찌-ㄴ 크랍

저는 중국에 놀러 갈 거예요.

3 부정사 ไม่

일반적으로 부정문은 동사 앞에 '~이 아닌'이란 뜻의 부정사 ไม่ 마이를 덧붙여 나타냅니다. 단, 문장에 지정사가 있을 경우에는 지정사 앞에 바로 부정사 ไม่ 마이를 쓰지 않고, ไม่ใช่ 마이 차이를 씁니다.

เขาไม่ใช่คนญี่ปุ่น

(คน: 지정사)

카오 마이 차이 콘 이- 뿐

그는 일본인이 아니에요.

1초 퀴즈! A 문장을 잘 읽고 B 문장에 들어갈 말을 써 보세요.

A คุณมินฮีจะไปเที่ยวประเทศไหนครับ — 민희 씨, 어느 나라에 놀러 갈 거예요?

B ______ — 저는 중국에 놀러 갈 거예요.

Pattern

말하기 연습하GO!

MP3 03-08

1

ฉัน เป็น คน เกาหลี

찬 뻰 콘 까올리-

나는 **한국**인이야.

❶ จีน 찌-ㄴ — 중국

❷ เวียดนาม 위-앗 나-ㅁ — 베트남

❸ อเมริกา 아메-리까- — 미국

단어

จีน 명 중국

เวียดนาม 명 베트남

อเมริกา 명 미국

2

เธอ ไม่ ใช่ คน ไทย

트ㅓ- 마이 차이 콘 타이

그녀는 **태국**인이 아니야.

❶ อังกฤษ 앙끄릿 — 영국

❷ อินโด(นีเซีย) 인도-(니-씨-아) — 인도네시아

❸ มาเล(เซีย) 마-ㄹ레-(씨-아) — 말레이시아

단어

อังกฤษ 명 영국

อินโด(นีเซีย) 명 인도네시아

มาเล(เซีย) 명 말레이시아

3

ฉัน จะ ไปเที่ยว ประเทศ ญี่ปุ่น

찬 짜 빠이 티-아우 쁘라테-ㅅ 이-뿐

나는 **일본**에 놀러 갈 거야.

1. **ทะเล** 바다
   탈레
2. **ภูเขา** 산
   푸-카오
3. **สวนสนุก** 놀이동산
   쑤-언 싸눅

단어

ทะเล 명 바다

ภูเขา 명 산

สวนสนุก 명 놀이동산

4

ฉันไม่ ไป ญี่ปุ่น

찬 마이 빠이 이-뿐

나는 **일본**에 안 가.

1. **บริษัท** 회사
   버-리쌋
2. **โรงเรียน** 학교
   로-ㅇ 리-안
3. **ห้างสรรพสินค้า** 백화점
   하-ㅇ 쌉파 씬카-

단어

บริษัท 명 회사

โรงเรียน 명 학교

ห้างสรรพสินค้า 명 백화점

Practice

실력 다지기 GO!

1 녹음을 듣고 그림과 일치하면 O, 일치하지 않으면 X 표시하세요. MP3 03-09

1

2

2 다음의 평서문을 부정문으로 바꾸어 보세요.

1 เธอเป็นคนเวียดนาม

그녀는 베트남인이에요.

그녀는 베트남인이 아니에요.

2 ผมไปประเทศญี่ปุ่น

저는 일본에 가요.

저는 일본에 가지 않아요.

3 ผมไปเที่ยวประเทศไทย

저는 태국에 놀러가요.

저는 태국에 놀러 가지 않을 거예요.

| 녹음 대본 및 정답 p234 참고 |

3 다음 단어들을 어순에 맞게 배열해 보세요.

1 **ประเทศ / คุณ / คะ / คน / ไหน / เป็น**

당신은 어느 나라 사람인가요?

➡ ______________________________

2 **ค่ะ / ดิฉัน / เกาหลี / คน / เป็น**

저는 한국인이에요.

➡ ______________________________

3 **ไม่ / เธอ / ไทย / คน / ใช่**

그녀는 태국인이 아니에요.

➡ ______________________________

4 다음 단어를 활용하여 말해 보세요.

1 **ดิฉันจะไปเที่ยว ________ ค่ะ** ★ ญี่ปุ่น 이-뿐 일본

저는 일본에 놀러 갈 거예요.

2 **เธอเป็นคน ________ ครับ** ★ เวียดนาม 위-앗나-ㅁ 베트남

그녀는 베트남인이에요.

3 **คุณมินฮีจะ ________ ประเทศไหนครับ** ★ ไปเที่ยว 빠이 티-아우 놀러 가다

민희 씨, 어느 나라에 놀러 갈 거예요?

Vocabulary

어휘 늘리GO!

 녹음을 듣고 주요 국가 이름을 따라 말해 보세요.

อเมริกา
\ — / —
아메-리까-
미국

อังกฤษ
— \
앙끄릿
영국

จีน
—
찌-ㄴ
중국

ญี่ปุ่น
^ \
이-뿐
일본

เวียดนาม
^ —
위-앗 나-ㅁ
베트남

ฟิลิปปินส์
/ /—
필(f)립삔
필리핀

อินโดนีเซีย
— — — —
인도-니-씨-아
인도네시아

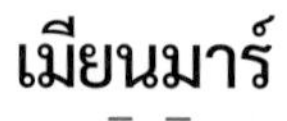

เมียนมาร์
— —
미-안마-
미얀마

สิงคโปร์
∨ / —
씽카뽀-
싱가포르

Culture

태국 만나GO!

태국의 국기

태국의 국기는 빨간색, 흰색, 파란색 세 가지 색깔을 가지고 있는 '삼색기'입니다. 태국어로는 **ธงไตรรงค์** 통 뜨라이 롱이라고 부르는데, **ธง** 통은 '깃발'을, **ไตร** 뜨라이는 '셋, 3'을, **รงค์** 롱은 '색깔'을 의미합니다. 말 그대로 세 가지 색깔을 가진 깃발이라는 뜻입니다.

태국이 이러한 깃발을 쓰기 시작한 것은 1917년부터입니다. 당시 국왕이었던 라마 6세, 와치라웃 국왕(재임: 1910~1925년)이 디자인한 것으로 알려져 있습니다. 가장자리의 빨간색과 흰색은 각각 1:1 비율로, 그리고 가운데의 파란색이 2의 비율을 차지합니다. 빨간색은 국가를 의미하며, 흰색은 종교, 파란색은 왕실을 각각 의미하는데, 이 세 가지 요소는 태국 국가 통합의 중요한 의미로 여겨집니다.

한편 1800년대 중반부터 1900년대 초반까지만 하더라도 태국의 국기는 태국을 상징하는 국가 동물인 코끼리가 들어가 있었습니다. 붉은색 바탕에 흰 코끼리가 있는 모양이었는데, 국기로 사용되기에는 너무 복잡하고, 흰 코끼리가 새겨진 국기를 거꾸로 게양하는 일도 자주 벌어지자 국기를 단순화시키게 되었습니다.

คนโน้นพี่ของผม

저 사람은 우리 형이야.

핵심 표현

▶ MP3 04-01

1 **คน โน้น พี่ ของ ผม**

콘 노-ㄴ 피- 카-ㅇ 폼

저 사람은 우리 형이야.

2 **คน นี้ คือ น้อง ชาย ของ เธอ หรือ**

콘 니- 크- 너-ㅇ 차-이 카-ㅇ 트ㅓ- 르-

얘는 네 남동생이야?

3 **วันนี้ ผม จะ ไปหา คุณตา**

완니- 폼 짜 빠이 하- 쿤 따-

오늘 저는 외할아버지를 찾아 뵐 거예요.

4 **ท่าน คือ คุณพ่อ และ คุณแม่ ครับ**

탄 크- 쿤 퍼- 래 쿤 매 크랍

이 분들은 아버지와 어머니예요.

❶ 가족 관련 어휘를 말할 수 있습니다.

❷ 지시형용사 นี้ 니-, นั้น 난, โน้น 노-ㄴ을 학습합니다.

❸ 의문사 ใคร 크라이의 용법을 학습합니다.

❹ 지정사 คือ 크-를 학습합니다.

Speaking

회화로 말문 트GO! 1

느리게 듣기 MP3 04-02 빠르게 듣기 MP3 04-03

상황1 민희가 쏨차이에게 대상을 물어봅니다.

민희
คน โน้น ใคร
콘 노-ㄴ 크라이

Tip

- โน้น 노-ㄴ은 화자와 멀리 떨어져 있는 것을 지칭할 때 사용하며, นั้น 난은 화자와 조금 가까운 것을 지칭할 때 사용합니다.
- พี่ 피-와 น้อง 너-ㅇ은 남녀를 구분하지 않습니다.

상황2 쏨차이가 민희에게 대상을 물어봅니다.

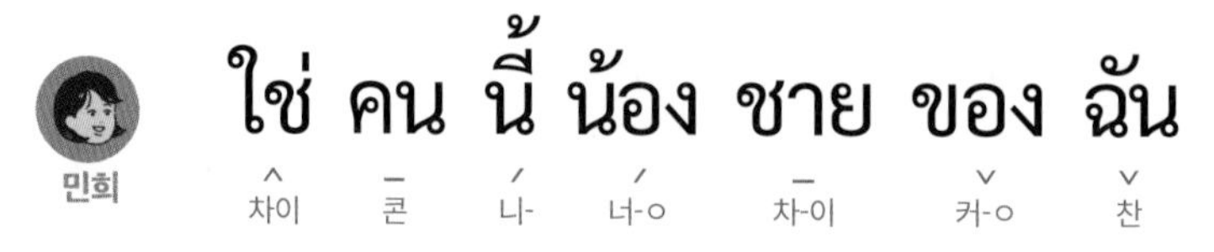

민희
ใช่ คน นี้ น้อง ชาย ของ ฉัน
차이 콘 니- 너-ㅇ 차-이 커-ㅇ 찬

단어 잡GO!

โน้น 노-ㄴ 형 저 | ใคร 크라이 의문 누구 | พี่ 피- 명 손위 형제자매 | ของ 커-ㅇ 전 ~의 | นี้ 니- 형 이 | คือ 크- 지정 ~이다 | น้อง 너-ㅇ 명 동생, 손아래 형제자매 | ชาย 차-이 명 남자 | ใช่ 차이 수식 맞다, 그렇다, 옳다

우리말 ➡ 태국어
MP3 04-04

해석 우리말 해석을 듣고 태국어로 말해 보세요.

상황 1

민희 저 사람은 누구야?

쏨차이 저 사람은 우리 형이야.

상황 2

쏨차이 얘는 네 남동생이야?

민희 맞아. 얘는 내 남동생이야.

태국에서의 호칭

태국에서는 실제로 혈연 관계가 아니더라도 손위 형제자매 혹은 손아래 형제자매를 나타내는 **พี่** 피-와 **น้อง** 너-ㅇ을 사용합니다. 예를 들어 나이가 비슷하거나 더 적더라도 사회적 지위가 높은 사람에게는 **พี่** 피-, 그 반대의 경우에는 **น้อง** 너-ㅇ을 사용합니다.

Speaking

회화로 말문 트GO! 2

느리게 듣기 MP3 04-05　빠르게 듣기 MP3 04-06

상황1 쑤다가 성준에게 오늘의 계획을 묻습니다.

쑤다: วันนี้ คุณ ซองจุน จะ ไป ไหน
완니- 쿤 써-ㅇ준 짜 빠이 나이

성준: วันนี้ ผม จะ ไปหา คุณตา
완니- 폼 짜 빠이 하- 쿤 따-

상황2 쑤다와 성준이가 함께 가족 앨범을 봅니다.

쑤다: สอง ท่าน นี้ คือ ใคร คะ
써-ㅇ 탄 니- 크- 크라이 카

성준: ท่าน คือ คุณพ่อ และ คุณแม่ ครับ
탄 크- 쿤 퍼- 래 쿤 매- 크랍

วันนี้ 완니- 명 오늘 | ไปหา 빠이 하- 동 찾아가다 | คุณตา 쿤 따- 명 외할아버지 | สอง 써-ㅇ 수 2, 둘 | ท่าน 탄 분류 명, 분 대 선생님(웃어른을 지칭), 그분 | คุณพ่อ 쿤 퍼- 명 아버지 | และ 래 접 ~와(과), 그리고 | คุณแม่ 쿤 매- 명 어머니

우리말 ➡ 태국어
MP3 04-07

해석 우리말 해석을 듣고 태국어로 말해 보세요.

상황 1

쑤다 오늘 성준 씨는 어디에 갈 거예요?

성준 오늘 저는 외할아버지를 찾아 뵐 거예요.

상황 2

쑤다 이 두 분은 누구신가요?

성준 이 분들은 아버지와 어머니예요.

태국어의 존댓말

태국어에도 우리말과 마찬가지로 존댓말이 있습니다. 일반적으로 사람을 지칭하거나 사람을 셀 때는 คน 콘(사람, 명)을 사용하지만, 웃어른을 지칭하거나 웃어른을 셀 때는 ท่าน 탄̂(분, 그분)을 사용합니다. 한편 ท่าน 탄̂은 장모음이지만, 실제 발음할 때는 예외적으로 단모음으로 발음합니다.

Grammar

문법 다지 GO!

1 지시형용사 นี้, นั้น, โน้น

태국어의 지시형용사는 화자와의 거리에 따라 นี้ 니- '이', นั้น 난 '그', โน้น 노-ㄴ '저'로 구별되며, 분류사의 뒤에 위치합니다. 한편 분류사란 개수나 분량 등을 나타내기 위해 사용하는 의존 명사를 의미합니다. 사람 한 '명', 말 한 '필', 연필 한 '자루' 등과 같은 단어들이 이에 해당합니다. 또한 태국어는 꾸며주는 말이 꾸밈을 받는 말 뒤에 위치합니다.

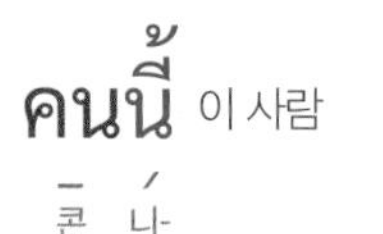

คนนี้ 이 사람
콘 니-

คนนั้น 그 사람, 저 사람
콘 난

คนโน้น 저 사람
콘 노-ㄴ

ท่านสองคนนี้คือใครคะ 이 두 분은 누구신가요?
탄 써-ㅇ 콘 니- 크- 크라이 카

คนนั้นใครครับ 그 사람은 제 동생이에요.
콘 난 크라이 크랍

คนโน้นพี่ของผมครับ 저 사람은 제 형(누나)예요.
콘 노-ㄴ 피- 커-ㅇ 폼 크랍

2 의문사 ใคร

ใคร 크라이는 '누구, 누가'라는 의미의 의문사입니다. 의문사가 있을 때에는 의문 조사가 따로 필요하지 않으며, 의문사가 있던 위치에 대답을 넣으면 답변의 문장이 완성됩니다.

1초 퀴즈! A 문장을 잘 읽고 B 문장에 들어갈 말을 써 보세요.

A คนนั้นใครครับ 그 사람은 누구인가요?

B ______ 그 사람은 제 동생이에요.

A คนนั้นใครครับ
콘 난 크라이 크랍

그 사람은 누구인가요?

B คนนั้นน้องของดิฉันค่ะ
콘 난 너-ㅇ 커-ㅇ 디찬 카

그 사람은 제 동생이에요.

3 지정사 คือ

지정사 **คือ** 크-는 '~이다'라는 의미로, DAY 03에서 학습한 **เป็น** 뻰과 같은 뜻입니다. **เป็น** 뻰은 일반 명사와 함께 사용되는 반면 **คือ** 크-는 고유명사나 무언가를 특별히 지칭할 때 사용됩니다. 또한 **คือ** 크-가 사용된 문장의 부정문을 만들 때는 **เป็น** 뻰과 마찬가지로 **ไม่ใช่** 마이 차이로 대체합니다. 한편 아래와 같이 단순한 문장에서는 **คือ** 크-를 생략할 수 있습니다.

A เธอคือพี่สาวของคุณใช่ไหมคะ
트ㅓ- 크- 피- 싸-우 커-ㅇ 쿤, 차이 마이 카

그녀는 당신의 누나가 맞지요?

B ไม่ใช่ครับ
마이 차이 크랍

아니요.

เธอคือน้องสาวของผมครับ
트ㅓ- 크- 너-ㅇ 싸-우 커-ㅇ 폼 크랍

그녀는 제 여동생이에요.

1초 퀴즈! A 문장을 잘 읽고 B 문장에 들어갈 말을 써 보세요.

A เธอคือพี่สาวของคุณ ใช่ไหมคะ — 그녀는 당신의 누나가 맞지요?

B ______ — 아니요.

Pattern

말하기 연습하 GO!

MP3 04-08

1

คน โน้น พี่ ของ ผม
콘 노-ㄴ 피- 커-ㅇ 폼

저 사람은 우리 **형**이야.

❶ นี้ / พี่สาว (나- / 피-싸-우) 이 / 누나

❷ นั้น / คุณพ่อ (난 / 쿤 퍼-) 그 / 아버지

❸ โน้น / ลูก (노-ㄴ / 루-ㄱ) 저 / 아이

단어

นี้ 형 이

พี่สาว 명 누나, 언니

นั้น 형 그, 저

คุณพ่อ 명 아버지

โน้น 형 저

ลูก 명 아이, 자식, 자녀 분류 개

2

คน นี้ คือ น้อง ชาย ของ เธอ หรือ
콘 니- 크- 너-ㅇ 차이 커-ㅇ 트ㅓ- 르-

얘는 네 **남동생**이야?

❶ น้อง สาว (너-ㅇ 싸-우) 여동생

❷ เพื่อน (프-안) 친구

❸ หลาน (라-ㄴ) 조카

단어

น้อง 명 동생, 손아래 형제자매

สาว 명 여자

เพื่อน 명 친구

หลาน 명 조카, 손주

3

วันนี้ ผม จะ ไปหา คุณตา

완니- 폼 짜 빠이 하- 쿤 따-

오늘 저는 **외할아버지**를 찾아 뵐 거예요.

1. หมอ 머- — 의사
2. คุณลุง 쿤 룽 — 큰아버지, 작은아버지
3. คุณอา 쿤 아 — 큰고모, 작은고모

단어

หมอ 명 의사

คุณลุง 명 큰아버지, 작은아버지

คุณอา 명 큰고모, 작은고모

4

ท่าน คือ คุณพ่อ และ คุณแม่ ครับ

탄 크- 쿤 퍼- 래 쿤 매- 크랍

이 분들은 **아버지와 어머니**예요.

1. อาจารย์ 아-짜-ㄴ — 교수님
2. หัวหน้า 후-아나- — (직장) 상사
3. เพื่อนร่วมงาน 프-안 루-암 응아-ㄴ — 동료

단어

อาจารย์ 명 교수

หัวหน้า 명 (직장) 상사

เพื่อนร่วมงาน 명 동료

Practice

실력다지GO!

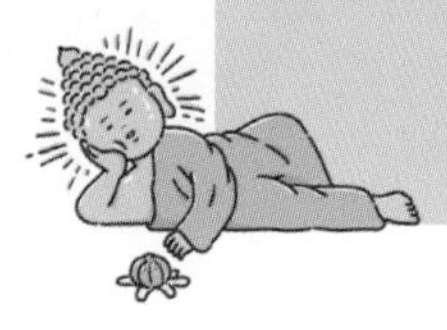

1 녹음을 듣고 빈칸에 들어갈 알맞은 답을 쓰세요.

1 A คนโน้นใคร

저 사람은 누구야?

B ________________

저 사람은 우리 형이야.

2 A เธอคือพี่สาวของคุณใช่ไหมคะ

그녀는 당신의 누나가 맞지요?

B ________________

그녀는 제 여동생이에요.

2 다음 빈칸에 들어갈 알맞은 단어를 <보기>에서 찾아 쓰세요.

보기

คุณตา　　คุณยาย　　ไม่ใช่　　คือ

1 A คนนี้ (❶ 　　　　　) น้องชายของคุณหรือครับ

이 사람은 당신의 남동생인가요?

B (❷ 　　　　　) ค่ะ

아니요.

2 A วันนี้คุณซองจุนจะไปไหน

오늘 성준 씨는 어디에 갈 거예요?

B วันนี้ผมจะไปหา (❸ 　　　　　) (❹ 　　　　　) ครับ

오늘 저는 외할아버지, 외할머니를 찾아 뵐 거예요.

3 다음 단어들을 어순에 맞게 배열해 보세요.

1 โน้น / คน / ของ / ครับ / ผม / พี่ชาย

저 사람은 제 형이에요.

➡ ______________________________

2 หรือ / ครับ / คุณ / ของ / คนนี้ / คือ / น้องชาย

이 사람은 당신의 남동생인가요?

➡ ______________________________

3 ท่าน / และ / ครับ / คือ / คุณลุง / คุณป้า

이 분들은 제 큰아버지와 큰고모예요.

➡ ______________________________

4 다음 단어를 활용하여 말해 보세요.

1 คนโน้น ______ คะ ★ ใคร 크라이 누구

저 사람은 누구인가요?

2 ท่าน ______ นี้คือใครคะ ★ สอง คน 써-ㅇ 콘 두 분

이 두 분은 누구신가요?

3 วันนี้ดิฉันจะไปหา ______ ค่ะ ★ คุณตา คุณยาย 쿤 따- 쿤 야-이 외할아버지, 외할머니

오늘 저는 외할아버지, 외할머니를 찾아 갈 거예요.

어휘 늘리 GO!

녹음을 듣고 가족 관련 어휘를 따라 말해 보세요. MP3 04-10

คุณปู่	คุณย่า	คุณตา	คุณยาย
쿤 뿌-	쿤 야-	쿤 따-	쿤 야-이
친할아버지	친할머니	외할아버지	외할머니

คุณพ่อ	คุณแม่
쿤 퍼-	쿤 매-
아버지	어머니

ลูกชาย	ลูกสาว
루-ㄱ 차-이	루-ㄱ 싸-우
아들	딸

Culture

태국 만나GO!

태국의 가족 구성원

벼농사를 많이 짓던 태국은 우리나라와 마찬가지로 전통적으로 대가족 제도를 이루고 살았습니다. 조부모와 부모 세대, 그리고 자녀 세대로 구성이 된 대가족이었습니다. 우리나라와 다른 점은 과거 우리나라는 장남에게 부모님의 봉양의 의무가 있었다면, 태국은 막내딸에게 부모님의 봉양 의무가 있었다는 것입니다. 태국은 자녀들을 차례로 혼인시켜 분가하도록 한 뒤, 가장 마지막에 혼인하게 되는 막내딸과 그 여성의 부모님이 함께 살았습니다. 남성은 여성의 집으로 장가 오는 데릴사위 형태였습니다.

간혹 이러한 전통을 보고 태국이 모계사회이지 않을까라고 생각하는 경우가 많지만, 태국은 친가와 외가 모두 왕래가 활발하고, 외가와 보다 가깝게 지낸다는 것일 뿐 완벽한 모계사회는 아닙니다. 아버지의 성씨(姓氏)를 따르는 것만 보아도 알 수 있습니다.

태국의 여성들은 과거부터 농업, 상업 활동과 같은 경제 활동에 참여하였고, 부모님으로부터 물려받은유산도 남성과 동등하게 분배받았습니다. 현대 태국 사회에서도 활발하게 사회 활동을 하는 여성들을 많이 찾아볼 수 있습니다.

DAY 05

ครอบครัวของฉันมีสี่คน

우리 가족은 4명이야.

핵심 표현

▶ MP3 05-01

1 ครอบครัว ของ ฉัน มี สี่ คน
크러-ㅂ 크루-아 커-ㅇ 찬 미- 씨- 콘
우리 가족은 4명이야.

2 เธอ มี ปากกา กี่ แท่ง
트ㅓ- 미- 빠-ㄱ까- 끼- 탱
너는 펜이 몇 자루 있어?

3 ผม ไม่ มี ปากกา
폼 마이 미- 빠-ㄱ까-
나는 펜이 없어.

4 ฉัน มี หนังสือ ห้า เล่ม
찬 미- 낭쓰- 하- 렘
나는 책이 다섯 권 있어.

❶ 소유의 표현을 학습합니다.

❷ 태국어로 숫자 1~5까지 말할 수 있습니다.

❸ 분류사의 사용법을 익힙니다.

❹ 의문사 กี่ 끼-를 학습합니다.

회화로 말문 트GO! 1

느리게 듣기 MP3 05-02 빠르게 듣기 MP3 05-03

상황1 쏨차이가 민희에게 가족 관계에 대해 물어봅니다.

쏨차이 ครอบครัว ของ เธอ มี กี่ คน
크러-ㅂ 크루-아 커-ㅇ 트ㅓ- 미- 끼- 콘

민희 ครอบครัว ของ ฉัน มี สี่ คน
크러-ㅂ 크루-아 커-ㅇ 찬 미- 씨- 콘

상황2 쏨차이가 민희에게 형제 구성원에 대해 물어봅니다.

쏨차이 เธอ มี พี่ น้อง กี่ คน
트ㅓ- 미- 피- 너-ㅇ 끼- 콘

민희 มี น้อง ชาย หนึ่ง คน และ ฉัน
미- 너-ㅇ 차-이 능 콘 래 찬

Tip

태국어로 수량사는 '숫자 + 분류사'의 순서로 말합니다. 그러나 숫자 1의 경우에만 '1(หนึ่ง 능) + 분류사 (คน 콘)' 혹은 '분류사(คน 콘) + 1(หนึ่ง 능)' 두 가지 형태로 모두 쓰일 수 있습니다.

단어 잡GO!

ครอบครัว 크러-ㅂ 크루-아 명 가족 | มี 미- 동 있다, 가지고 있다 | กี่ 끼- 의문 몇, 얼마 | สี่ 씨- 수 4, 넷 | พี่น้อง 피- 너-ㅇ 명 형제, 자매 | หนึ่ง 능 수 1, 하나

우리말 ➡ 태국어
MP3 05-04

해석 우리말 해석을 듣고 태국어로 말해 보세요.

상황 1

쏨차이 너희 가족은 몇 명이야?

민희 우리 가족은 4명이야.

상황 2

쏨차이 너는 형제가 몇 명 있어?

민희 남동생 한 명과 나야.

태국어의 어순

기본적으로 태국어의 어순은 한국어와 다릅니다. 한국어 어순은 '주어 + 목적어 + 동사'인데 반해, 태국어 어순은 '주어 + 동사 + 목적어' 입니다. 또한 꾸며주는 말과 꾸밈을 받는 말의 위치도 한국어와 태국어는 서로 반대입니다.

Speaking

회화로 말문 트GO! 2

느리게 듣기 MP3 05-05 빠르게 듣기 MP3 05-06

상황1 민희가 쏨차이에게 펜의 수량을 물어봅니다.

민희

เธอ มี ปากกา กี่ แท่ง

트ㅓ-(ˉ) 미-(ˉ) 빠-ㄱ까-(ˋˉ) 끼-(ˋ) 탱(ˆ)

쏨차이

ผม ไม่ มี ปากกา

폼(ˇ) 마이(ˆ) 미-(ˉ) 빠-ㄱ까-(ˋˉ)

แต่ มี ดินสอ สอง แท่ง

때-(ˋ) 미-(ˉ) 딘써-(ˉˇ) 써-ㅇ(ˇ) 탱(ˆ)

상황2 쏨차이와 민희가 서로의 책 권수를 물어봅니다.

쏨차이

เธอ มี หนังสือ ภาษาไทย กี่ เล่ม

트ㅓ-(ˉ) 미-(ˉ) 낭쓰-(ˇˇ) 파-싸-타이(ˉˇˉ) 끼-(ˋ) 렘(ˆ)

민희

ฉัน มี หนังสือ ห้า เล่ม

찬(ˇ) 미-(ˉ) 낭쓰-(ˇˇ) 하-(ˆ) 렘(ˆ)

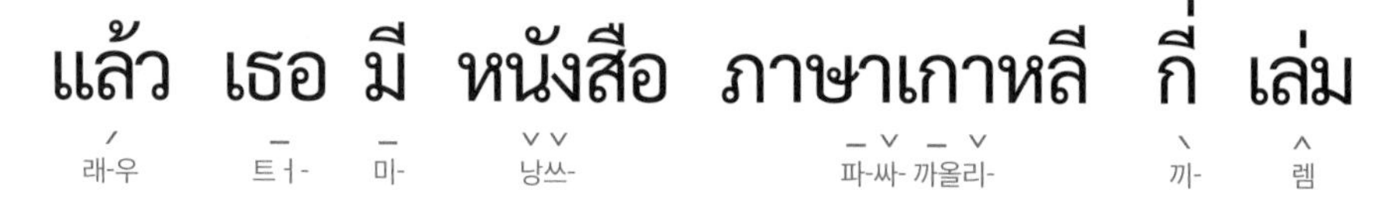

แล้ว เธอ มี หนังสือ ภาษาเกาหลี กี่ เล่ม

래-우(ˊ) 트ㅓ-(ˉ) 미-(ˉ) 낭쓰-(ˇˇ) 파-싸-까올리-(ˉˇˉˇ) 끼-(ˋ) 렘(ˆ)

쏨차이

ผม มี เล่ม เดียว

폼(ˇ) 미-(ˉ) 렘(ˆ) 디-아우(ˉ)

ปากกา 빠-ㄱ까-(ˋˉ) 명 펜 | แท่ง 탱(ˆ) 분류 자루 | แต่ 때-(ˋ) 접 그런데, 그러나 | ดินสอ 딘써-(ˉˇ) 명 연필 | หนังสือ 낭쓰-(ˇˇ) 명 책 | ภาษาไทย 파-싸-타이(ˉˇˉ) 명 태국어 | เล่ม 렘(ˆ) 분류 권(책, 공책 등을 세거나 지칭하는 단위) | ห้า 하-(ˆ) 수 5, 다섯 | แล้ว 래-우(ˊ) 접 그러면, 그리고, 그리고 나서 | ภาษาเกาหลี 파-싸-까올리-(ˉˇˉˇ) 명 한국어 | เดียว 디-아우(ˉ) 형 하나의, 유일의, 유일하다

우리말 ➡ 태국어
MP3 05-07

해석 우리말 해석을 듣고 태국어로 말해 보세요.

상황 1

민희 너는 펜이 몇 자루 있어?

쏨차이 나는 펜이 없어.
그런데 연필은 두 자루 있어.

상황 2

쏨차이 너는 태국어 책이 몇 권 있어?

민희 나는 책이 다섯 권 있어.
그러면 너는 한국어 책이 몇 권 있어?

쏨차이 나는 한 권 가지고 있어.

꿀팁 챙기GO!

เดียว 하나의, 유일한

เดียว 디-아우는 '하나의, 유일한'이라는 뜻을 가지고 있습니다. 따라서 '1, 하나'라는 의미를 지니고 있는 **หนึ่ง** 능(1, 하나) 대신 **เดียว** 디-아우를 쓸 수 있습니다. 또한 **เดียว** 디-아우는 분류사 뒤에 위치합니다.

แท่งเดียว 탱 디-아우 = แท่งหนึ่ง 탱 능 = หนึ่งแท่ง 능 탱 한 자루

Grammar

문법 다지기 GO!

1 태국어 숫자 표기

태국어의 숫자는 아라비아 숫자 혹은 태국어 숫자로 표기할 수 있습니다. 태국어 숫자는 주로 관공서나 공문 등에서 사용되므로 함께 알아 두면 좋습니다.

	0	1	2	3	4	5
태국어 숫자	๐	๑	๒	๓	๔	๕
태국어 발음	ศูนย์	หนึ่ง	สอง	สาม	สี่	ห้า
한국어 발음	ˇ 쑤-ㄴ	ˋ 능	ˇ 써-ㅇ	ˇ 싸-ㅁ	ˋ 씨-	^ 하-

2 의문사 กี่

กี่ 끼-는 '몇'이라는 의미의 의문사이며, 'กี่ 끼- + 분류사'의 형태로 쓰입니다. 수량을 묻는 의문문이므로 답변을 할 때는 กี่ 끼-의 자리에 숫자를 넣어주면 됩니다.

A ครอบครัวของคุณมีกี่คนครับ

크러-ㅂ 크루-아 커-ㅇ 쿤 미- 끼- 콘 크랍

당신의 가족은 몇 명인가요?

B ครอบครัวของดิฉันมีสี่คนค่ะ

크러-ㅂ 크루-아 커-ㅇ 디찬 미- 씨- 콘 카

우리 가족은 4명이에요.

1초 퀴즈! A 문장을 잘 읽고 B 문장에 들어갈 말을 써 보세요.

A ครอบครัวของคุณมีกี่คนครับ 당신의 가족은 몇 명인가요?

B ________ 우리 가족은 4명이에요.

3 소유의 표현

มี 미-는 '~있다, 소유하다'라는 뜻을 가지고 있습니다. 이와 유사한 단어로 อยู่ 유-가 있는데, '~있다, 존재하다'라는 뜻을 가지고 있습니다. 우리말로 두 단어가 모두 '있다'라는 뜻을 가지고 있어 혼동하기 쉬우므로 다음의 예시를 통해 의미를 구분하도록 합니다.

	มี 미-	อยู่ 유-
의미	있다, 소유하다, 가지다(무언가를 가지고 있다는 의미)	있다, 존재하다(어느 곳에 머물다는 의미)
예문	เขามีบ้านส่วนตัว 카오- 미- 바-ㄴ 쑤-안 뚜-아 그는 자신의 집이 있다.	เขาอยู่บ้านส่วนตัว 카오- 유- 바-ㄴ 쑤-안 뚜-아 그는 자신의 집에 있다.

4 분류사

태국어에는 다양한 분류사가 존재합니다. 분류사는 무언가를 세거나 지칭할 때 사용하는 것으로 각 명사에 적합한 분류사를 구분하여 사용해야 합니다.

ครอบครัวของผมมีห้าคนครับ
크러-ㅂ 크루-아 커-ㅇ 폼 미- 하- 콘 크랍
우리 가족은 5명 있습니다.

ผมมีดินสอสองแท่งครับ
폼 미- 딘써- 써-ㅇ 탱 크랍
저는 연필 두 자루가 있습니다.

1초 퀴즈! 다음 빈칸을 채워 문장을 완성해 보세요.

1 ครอบครัวของผมมีห้า ______ ครับ 우리 가족은 5명 있습니다.

2 ผมมีดินสอสอง ______ ครับ 저는 연필 두 자루가 있습니다.

Pattern

말하기 연습하 GO!

MP3 05-08

1

ครอบครัว ของ ฉัน มี สี่ คน

크러-ㅂ 크루-아 커-ㅇ 찬 미- 씨- 콘

우리 가족은 **4**명이야.

❶ สอง 싸-ㅇ — 2

❷ สาม 싸-ㅁ — 3

❸ ห้า 하- — 5

단어

สอง 수 2, 둘

สาม 수 3, 셋

ห้า 수 5, 다섯

เธอ มี ปากกา กี่ แท่ง

트ㅓ- 미- 빠-ㄱ까- 끼- 탱

너는 **펜**이 몇 **자루** 있어?

❶ หนังสือ / เล่ม 낭쓰- 렘 — 책 / 권

❷ เพื่อน / คน 프-안 콘 — 친구 / 명

❸ เสื้อผ้า / ตัว 쓰-아파- 뚜-아 — 옷 / 벌

단어

หนังสือ 명 책

เล่ม 분류 권(책, 공책 등을 세거나 지칭하는 단위)

เพื่อน 명 친구

คน 분류 명(사람을 세거나 지칭하는 단위)

เสื้อผ้า 명 옷

ตัว 분류 마리, 개, 벌(동물, 가구, 인형, 옷 등을 세거나 지칭하는 단위)

3

ฉัน ไม่ มี ปากกา

찬 마이 미- 빠-ㄱ까-

나는 **펜**이 없어.

1. ดินสอ 딘써- — 연필
2. หนังสือ 낭쓰- — 책
3. ยางลบ 야-ㅇ롭 — 지우개

단어

ดินสอ 명 연필

ยางลบ 명 지우개

4

ฉัน มี ห้า เล่ม

찬 미- 하- 렘

나는 다섯 **권** 있어.

1. ตัว 뚜-아 — 마리
2. ขวด 쿠-앗 — 병
3. หลัง 랑 — 채

단어

ขวด 분류 병(병을 세거나 지칭하는 단위)

หลัง 분류 채(건물, 집 등을 세거나 지칭하는 단위)

Practice

실력 다지기 GO!

1 녹음을 듣고 녹음과 일치하는 답을 고르세요. MP3 05-09

1

2

3

4

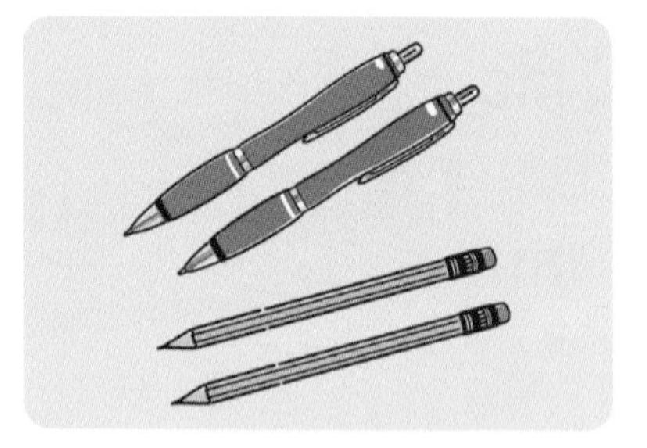

2 다음 빈칸에 들어갈 알맞은 단어를 <보기>에서 찾아 쓰세요.

보기

สี่ แท่ง เล่ม สอง หนึ่ง

1 ผมมีปากกา (❶) เดียวหนังสือสาม (❷) ครับ

저는 펜 한 자루, 책 세 권이 있습니다.

2 ดิฉันมีพี่น้อง (❸) คน

저는 형제자매가 4명 있습니다.

มีพี่ชาย (❹) คน พี่สาว (❺) คน และดิฉันค่ะ

오빠 한 명, 언니 두 명, 그리고 제가 있습니다.

| 녹음 대본 및 정답 p235 참고 |

3 다음 단어들을 어순에 맞게 배열해 보세요.

1 ครอบครัว / ดิฉัน / ของ / สี่ / ค่ะ / มี / คน

우리 가족은 4명이에요.

➡ ____________________

2 เล่ม / มี / ห้า / ค่ะ / ดิฉัน

저는 다섯 권 있어요.

➡ ____________________

3 ปากกา / ไม่ / ผม / มี

저는 펜이 없어요.

➡ ____________________

4 다음 단어를 활용하여 말해 보세요.

1 คุณมีปากกากี่ ______ คะ ★ แท่ง 탱̂ 자루

당신은 펜이 몇 자루 있나요?

2 ______ ของคุณมีกี่คนครับ ★ ครอบครัว 크러̂-ㅂ 크루̄-아 가족

당신의 가족은 몇 명인가요?

3 ผมมี ______ เดียวครับ ★ เล่ม 렘̂ 권

저는 한 권 가지고 있어요.

Vocabulary 어휘 늘리 GO!

녹음을 듣고 분류사를 따라 말해 보세요. MP3 05-10

기타 분류사

คัน 칸 분류 대, 개(차량, 숟가락, 포크, 우산 등을 세거나 지칭하는 단위) | ที่ 티- 분류 자리, 인분(자리, 인분 등을 세거나 지칭하는 단위) | หลัง 랑 분류 채(건물, 집 등을 세거나 지칭하는 단위) | ใบ 바이 분류 개, 장, 편(가방, 잎이나 종이 낱장, 편편한 조각 등을 세거나 지칭하는 단위)

Culture

태국 만나GO!

태국의 인사법

태국에서 인사할 때는 양손을 모아 합장하듯이 하고, 고개를 숙이며 인사합니다. 이러한 인사법을 **ไหว้** 와이라고 부릅니다. 이 인사법은 손의 위치와 고개를 숙이는 각도에 따라 의미가 조금씩 달라집니다.

합장한 양손의 엄지 끝이 턱, 검지 끝이 코에 닿는다면 가까운 연배의 사람에게 인사하는 것입니다. 합장한 양손의 위치가 올라가서 엄지 끝이 코, 검지 끝이 미간에 닿는다면, 이것은 윗사람에게 하는 인사입니다. 합장한 양손을 더 올려 엄지 끝이 미간, 검지 끝이 이마 끝에 닿는다면 이것은 승려나 매우 존경하는 은사에게 하는 인사입니다.

손의 위치가 올라갈수록 고개를 더욱 숙이게 됩니다. 공식적인 자리에서 인사할 때, 남성은 다리를 11자로 펴지만, 여성의 경우에는 한쪽 다리를 뒤로 빼기도 합니다.

한편 **ไหว้** 와이라는 인사를 할 때 남자는 **สวัสดีครับ** 싸왓디- 크랍, 여자는 **สวัสดีครับ** 싸왓디- 카라는 인사말을 함께 합니다.

DAY 06

เมื่อวานวันที่เท่าไรครับ

어제는 며칠이었어요?

핵심 표현

▶ MP3 06-01

1 ห้องทำงาน อยู่ ชั้น ที่ สิบสอง ค่ะ

허-ㅇ 탐 응아-ㄴ 유- 찬 티- 씹 써-ㅇ 카

사무실은 12층에 있어요.

2 เมื่อวาน วัน ที่ เท่าไร ครับ

므-아 와-ㄴ 완 티- 타오라이 크랍

어제는 며칠이었어요?

3 เมื่อวาน วัน ที่ สิบหก ค่ะ

므-아 와-ㄴ 완 티- 씹 혹 카

어제는 16일이에요.

4 แล้ว พรุ่งนี้ ล่ะ ครับ

래-우 프룽니- 라 크랍

그러면 내일은요?

❶ 나이, 날짜, 층수를 묻고 답할 수 있습니다.

❷ 숫자 6~10, 20, 30, 40 … 등을 말할 수 있습니다.

❸ 기수와 서수를 학습합니다.

❹ 의문사 เท่าไร 타오라이를 학습합니다.

회화로 말문 트GO! 1

느리게 듣기 MP3 06-02 빠르게 듣기 MP3 06-03

상황 1 쏨차이가 민희의 나이를 물어봅니다.

쏨차이
เธอ อายุ เท่าไร
트ㅓ- 아-유 타오라이

민희
ฉัน อายุ ยี่สิบ ปี
찬 아-유 이-씹 삐-

Tip

ปี 삐-는 '~살'이라는 의미이며, 간혹 ปี 삐-를 생략할 수도 있습니다.

상황 2 민희가 쏨차이의 나이를 물어봅니다.

민희
เธอ อายุ เท่าไร
트ㅓ- 아-유 타오라이

쏨차이
ผม อายุ ยี่สิบเอ็ด ปี
폼 아-유 이-씹 엣 삐-

Tip

- 숫자 1은 단독으로 쓰일 경우 หนึ่ง 능이라고 읽지만, 십 단위 이상의 숫자에서 일의 자리에 올 때에는 เอ็ด 엣이라고 읽습니다.
- 숫자 2는 단독으로 쓰일 경우 สอง 써-ㅇ이라고 읽지만, 십의 자리에 올 때에는 ยี่ 이-라고 읽습니다.

단어 잡GO!

อายุ 아-유 명 나이, 연령 | เท่าไร 타오라이 의문 몇, 얼마 | ยี่สิบ 이-씹 수 20, 스물 | ปี 삐- 명 ~살, 년, 해 | ยี่สิบเอ็ด 이-씹 엣 수 21, 스물 하나

우리말 ➡ 태국어
MP3 06-04

해석 우리말 해석을 듣고 태국어로 말해 보세요.

상황 1

쏨차이 너는 몇 살이야?

민희 나는 스무 살이야.

상황 2

민희 너는 몇 살이야?

쏨차이 나는 스물 한 살이야.

무동사 문장이란?

태국어에서는 일부 명사가 동사를 대신하는 경우가 있습니다. 이러한 문장을 '무동사 문장'이라고 부릅니다.

ผม / ดิฉันชื่อ ○○○ ครับ / ค่ะ 제 이름은 ○○○ 입니다.

➡ '이름'이라는 의미의 명사 **ชื่อ** 츠-는 '이름이 ~이다'라는 동사 역할을 합니다.

ผม / ดิฉันอายุ ○○ ครับ / ค่ะ 저는 ○○ 살입니다.

➡ '나이'라는 의미의 명사 **อายุ** 아-유는 '나이가 ~살이다'라는 동사 역할을 합니다.

Speaking

회화로 말문 트GO! 2

느리게 듣기 MP3 06-05 빠르게 듣기 MP3 06-06

상황1 성준이가 쑤다에게 사무실의 층수를 물어봅니다.

성준 ห้องทำงาน อยู่ ชั้น ที่ เท่าไร ครับ

허-ㅇ 탐 응아-ㄴ 유- 찬 티- 타오라이 크랍

쑤다 ห้องทำงาน อยู่ ชั้น ที่ สิบสอง ค่ะ

허-ㅇ 탐 응아-ㄴ 유- 찬 티- 씹 써-ㅇ 카

상황2 성준이가 쑤다에게 날짜를 물어봅니다.

성준 เมื่อวาน วัน ที่ เท่าไร ครับ

므-아 와-ㄴ 완 티- 타오라이 크랍

쑤다 เมื่อวาน วัน ที่ สิบหก ค่ะ

므-아 와-ㄴ 완 티- 씹 혹 카

성준 แล้ว พรุ่งนี้ ล่ะ ครับ

래-우 프룽니- 라 크랍

쑤다 พรุ่งนี้ วัน ที่ สิบแปด ค่ะ

프룽니- 완 티- 씹 빼-ㅅ 카

단어 잡GO!

ห้องทำงาน 허-ㅇ 탐 응아-ㄴ 명 사무실 | **อยู่** 유- 동 있다, 존재하다 | **ชั้น** 찬 명 층 | **สิบสอง** 씹 써-ㅇ 수 12, 열둘 | **เมื่อวาน** 므-아 와-ㄴ 명 어제 | **วัน** 완 명 날, 일 | **ที่** 티- 수식 제, ~번째(숫자 앞에서 기수를 서수로 바꾸어 주는 역할을 함) | **สิบหก** 씹 혹 수 16, 열여섯 | **พรุ่งนี้** 프룽니- 명 내일 | **ล่ะ** 라 조 ~는요, ~는데(의문·명령·청유문 끝에 사용) | **สิบแปด** 씹 빼-ㅅ 수 18, 열여덟

우리말 ➡ 태국어
MP3 06-07

해석 우리말 해석을 듣고 태국어로 말해 보세요.

상황 1

성준 사무실은 몇 층에 있나요?

쑤다 사무실은 12층에 있어요.

상황 2

성준 어제는 며칠이었어요?

쑤다 어제는 16일이에요.

성준 그러면 내일은요?

쑤다 내일은 18일이에요.

꿀팁 챙기GO!

ห้อง 방, 실

'방, 실'이라는 의미의 **ห้อง** 허̂-ㅇ은 뒤에 여러 가지 단어를 덧붙여 새로운 의미의 단어를 만들어 냅니다.

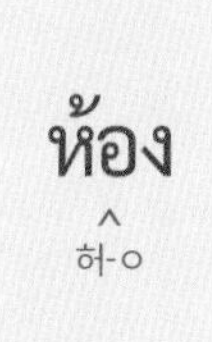

ห้อง 허̂-ㅇ	+	น้ำ 나́-ㅁ 물 ➡ ห้องน้ำ 허̂-ㅇ 나́-ㅁ 화장실
		สมุด 싸̀뭇̀ 공책, 노트 ➡ ห้องสมุด 허̂-ㅇ 싸̀뭇̀ 도서관
		พัก 팍́ 쉬다 ➡ ห้องพัก 허̂-ㅇ 팍́ 휴게실

Grammar

문법 다지 GO!

1 기수와 서수

사물의 순서를 나타내는 수인 '서수'는 숫자 앞에 '제'라는 의미의 수식사 ที่ 티-를 덧붙여 나타낼 수 있습니다.

	1, 하나	2, 둘	3, 셋
기수	หนึ่ง 능	สอง 써-ㅇ	สาม 싸-ㅁ
	첫 번째	두 번째	세 번째
서수	ที่หนึ่ง 티-능	ที่สอง 티-써-ㅇ	ที่สาม 티-싸-ㅁ

2 의문사 เท่าไร

의문사 เท่าไร 타오라이는 '얼마, 몇'이라는 의미의 의문사입니다. 의문사가 있을 때에는 의문 조사가 따로 필요하지 않으며, 의문사가 있던 위치에 대답을 넣으면 답변의 문장이 됩니다. 한편 나이를 물을 때 우리말로 '몇 살'이냐고 묻기 때문에 간혹 '몇'이라는 의미의 의문사 กี่ 끼-를 사용해야 하는 것이 아닌지 혼동할 수 있으나 반드시 의문사 เท่าไร 타오라이를 사용해야 합니다.

A คุณอายุเท่าไรครับ 당신은 몇 살인가요?
쿤 아-유 타오라이 크랍

B ดิฉันอายุยี่สิบปีค่ะ 저는 스무 살이에요.
디찬 아-유 이-씹 삐- 카

1초 퀴즈! 다음 빈칸에 들어갈 알맞은 말을 써 보세요.

1 ______ 첫 번째
2 ______ 세 번째
3 ______ 두 번째
4 ______ 20, 스물

다만, 예외적으로 어린아이의 나이를 물을 때에는 의문사 **กี่** 끼-를 사용할 수 있습니다. 이때에는 12세 이하의 어린이에게 사용하는 '~살, 세'라는 의미의 **ขวบ** 쿠-압을 함께 써서 **กี่ขวบ** 끼-쿠-압이라고 묻습니다.

A น้องอายุกี่ขวบครับ 동생은 몇 살인가요?
너-ㅇ 아-유 끼-쿠-압 크랍

B น้องอายุเจ็ดขวบค่ะ 동생은 일곱 살이에요.
너-ㅇ 아-유 쩻 쿠-압 카

3 날짜와 층수 묻고 답하기

날짜와 층수를 물을 때에는 사물의 순서를 나타내는 서수를 사용합니다. 예를 들어 그 달에서 '몇 번째 날', 그 건물에서 '몇 번째 층'과 같이 표현하는데, 이때 '몇 번째'라는 의미의 **ที่เท่าไร** 티-타오라이를 사용하여 묻습니다.

วันนี้วันที่เท่าไรคะ
완니- 완 티- 타오라이 카

오늘은 며칠인가요? (오늘은 몇 번째 날인가요?)

ห้องเรียนอยู่ชั้นที่เท่าไรครับ
허-ㅇ 리-안 유- 찬 티- 타오라이 크랍

교실은 몇 층에 있나요? (교실은 몇 번째 층에 있나요?)

โรงหนังอยู่ชั้นที่เท่าไรครับ
로-ㅇ낭 유- 찬 티- 타오라이 크랍

영화관은 몇 층에 있나요? (영화관은 몇 번째 층에 있나요?)

1초 퀴즈! B 문장을 잘 읽고 A 문장에 들어갈 말을 써 보세요.

A ______ 오늘은 며칠인가요? (오늘은 몇 번째 날인가요?)

B วันนี้วันที่สามสิบเอ็ดครับ 오늘은 31일이에요. (오늘은 31번째 날이에요.)

Pattern

말하기 연습하GO!

MP3 06-08

1

ห้องทำงาน อยู่ ชั้น ที่ สิบสอง ค่ะ

허-ㅇ 탐 응아-ㄴ 유- 찬 티- 씹 써-ㅇ 카

사무실은 12층에 있어요.

① ร้านเสื้อผ้า 라-ㄴ 쓰-아 파- 옷 가게

② โรงหนัง 로-ㅇ낭 영화관

③ ที่ขายตั๋ว 티- 카-이 뚜-아 매표소

단어

ร้านเสื้อผ้า 명 옷 가게

โรงหนัง 명 영화관

ที่ขายตั๋ว 명 매표소

2

เมื่อวาน วัน ที่ เท่าไร ครับ

므-아 와-ㄴ 완 티- 타오라이 크랍

어제는 며칠인가요?

① วันนี้ 완니- 오늘

② พรุ่งนี้ 프룽니- 내일

③ มะรืนนี้ 마르-ㄴ니- 모레

단어

วันนี้ 명 오늘

พรุ่งนี้ 명 내일

มะรืนนี้ 명 모레

3

เมื่อวาน วัน ที่ สิบหก ค่ะ

므-아 와-ㄴ 완 티- 씹 혹 카

어제는 **16**일이에요.

1. สิบแปด — 18
   씹 빼-ㅅ
2. ยี่สิบ — 20
   이- 씹
3. สามสิบเอ็ด — 31
   싸-ㅁ 씹 엣

단어

สิบแปด 수 18, 열여덟
ยี่สิบ 수 20, 스물
สามสิบเอ็ด 수 31, 서른 하나

4

แล้ว พรุ่งนี้ ล่ะ ครับ

래-우 프룽니- 라 크랍

그러면 **내일**은요?

1. เสาร์นี้ — 이번 주 토요일
   싸오 니-
2. เสาร์อาทิตย์นี้ — 이번 주말
   싸오 아-팃 니-
3. สัปดาห์หน้า — 다음 주
   쌉다- 나-

단어

เสาร์นี้ 명 이번 주 토요일
เสาร์อาทิตย์นี้ 명 이번 주말
สัปดาห์หน้า 명 다음 주

Practice

실력 다지기 GO!

1 녹음을 듣고 마지막 질문에 알맞은 답을 고르세요.

❶ 9일　❷ 10일

❸ 19일　❹ 20일

2 녹음을 듣고 5층에 있는 건물이 무엇인지 답을 고르세요.

MP3 06-10

❶ 옷 가게　❷ 식당

❸ 영화관　❹ 사무실

3 다음 빈칸에 들어갈 알맞은 단어를 <보기>에서 찾아 쓰세요.

보기

ปี　　แปด　　กี่ขวบ　　เท่าไร

1 A คุณอายุ (❶ 　　　　) คะ　　당신은 몇 살인가요?

　 B ผมอายุยี่สิบเอ็ด (❷ 　　　　) ครับ　　저는 스물 한 살입니다.

2 A น้องอายุ (❸ 　　　　) ครับ　　동생은 몇 살인가요?

　 B น้องอายุ (❹ 　　　　) ขวบค่ะ　　동생은 여덟 살이에요.

| 녹음 대본 및 정답 p235 참고 |

4 다음 단어들을 어순에 맞게 배열해 보세요.

1 **เท่าไร / คุณ / ครับ / อายุ**

당신은 몇 살인가요?

➡ ______________________________

2 **ยี่สิบ / อายุ / ปี / ค่ะ / ดิฉัน**

저는 스무 살이에요.

➡ ______________________________

3 **เมื่อวาน / ที่ / วัน / ครับ / เท่าไร**

어제는 며칠인가요?

 ______________________________

5 다음 단어를 활용하여 말해 보세요.

1 **เมื่อวานวันที่** ______ **ค่ะ** ★ สิบหก 씹혹 16

어제는 16일이에요.

2 ______ **วันที่สิบแปดค่ะ** ★ พรุ่งนี้ 프룽니- 내일

내일은 18일이에요.

3 ______ **อยู่ชั้นที่สิบสองครับ** ★ ห้องทำงาน 허-ㅇ 탐 응아-ㄴ 사무실

사무실은 12층에 있어요.

Vocabulary 어휘 늘리 GO!

녹음을 듣고 태국어 숫자를 따라 말해 보세요. MP3 06-11

	0	1	2	3	4	5
태국어 숫자	๐	๑	๒	๓	๔	๕
태국어 발음	ศูนย์	หนึ่ง	สอง	สาม	สี่	ห้า
한국어 발음	∨ 쑤-ㄴ	＼ 능	∨ 써-ㅇ	∨ 싸-ㅁ	＼ 씨-	∧ 하-

	6	7	8	9	10
태국어 숫자	๖	๗	๘	๙	๑๐
태국어 발음	หก	เจ็ด	แปด	เก้า	สิบ
한국어 발음	＼ 혹	＼ 쩻	＼ 빼-ㅅ	∧ 까오	＼ 씹

	20	21	30	40	50
태국어 숫자	๒๐	๒๑	๓๐	๔๐	๕๐
태국어 발음	ยี่สิบ	ยี่สิบเอ็ด	สามสิบ	สี่สิบ	ห้าสิบ
한국어 발음	∧ ＼ 이- 씹	∧ ＼ ＼ 이- 씹 엣	∨ ＼ 싸-ㅁ 씹	＼ ＼ 씨- 씹	∧ ＼ 하- 씹

	60	70	80	90	100
태국어 숫자	๕๐	๗๐	๘๐	๙๐	๑๐๐
태국어 발음	หกสิบ	เจ็ดสิบ	แปดสิบ	เก้าสิบ	หนึ่งร้อย
한국어 발음	＼ ＼ 혹 씹	＼ ＼ 쩻 씹	＼ ＼ 빼-ㅅ씹	∧ ＼ 까오 씹	＼ ／ 능 러-이

Culture

태국 만나GO!

태국인의 선호하는 숫자와 기피하는 숫자

나라마다 그 나라의 문화에 따라 선호하는 숫자와 기피하는 숫자가 있습니다. 태국도 마찬가지로 선호하는 숫자와 기피하는 숫자가 있는데, 태국인이 가장 선호하는 숫자는 9입니다. 숫자 9는 태국어로 เก้า 까오라고 읽는데, 이 발음이 '발을 내딛다'라는 뜻을 가진 ก้าว 까-우와 비슷해 '발전한다'는 의미를 떠올리게 하기 때문입니다. 태국인의 가장 큰 존경과 사랑을 받았던 라마 9세 역시 짝끄리 왕조의 9대 왕이었기도 합니다. 또한 숫자 9가 연속되는 자동차 번호판이 고가에 거래되기도 합니다.

태국인이 다소 기피하는 숫자는 6입니다. 숫자 6은 หก 혹이라고 읽는데, 이 단어는 동사로 '넘어지다, 거꾸러지다'라는 의미의 '실패', '불행'이라는 뜻을 가지고 있습니다. 그래서 태국의 사업가들은 전화번호나 자동차 번호판 등에서 숫자 6을 기피하고는 합니다.

한편 태국인과 채팅을 하다 보면 숫자 5를 연속하여 쓰는 것을 쉽게 볼 수 있습니다. 숫자 5는 ห้า 하-라고 읽는데, '5555'를 연속으로 쓰면 하-하-하-하-와 같이 발음되어 마치 웃음소리와 비슷하게 들리기 때문입니다. 우리나라의 'ㅋㅋㅋㅋ' 혹은 'ㅎㅎㅎㅎ'와 비슷하다고 볼 수 있습니다.

โน่นราคาเท่าไรคะ

저것은 얼마예요?

핵심 표현 ▶ MP3 07-01

1 โน่น ราคา เท่าไร คะ

노-ㄴ 라-카- 타오라이 카

저것은 얼마예요?

2 อัน โน้น ห้า ร้อย บาท ครับ

안 노-ㄴ 하- 러-이 바-ㅅ 크랍

저것은 500밧이에요.

3 ราคา ไม่ แพง นะ

라-카- 마이 패-ㅇ 나

가격이 비싸지 않네.

4 น้ำเปล่า ขวด ละ สิบห้า บาท ค่ะ

나-ㅁ 쁠라오 쿠-앗 라 씹 하- 바-ㅅ 카

물은 한 병당 15밧이에요.

❶ 가격을 묻고 답할 수 있습니다.

❷ 지시대명사를 활용하여 말할 수 있습니다.

❸ '~당, ~마다'의 표현을 학습합니다.

❹ 숫자 100, 1,000, 10,000, 100,000, 1,000,000을 태국어로 말할 수 있습니다.

회화로 말문 트GO! 1

느리게 듣기 MP3 07-02 빠르게 듣기 MP3 07-03

상황 1 민희가 점원에게 가격을 물어봅니다.

민희: โน่น ราคา เท่าไร คะ
노-ㄴ 라-카- 타오라이 카

점원: อัน โน้น ห้า ร้อย บาท ครับ
안 노-ㄴ 하- 러-이 바-ㅅ 크랍

Tip

태국의 화폐 단위는 บาท 바-ㅅ과 สตางค์ 싸따-ㅇ이 있으며, 둘 다 통용되고 있습니다. 1 บาท = 100 สตางค์과 같습니다.

상황 2 쏨차이가 민희에게 가격을 물어봅니다.

쏨차이: ซื้อ ตัว นี้ มา เท่าไร
쓰- 뚜-아 니- 마- 타오라이

민희: นี่ สี่ ร้อย ห้าสิบ บาท
니- 씨- 러-이 하-씹 바-ㅅ

쏨차이: ราคา ไม่ แพง นะ
라-카- 마이 패-ㅇ 나

민희: แม่ค้า ลด ราคา ให้ ห้าสิบ บาท
매-카- 롯 라-카- 하이 하-씹 바-ㅅ

단어 잡GO!

โน่น 노-ㄴ 대 저것 | ราคา 라-카- 명 가격 | อัน 안 분류 개, 것 | ร้อย 러-이 수 100, 백 | บาท 바-ㅅ 명 바트 | ซื้อ 쓰- 동 사다 | ตัว 뚜-아 분류 개, 벌(옷, 가구, 동물, 인형 등을 세거나 지칭하는 단위) | มา 마- 동 오다 | นี่ 니- 대 이것 | แพง 패-ㅇ 수식 비싸다 | นะ 나 어조사 애원·강제·동의의 의지를 표하거나 강조 | ลด 롯 동 내리다, 줄이다, 감소하다 | ให้ 하이 동 주다

우리말 ➡ 태국어
MP3 07-04

해석 우리말 해석을 듣고 태국어로 말해 보세요.

상황 1

민희 저것은 얼마예요?

점원 저것은 500밧이에요.

상황 2

쏨차이 이것은 얼마에 사 왔어?

민희 이것은 450밧이야.

쏨차이 가격이 비싸지 않네.

민희 가게 주인이 50밧을 깎아줬어.

꿀팁 챙기GO!

100 단위 이상에서의 숫자 1

100 단위 이상에서 숫자 1은 일반적인 다른 숫자와 마찬가지로 단위 앞에 쓰일 수도 있고, 유일하게 단위 뒤에 쓰일 수도 있습니다. 또한 간혹 숫자 1은 생략되기도 하며, 숫자 1이라는 의미를 강조하기 위해 **เดียว** 디-아우라고 표현하기도 합니다.

아래의 예는 모두 숫자 100을 뜻합니다.

หนึ่งร้อย 능 러-이	=	ร้อยหนึ่ง 러-이 능	=	ร้อยเดียว 러-이 디-아우	=	ร้อย 러-이

Speaking

회화로 말문 트GO! 2

느리게 듣기 MP3 07-05　빠르게 듣기 MP3 07-06

상황 1 민희가 직원에게 입장권 가격을 물어봅니다.

민희

บัตรเข้าชม คน ละ เท่าไร คะ

밧 카오 촘　콘　라　타오라이　카

> **Tip**
> ละ 라는 '~당'을 나타내는 말로 '분류사 + ละ 라'의 형태로 쓰입니다.

직원

บัตรเข้าชม คน ละ หนึ่ง พัน ห้า ร้อย บาท ค่ะ

밧 카오 촘　콘　라　능　판　하-　러-이　바-ㅅ　카

상황 2 쏨차이가 직원에게 음료 가격을 묻습니다.

쏨차이

น้ำเปล่า ขวด ละ เท่าไร ครับ

나-ㅁ 쁠라오　쿠-앗　라　타오라이　크랍

직원

น้ำเปล่า ขวด ละ สิบห้า บาท ค่ะ

나-ㅁ 쁠라오　쿠-앗　라　씹 하-　바-ㅅ　카

쏨차이

งั้น โค้ก ขวด ละ เท่าไร ครับ

응안　코-ㄱ　쿠-앗　라　타오라이　크랍

직원

โค้ก ขวด ละ สามสิบ บาท ค่ะ

코-ㄱ　쿠-앗　라　싸-ㅁ 씹　바-ㅅ　카

단어 잡GO!

บัตรเข้าชม 밧 카오 촘 명 입장권, 관람권 | **ละ** 라 수식 ~당 | **น้ำเปล่า** 나-ㅁ 쁠라오 명 물, 맹물, 마실 물 | **ขวด** 쿠-앗 명 병 분류 병을 세거나 지칭하는 단위 | **งั้น** 응안 접 그러면, 그렇다면 | **โค้ก** 코-ㄱ 명 콜라, 코카콜라

우리말 ➡ 태국어
MP3 07-07

해석 우리말 해석을 듣고 태국어로 말해 보세요.

상황 1

민희 입장권은 한 명당 얼마예요?

직원 입장권은 한 사람당 1,500밧이에요.

상황 2

쏨차이 물은 한 병당 얼마예요?

직원 물은 한 병당 15밧이에요.

쏨차이 그러면 콜라는 한 병당 얼마예요?

직원 콜라는 한 병당 30밧이에요.

꿀팁 챙기 GO!

다양한 지불 방식 표현

불과 몇 년 전만 하더라도 현금이 주요 지불 수단이었던 태국이 최근에는 현금 지불 외에도 신용카드, 즉시 계좌이체(prompt pay), 특정 애플리케이션 등을 통한 다양한 지불 방식이 점차 자리잡고 있습니다. 이와 관련한 어휘는 다음과 같습니다.

เงินสด 응인 쏫 현금 | **บัตรเครดิต** 밧 크레-딧 신용카드 | **บัตรเดบิต** 밧 데-빗 현금카드(직불카드)
พร้อมเพย์ 프러-ㅁ 페- 즉시 계좌이체(prompt pay) | **แอป(พลิเคชัน)** 앱(플리케-찬) 애플리케이션

Grammar

문법 다지GO!

1 태국어의 숫자 단위

태국어의 숫자 단위는 10, 100, 1,000, 10,000, 100,000, 1,000,000까지 있습니다. 이보다 큰 자릿수의 경우 이들 숫자 단위를 서로 결합하여 표현합니다. 태국에서 집이나 차량을 렌트하거나 구입할 때, 큰 숫자 단위를 사용하게 되므로 아래의 단위들은 기억해 두도록 합니다.

	10	100	1,000	10,000	100,000	1,000,000
태국어 숫자	๑๐	๑๐๐	๑,๐๐๐	๑๐,๐๐๐	๑๐๐,๐๐๐	๑,๐๐๐,๐๐๐
태국어 발음	สิบ	ร้อย	พัน	หมื่น	แสน	ล้าน
한국어 발음	\ 씹	/ 러-이	– 판	\ 므-ㄴ	∨ 쌔-ㄴ	/ 라-ㄴ

2 지시대명사

지시대명사란 어떤 사물이나 장소 등을 지칭하는 단위 명사를 대신하여 사용하는 품사로, 무언가를 지칭하는 단위는 '지시대명사'나 '분류사 + 지시형용사'의 형태로 말할 수 있습니다. 화자와의 거리가 가까운 순으로 นี่ ^나- '이것', นั่น ^난 '그것', โน่น ^노-ㄴ '저것'으로 나타냅니다. 또한 지시형용사와 지시대명사는 매우 비슷한 형태와 발음을 가지고 있는데, 지시형용사는 2성 부호를 사용하고 3성으로 발음하며, 지시대명사는 1성 부호를 사용하고 2성으로 발음합니다.

อัน นี้ = นี่ 이것

분류사 + 지시형용사 / 지시대명사

อัน นั้น = นั่น 그것

분류사 + 지시형용사 / 지시대명사

อัน โน้น = โน่น 저것

분류사 + 지시형용사 / 지시대명사

1초 퀴즈! 다음 빈칸에 들어갈 알맞은 말을 써 보세요.

1 ______ 100

2 ______ 1,000

3 ______ 10,000

4 ______ 100,000

③ 의문사 เท่าไร

나이를 물을 때 사용하는 표현인 의문사 เท่าไร 타오라이는 물건의 개당 가격을 물을 때 또는 일반적인 가격을 물을 때 모두 사용할 수 있습니다.

A โน่นราคาเท่าไรคะ
노-ㄴ 라-카- 타오라이 카
저것은 가격이 얼마예요?

B อันโน้นห้าร้อยบาทครับ
안 노-ㄴ 하- 러-이 바-ㅅ 크랍
저것은 500밧이에요.

A น้ำเปล่าขวดละเท่าไรครับ
나-ㅁ 쁠라오 쿠-앗 라 타오라이 크랍
물은 한 병당 얼마예요?

B น้ำเปล่าขวดละสิบห้าบาทค่ะ
나-ㅁ 쁠라오 쿠-앗 라 씹 하- 바-ㅅ 카
물은 한 병당 15밧이에요.

한편 가격을 물을 때는 주로 의문사 เท่าไร 타오라이를 사용하지만, 금액이 적은 경우에 한해 의문사 'กี่ 끼- + 화폐 단위 บาท 바-ㅅ'을 써서 กี่บาท 끼- 바-ㅅ이라고 표현하기도 합니다.

1초 퀴즈! B 문장을 잘 읽고 A 문장에 들어갈 말을 써 보세요.

A ________ 저것은 가격이 얼마예요?

B อันโน้นห้าร้อยบาทครับ 저것은 500밧이에요.

Pattern

말하기 연습하GO!

MP3 07-08

1

โน่น ราคา เท่าไร คะ
노-ㄴ 라-카- 타오라이 카

저것은 얼마예요?

❶ นี่ 니- — 이것

❷ นั่น 난 — 그것

❸ อันนี้ 안 니- — 이것

단어

นี่ 대 이것
นั่น 대 그것
อัน 분류 것, 개
นี้ 형 이

2

อัน โน้น ห้า ร้อย บาท ครับ
안 노-ㄴ 하- 러-이 바-ㅅ 크랍

저것은 **500**밧이에요.

❶ หนึ่งร้อย 능 러-이 — 100

❷ สองพัน 써-ㅇ 판 — 2,000

❸ สามหมื่น 싸-ㅁ 므-ㄴ — 30,000

단어

หนึ่งร้อย 수 100
สองพัน 수 2,000
สามหมื่น 수 30,000

3

ราคา ไม่ แพง นะ

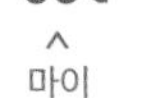

라-카 마이 패-ㅇ 나

가격이 **비싸지 않**네.

❶ ถูก
투-ㄱ

싸다

❷ ไม่ ถูก
마이 투-ㄱ

싸지 않다

❸ แพงขึ้น
패-ㅇ 큰

비싸지다

단어

ถูก 형 (값이) 싸다

ไม่ 부 ~이 아닌

แพงขึ้น 동 비싸지다

4

น้ำเปล่า ขวด ละ สิบห้า บาท ค่ะ

나-ㅁ 쁠라오 쿠-앗 라 씹 하- 바-ㅅ 카

물은 한 **병**당 15밧이에요.

❶ มะม่วง / ลูก
마무-앙 루-ㄱ

망고 / 개

❷ สมุด / เล่ม
싸뭇 렘

공책 / 권

❸ ตั๋วผู้ใหญ่ / ตั๋ว
뚜-아 푸-야이 뚜-아

성인 표 / 장

단어

มะม่วง 명 망고

ลูก 분류 개(과일을 세는 단위)

สมุด 명 공책

เล่ม 분류 권(책, 공책을 세는 단위)

ตั๋วผู้ใหญ่ 명 성인 표

ตั๋ว 분류 장(표를 세는 단위)

Practice

실력 다지GO!

 녹음을 듣고 다음 중 적절하지 않은 보기를 고르세요.

❶ 

❷ 

❸ 

❹ 

2 녹음을 듣고 다음 중 적절한 보기를 고르세요

❶ 

❷ 30บาท

❸ 

❹ 

3 다음 빈칸에 들어갈 알맞은 단어를 <보기>에서 찾아 쓰세요.

★ 중복 정답 선택 가능

보기

คนละ　　หนึ่งพัน　　โน้น　　โน่น

1 A (❶ 　　　　) ราคาเท่าไรคะ　　저것은 얼마예요?

B อัน (❷ 　　　　) ห้าร้อยบาทครับ　　저것은 500밧이에요.

2 A เด็ก (❸ 　　　　) เท่าไรคะ　　아이는 한 명당 얼마예요?

B เด็ก (❸ 　　　　) (❹ 　　　　) บาทครับ　　아이는 한 명당 1,000밧이에요.

| 녹음 대본 및 정답 p236 참고 |

4 다음 단어들을 어순에 맞게 배열해 보세요.

1 ราคา / นี่ / ครับ / เท่าไร

이것은 얼마예요?

➡ ______________________________

2 น้ำเปล่า / ละ / ขวด / บาท / ค่ะ / สิบห้า

물은 한 병당 15밧이에요.

➡ ______________________________

3 แพง / ราคา / ไม่ / ครับ / นะ

가격이 비싸지 않네요.

➡ ______________________________

5 다음 단어를 활용하여 말해 보세요.

1 คุณซื้อตัวนี้มา ________ ครับ ★ เท่าไร 타오라이 얼마

이것은 얼마에 사 왔나요?

2 ________ คนละเท่าไรคะ ★ บัตรเข้าชม 받 카오 촘 입장권

입장권은 한 명당 얼마예요?

3 แม่ค้า ________ ห้าสิบบาทค่ะ ★ ลดราคาให้ 롯 라-카- 하이 가격을 깎아주다

가게 주인이 50밧을 깎아줬어요.

어휘 늘리 GO!

녹음을 듣고 주요 동사 표현을 따라 말해 보세요.

กิน
끤
먹다

ดื่ม
드-ㅁ
마시다

พูด
푸-ㅅ
말하다

ฟัง
팡(f)
듣다

ซื้อ
쓰-
사다

ขาย
카-이
팔다

ไป
빠이
가다

มา
마-
오다

เรียน
리-안
배우다, 학습하다

Culture

태국 만나GO!

태국의 화폐

태국에 최초로 지폐가 통용되기 시작한 것은 라마 4세(1851~1868) 시기입니다. 이때에는 종이로 만든 지폐를 **หมาย** 마̌-이라고 불렀습니다. 이 지폐가 등장하게 된 배경에는 과거 **พดด้วง** 폿́두̂-앙이라고 부르는 은화나 조개 껍질 등을 화폐 대신해서 사용했었는데, **พดด้วง** 폿́두̂-앙의 위조가 많이 발생했기 때문입니다. 그러나 이 **หมาย** 마̌-이라는 지폐는 시장에서 크게 환영받지 못하고 곧 사라졌습니다.

현대식 지폐가 사용되기 시작한 것은 1902년입니다. 이때의 지폐는 현재와 같이 **บาท** 바̀-ㅅ이라고 불렀고, 5, 10, 20, 100 그리고 1,000밧으로 되어 있었습니다. 그러나 제1차 세계대전과 경제 대공황을 겪으면서 태국의 화폐에도 변화가 일어났습니다.

현재와 같이 지폐에 국왕의 초상화가 들어가기 시작한 것은 1934년입니다. 라마 7세(1925~1934년)가 처음으로 지폐에 등장했으며, 라마 8세, 9세를 거쳐 라마 10세까지 시대의 흐름에 따라 지폐에 들어간 초상화의 왕들의 모습은 바뀌었습니다. 한편 이 지폐에 들어가 있는 국왕의 초상화를 고의로 훼손할 경우, 국왕 모독죄로 처벌받을 수 있으므로 지폐를 훼손하거나 국왕에 대한 모욕적인 행위나 언행을 삼가해야 합니다.

DAY 08

นี่คือผัดไทยครับ

이것은 팟타이예요.

핵심 표현 ▶ MP3 08-01

1 โน่น กระโปรง ครับ
노^-ㄴ 끄`라쁘로-ㅇ 크랍´
저것은 치마예요.

2 นี่ คือ ผัดไทย ครับ
니^- 크- 팟`타이 크랍´
이것은 팟타이예요.

3 ลด ได้ ไหม ครับ
롯´ 다^이 마ˇ이 크랍´
깎아줄 수 있나요?

4 งั้น ผม ขอ 2 ตัว ครับ
응´안 폼ˇ 커ˇ- 써ˇ-ㅇ 뚜-아 크랍´
그러면 저는 두 벌 주세요.

무료 동영상 강의

❶ 사물과 음식의 이름을 묻고 답할 수 있습니다.

❷ 태국어로 가격을 흥정할 수 있습니다.

❸ 요청·부탁 표현을 학습합니다.

❹ 가능·불가능 표현을 학습합니다.

회화로 말문 트GO! 1

느리게 듣기 MP3 08-02 빠르게 듣기 MP3 08-03

상황1 민희가 점원에게 사물의 이름을 물어봅니다.

민희 **โน่น อะไร คะ**
노-ㄴ 아라이 카

점원 **โน่น กระโปรง ครับ**
노-ㄴ 끄라쁘로-ㅇ 크랍

상황2 민희가 점원에게 음식을 주문합니다.

민희 **นี่ คือ อะไร คะ**
니- 크- 아라이 카

점원 **นี่ คือ ผัดไทย ครับ**
니- 크- 팟타이 크랍

민희 **งั้น ขอ ผัดไทย 2 จาน ค่ะ**
응안 커- 팟타이 써-ㅇ 짜-ㄴ 카

점원 **2 จาน 100 บาท ครับ**
써-ㅇ 짜-ㄴ 능 러-이 바-ㅅ 크랍

Tip

물건의 이름이 무엇인지를 묻고 답할 때는 지정사 คือ 크-를 사용합니다. คือ 크-는 구어체에서 생략하기도 합니다.

กระโปรง 끄라쁘로-ㅇ 명 치마 | **ผัดไทย** 팟타이 명 팟타이 | **ขอ** 커- 동 요구하다, 바라다, 청하다 |
จาน 짜-ㄴ 명 접시 분류 접시에 담겨 있는 것을 세거나 지칭하는 단위

우리말 ➡ 태국어
MP3 08-04

해석 우리말 해석을 듣고 태국어로 말해 보세요.

상황 1

민희 저것은 무엇인가요?

점원 저것은 치마예요.

상황 2

민희 이것은 무엇인가요?

점원 이것은 팟타이예요.

민희 그러면 팟타이 두 접시 주세요.

점원 두 접시에 100밧이에요.

꿀팁 챙기 GO!

ขอ의 다양한 의미

ขอ 커̌는 '요구하다, 바라다, 청하다' 등의 의미를 가지고 있는 단어로 명사 앞에 쓰일 경우에는 '~주세요'라는 의미이며, 동사 앞에 쓰일 경우에는 '(화자가) ~할게요, ~하게 해 주세요'라는 의미입니다. 따라서 ขอ 커̌가 명사 앞에 쓰인 경우와 동사 앞에 쓰인 경우를 구분하여 사용해야 합니다.

태국어 숫자	ขอ 커̌- + 명사	ขอ 커̌- + 동사
태국어 발음	~주세요	~할게요, ~하게 해 주세요
한국어 발음	ขอข้าวผัด 커̌- 카̂우 팟̀ 볶음밥을 주세요.	ขอกินข้าวผัด 커̌- 낀̄ 카̂우 팟̀ 볶음밥을 먹을게요.

회화로 말문 트GO! 2

느리게 듣기 MP3 08-05 빠르게 듣기 MP3 08-06

상황1 쏨차이가 점원에게 음식값을 흥정합니다.

점원

ข้าวผัด 2 จาน 100 บาท ค่ะ

카-우팟 싸-ㅇ 짜-ㄴ 능 러-이 바-ㅅ 카

쏨차이

3 จาน 130 ได้ ไหม ครับ

싸-ㅁ 짜-ㄴ 러-이 싸-ㅁ 씹 다이 마이 크랍

점원

130 ไม่ ได้ ค่ะ

러-이 싸-ㅁ 씹 마이 다이 카

Tip

ได้ 다이는 '동사+목적어' 뒤에 쓰였을 때, '~이 가능하다'라는 뜻을 갖습니다. 따라서 ~ได้ไหม 다이 마이라고 하면 '~이 가능한가요?'라는 물음이 됩니다.

상황2 쏨차이가 점원에게 옷값을 흥정합니다.

쏨차이

250 บาท หรือ ครับ

싸-ㅇ 러-이 하-씹 바-ㅅ 르- 크랍

แพง จัง ลด ได้ ไหม ครับ

패-ㅇ 짱, 롯 다이 마이 크랍

점원

ได้ ค่ะ ตัว ละ 200 นะ คะ

다이 카, 뚜-아 라 써-ㅇ 러-이 나 카

쏨차이

งั้น ผม ขอ 2 ตัว ครับ

응안 폼 커- 써-ㅇ 뚜-아 크랍

ได้ 다이 조동 ~할 수 있다 | แพง 패-ㅇ 수식 비싸다 | จัง 짱 수식 굉장히, 매우 | ลด 롯 동 깎다, 줄이다, 경감하다 |
ตัว 뚜-아 분류 벌, 개, 마리(옷, 가구, 인형, 동물 등을 세거나 지칭하는 단위)

우리말 ➡ 태국어
MP3 08-07

해석 **우리말 해석을 듣고 태국어로 말해 보세요.**

상황 1

점원 볶음밥 두 접시에 100밧이에요.

쏨차이 세 접시에 130밧 가능한가요?

점원 130밧은 안 돼요.

상황 2

쏨차이 250밧이요?

너무 비싸요. 깎아줄 수 있나요?

점원 깎아줄 수 있어요. 한 벌당 200밧이에요.

쏨차이 그러면 저는 두 벌 주세요.

꿀팁 챙기GO!

จัง 굉장히, 매우

จัง 짱은 구어체로 '굉장히, 매우'라는 뜻을 가지고 있으며, 수식사나 상태 동사 뒤에 쓰입니다. 또한 동작 동사 뒤에는 จัง 짱을 바로 쓸 수 없기 때문에 '동작 동사 + 수식사' 뒤에 쓰입니다.

สวยจัง 쑤-아이 짱 굉장히 예쁘다.

อร่อยจัง 아러-이 짱 매우 맛있다.

กินเร็วจัง 낀 레우 짱 매우 빨리 먹는다.

★ '먹다'라는 동작 동사 **กิน** 낀 뒤에는 **จัง** 짱을 바로 쓸 수 없음

Grammar

문법 다지 GO!

1 의문사 อะไร

❶ 물건 이름 묻기

อะไร 아라이는 '무엇, 무슨'이라는 뜻을 가진 의문사로 물건의 이름을 물을 때 사용합니다. 의문사 **อะไร** 아라이의 자리에 해당하는 명사를 대신 넣으면 답변이 됩니다. 이때에는 지정사 **คือ** 크-를 사용할 수 있으며, 구어체에서는 **คือ** 크-를 생략할 수도 있습니다.

A นั่นคืออะไรครับ 그것은 무엇인가요?
난 크- 아라이 크랍

B นั่นคือกางเกงค่ะ 그것은 바지예요.
난 크- 까-ㅇ께-ㅇ 카

C นั่นกระโปรงครับ 그것은 치마예요. ★ **คือ**가 생략된 형태
난 끄라쁘로-ㅇ 크랍

❷ 상황이나 상태 묻기

의문사 **อะไร** 아라이로 물어볼 때, 지정사 **คือ** 크- 대신 **เป็น** 뻰을 사용하면 명칭을 묻는 것이 아니라 상황이나 상태를 묻는 질문이 됩니다.

คุณเป็นอะไรครับ 당신 왜 그러세요?, 당신 무슨 일 있나요?
쿤 뻰 아라이 크랍

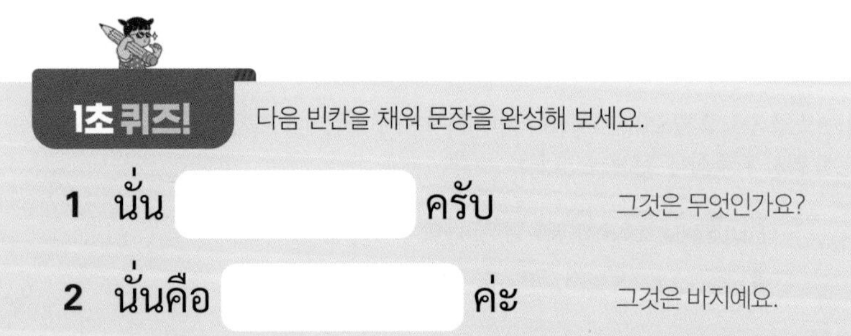

1초 퀴즈! 다음 빈칸을 채워 문장을 완성해 보세요.

1 นั่น ________ ครับ 그것은 무엇인가요?

2 นั่นคือ ________ ค่ะ 그것은 바지예요.

2 가능, 불가능의 표현

1 가능, 불가능에 대한 물음

ได้ 다이는 조동사로 쓰일 때, '동사 (+ 목적어)' 뒤에 위치해서 '~할 수 있다'라는 가능의 의미를 나타냅니다. 어떠한 것이 가능한지를 묻고 싶다면, 의문 조사 ไหม 마이 혹은 หรือ 르-를 조동사 뒤에 붙여주면 됩니다. 의문 조사 ไหม 마이를 쓰면 질문자가 상대방의 의도를 모른 채 가능 여부를 묻는 어감이고, 의문 조사 หรือ 르-를 쓰면 질문자가 상대방의 의도를 가능이나 불가능 어느 한쪽으로 예상을 하면서 확인을 위해 묻는 어감입니다.

ลดราคาได้ไหมครับ 가격을 깎아 줄 수 있나요? ★ 상대방의 의도를 모르는 상황
롯 라-카- 다이 마이 크랍

กินอันนี้ได้หรือคะ 이걸 먹을 수 있나요? ★ 상대방의 의도를 예상하는 상황
낀 안 니- 다이 르- 카

2 가능, 불가능에 대한 답변

어떠한 행동이 가능할 경우에는 '동사 (+ 목적어) + ได้ 다이'로 답하며, 어떠한 행동이 불가능할 경우에는 부정사 ไม่ 마이를 조동사 ได้ 다이 앞에 써서, '동사 (+ 목적어) + ไม่ 마이 + ได้ 다이'로 답합니다. 또한 간단하게 ได้ 다이(가능) / ไม่ได้ 마이 다이(불가능)로만 답할 수도 있습니다.

ได้(ค่ะ) 돼요. (깎아줄 수 있어요.)
다이 카

ไม่ได้(ค่ะ) 안 돼요. (깎아줄 수 없어요.)
마이 다이 카

1초 퀴즈! B 문장을 잘 읽고 A 문장에 들어갈 말을 써 보세요.

A ______ 가격을 깎아 줄 수 있나요?

B ไม่ได้ค่ะ 안 돼요.

Pattern

말하기 연습하 GO!

MP3 08-08

1

โน่น กระโปรง ครับ

노-ㄴ 끄라쁘로-ㅇ 크랍

저것은 **치마**예요.

① กางเกง 바지
까-ㅇ께-ㅇ

② กระเป๋า 가방
끄라빠오

③ โน้ตบุ๊ค 노트북
노-ㅅ북

단어

กางเกง 명 바지
กระเป๋า 명 가방
โน้ตบุ๊ค 명 노트북

2

นี่ คือ ผัดไทย ครับ

니- 크- 팟타이 크랍

이것은 **팟타이**예요.

① มะม่วง 망고
마무-앙

② ต้มยำกุ้ง 똠양꿍
똠얌꿍

③ ข้าวผัด 볶음밥
카-우 팟

단어

มะม่วง 명 망고
ต้มยำกุ้ง 명 똠양꿍
ข้าวผัด 명 볶음밥

3

ลด ได้ ไหม ครับ

´ 롯 ˆ 다이 ˇ 마이 ´ 크랍

깎아줄 수 있나요?

❶ ทำอาหาร 요리하다

¯ ¯ ˇ 탐 아-하-ㄴ

❷ ถ่ายรูป 사진 찍다

` ˆ 타-이 루-ㅂ

❸ ว่ายน้ำ 수영하다

ˆ ´ 와-이 나-ㅁ

단어

ทำอาหาร 동 요리하다

ถ่ายรูป 동 사진 찍다

ว่ายน้ำ 동 수영하다

4

งั้น ผม ขอ 2 ตัว ครับ

´ 응안 ˇ 폼 ˇ 커- ˇ 써-ㅇ 뚜-아 ´ 크랍

그러면 저는 **두 벌** 주세요.

❶ หนึ่ง / แก้ว 한 잔

` 능 ˆ 깨-우

❷ สอง / เล่ม 두 권

ˇ 써-ㅇ ˆ 렘

❸ สี่ / ที่ 4인분

` 씨- ˆ 티-

단어

หนึ่ง 수 1, 하나

แก้ว 분류 잔(잔, 컵을 세는 단위)

สอง 수 2, 둘

เล่ม 분류 권(책, 공책을 세는 단위)

สี่ 수 4, 넷

ที่ 분류 인분, 자리

Practice

실력 다지기 GO!

1 녹음을 듣고 질문에 알맞은 답을 고르세요. MP3 08-09

1 남자가 구매하는 물건과 수량은?

❶ 치마 두 벌 ❷ 치마 세 벌

❸ 바지 두 벌 ❹ 바지 세 벌

2 남자가 총 지불해야 하는 금액은 얼마인가?

❶ 250밧 ❷ 300밧

❸ 750밧 ❹ 900밧

2 다음 빈칸에 들어갈 알맞은 단어를 <보기>에서 찾아 쓰세요.

★ 중복 정답 선택 가능

보기

ไม่ได้ ได้ไหม ขอ จาน

1 A แพงจัง ลด (❶)

너무 비싸요. 깎아줄 수 있나요?

B (❷) ราคาไม่แพงนะคะ

안 돼요. 값이 비싸지 않아요.

2 A ข้าวผัด (❸) ละ 50 บาทครับ

볶음밥은 접시당 50밧이에요.

B งั้นดิฉัน (❸) ข้าวผัด 2 (❹) ค่ะ

그러면 저는 볶음밥 두 접시 주세요.

3 다음 단어들을 어순에 맞게 배열해 보세요.

1 กระโปรง / โน่น / ครับ

저것은 치마예요.

2 ไหม / ครับ / ลด / ได้ / แพง / จัง

너무 비싸요. 깎아줄 수 있나요?

3 ขอ / งั้น / 2 จาน / ค่ะ / ข้าวผัด

그러면 볶음밥 두 접시 주세요.

4 다음 그림을 보고 각각의 질문에 답해 보세요.

1 

2 

3 

4 

Q นี่คืออะไร 이것은 무엇인가요?

A นี่คือ ________ 이것은 ________ 입니다.

Vocabulary

어휘 늘리GO!

녹음을 듣고 의류 관련 어휘를 따라 말해 보세요.

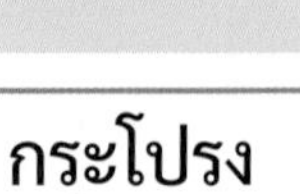

กระโปรง
끄라쁘로-ㅇ
치마

กางเกง
까-ㅇ께-ㅇ
바지

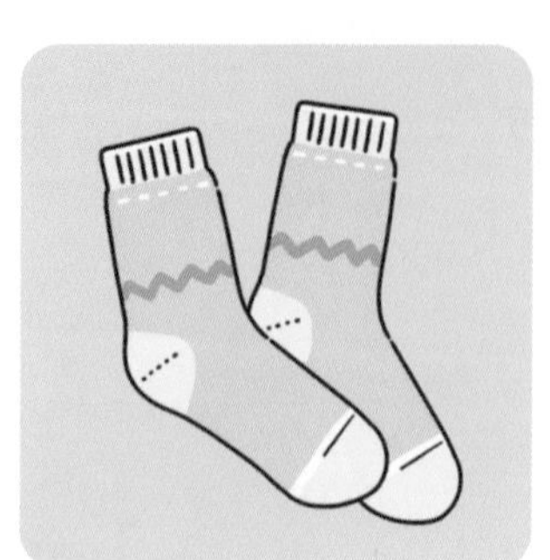

ถุงเท้า
퉁 타오
양말

เสื้อเชิ้ต
쓰-아츠ㅓ-ㅅ
(와이)셔츠

เนคไท
네-ㄱ타이
넥타이

เข็มขัด
켐캇
벨트

ชุดว่ายน้ำ
춧 와-이 나-ㅁ
수영복

ชุดเดรส
춧 드레-ㅅ
원피스

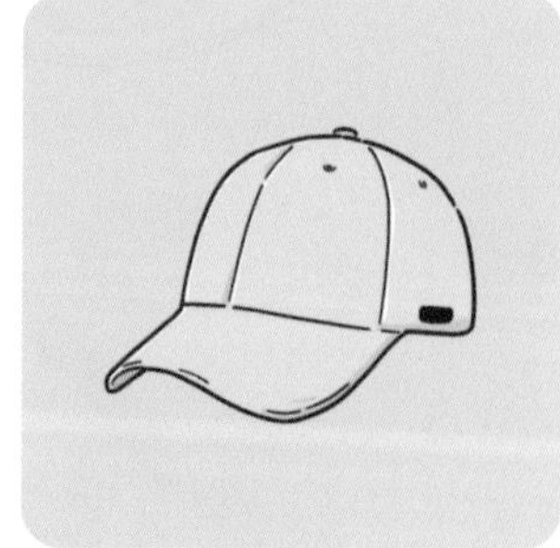

หมวก
무-악
모자

Culture

태국 만나GO!

태국의 수상 시장과 기찻길 옆 시장

태국에는 우리나라에서는 볼 수 없는 독특한 시장 형태인 '수상 시장'이 있는데, 말 그대로 물 위의 시장을 일컫습니다. 태국어로는 **ตลาดน้ำ** 딸라-ㅅ 나-ㅁ이라고 부릅니다. 수상 시장에서는 점원들이 수류를 따라 작은 배를 타고 다니며 물건을 판매합니다. 과일, 음료, 국수와 같은 먹거리부터 모자, 기념품 등 없는 것이 없습니다.

이처럼 수상 시장이 발달한 이유는 과거부터 태국이 물가에 집을 짓고 살았기 때문입니다. 물가에 집을 지으면 생활 용수를 얻기 편했을 뿐만 아니라 더위를 피할 수도 있었습니다. 물가의 집에서는 배를 교통수단으로 사용했습니다. 물가를 따라 늘어선 집과 수로가 늘어나며 자연스럽게 수상 시장이 발달했습니다.

또한 태국에 여행가는 사람들이 한 번씩 들르곤 하는 곳이 기찻길 옆 시장입니다. 이 시장은 **ตลาดหุบร่ม** 딸라-ㅅ 훕 롬이라고 부르는데, **หุบ** 훕은 접다, **ร่ม** 롬은 우산, 즉 파라솔을 의미합니다. 이는 기차가 지나다니지 않을 때는 기찻길 바로 옆에 물건들을 늘어놓고 햇볕을 피하기 위해 파라솔을 펴 놓았다가, 기차가 지나갈 때는 기차에 부딪히지 않도록 파라솔을 접기 때문에 붙여진 이름입니다.

ผมปวดท้องครับ

저는 배가 아파요.

핵심 표현 ▶ MP3 09-01

1 ผม ปวด ท้อง ครับ

폼 뿌-앗 터-ㅇ 크랍

저는 배가 아파요.

2 ปวด ตั้งแต่ เมื่อวาน ครับ

뿌-앗 땅때- 므-아와-ㄴ 크랍

어제부터 아팠어요.

3 หมอ จะ ให้ ยาทา ครับ

머- 짜 하이 야-타- 크랍

제가 바르는 약을 드릴게요.

4 กิน ยา หลัง กิน ข้าว นะ ครับ

낀 야- 랑 낀 카-우 나 크랍

약은 식후에 드세요.

❶ 태국어로 아픈 증상을 이야기할 수 있습니다.

❷ 다양한 종류의 약의 이름을 익힙니다.

❸ 신체 부위 관련 단어를 익힙니다.

Speaking

회화로 말문 트GO! 1

느리게 듣기 MP3 09-02　빠르게 듣기 MP3 09-03

상황1 성준이 의사에게 아픈 증상을 설명하고 있습니다.

성준

ผม ปวด ท้อง ครับ
폼 뿌-앗 터-ㅇ 크랍

의사

ปวด ตั้งแต่ เมื่อไร คะ
뿌-앗 땅때- 므-아라이 카

성준

ปวด ตั้งแต่ เมื่อวาน ครับ
뿌-앗 땅때- 므-아 와-ㄴ 크랍

Tip

신체 관련 어휘

หัว 후-아 머리 | หน้าอก 나-옥 가슴 | ท้อง 터-ㅇ 배 | แขน 캐-ㄴ 팔 | ขา 카- 다리

상황2 성준이 의사에게 진료를 받고 있습니다.

의사

เมื่อวาน กิน อะไร คะ
므-아와-ㄴ 낀 아라이 카

성준

กิน อาหารทะเล ครับ
낀 아-하-ㄴ 탈레- 크랍

의사

คง จะ เป็น อาหารเป็นพิษ เดี๋ยว หมอ จ่าย ยา ให้ นะ คะ
콩 짜 뻰 아-하-ㄴ 뻰핏, 디-아우 머- 짜-이 야- 하이 나 카

단어 잡GO!

ปวด 뿌-앗 동 아프다, 통증이 있다 | ท้อง 터-ㅇ 명 배 | ตั้งแต่ 땅때- 전 (시간의) ~부터 | เมื่อไร 므-아라이 의문 언제 | อาหารทะเล 아-하-ㄴ탈레- 명 해산물 | คง 콩 부 아마 | อาหารเป็นพิษ 아-하-ㄴ뻰핏 명 식중독 | เดี๋ยว 디-아우 부 곧, 머지 않아 | หมอ 머- 명 의사 | จ่าย 짜-이 동 (약을) 처방하다 | ยา 야- 명 약 | ให้ 하이 동 ~하게 하다, ~하도록 하다, 주다

우리말 ➡ 태국어
MP3 09-04

해석 우리말 해석을 듣고 태국어로 말해 보세요.

상황 1

성준 저는 배가 아파요.

의사 언제부터 아팠나요?

성준 어제부터 아팠어요.

상황 2

의사 어제 무엇을 드셨나요?

성준 해산물을 먹었어요.

의사 식중독인 것 같네요. 약을 처방해 드릴게요.

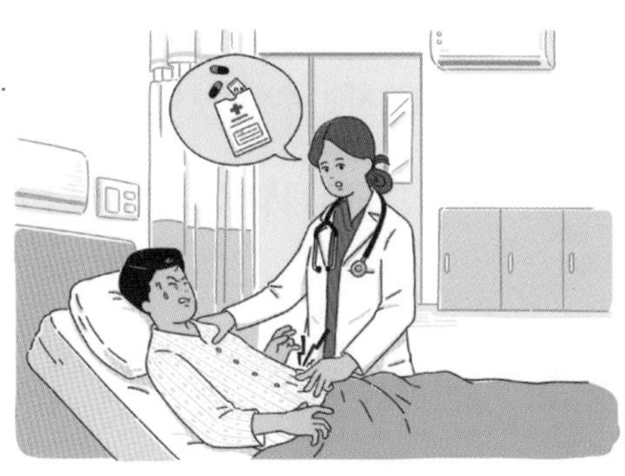

ยา의 위치에 따른 의미 변화

ยา 야-는 '약'이라는 의미로 동사가 앞에 오느냐, 뒤에 오느냐에 따라 의미가 달라집니다.

동사가 앞에 오는 경우		동사가 뒤에 오는 경우
กินยา 낀 야- 약을 먹다	↔	ยากิน 야-낀 먹는 약
ทายา 타- 야- 약을 바르다	↔	ยาทา 야-타- 바르는 약

회화로 말문 트GO! 2

느리게 듣기 MP3 09-05 빠르게 듣기 MP3 09-06

상황1 민희는 의사에게 진료를 받고 있습니다.

의사

มี อาการ อะไร บ้าง ครับ
미- 아-까-ㄴ 아라이 바-ㅇ 크랍

민희

เกิด ลมพิษ ทั้งตัว และ คัน ค่ะ
끄ㅓ-ㅅ 롬핏 탕뚜-아 래 칸 카

의사

หมอ จะ ให้ ยาทา ครับ
머- 짜 하이 야-타- 크랍

상황2 의사가 쏨차이에게 처방 약에 대해 이야기합니다.

의사

กิน ยา หลัง กิน ข้าว นะ ครับ
낀 야- 랑 낀 카-우 나 크랍

민희

จ่ายยา 3 วัน ใช่ ไหม คะ
짜-이 야- 싸-ㅁ 완 차이 마이 카

의사

ใช่ ครับ ถ้า ไม่ ดี ขึ้น ก็ มา พบ หมอ อีก ครั้ง ครับ
차이 크랍, 타- 마이 디- 큰 꺼- 마- 폽 머- 이-ㄱ 크랑 크랍

อาการ 아-까-ㄴ 명 증상 | บ้าง 바-ㅇ 부 좀, 약간 | เกิด 끄ㅓ-ㅅ 동 일어나다, 생기다 | ลมพิษ 롬핏 명 두드러기 | ทั้งตัว 탕뚜-아 명 전신, 온몸 | คัน 칸 형 가렵다 | ยาทา 야-타- 명 바르는 약 | กิน 낀 동 먹다, 마시다, 복용하다 | หลัง 랑 전 ~후, 뒤 | ข้าว 카-우 명 밥 | ถ้า 타- 접 만일, 만약 | ก็ 꺼- 접 ~면 | พบ 폽 동 만나다 | อีก 이-ㄱ 수식 다시, 더 | ครั้ง 크랑 명 번, 회

우리말 ➡ 태국어

MP3 09-07

해석 우리말 해석을 듣고 태국어로 말해 보세요.

상황 1

의사 어디가 불편하세요?

민희 온몸에 두드러기가 나고, 가려워요.

의사 제가 바르는 약을 드릴게요.

상황 2

의사 약은 식후에 드세요.

민희 약은 3일분 처방해 주시나요?

의사 맞습니다. 차도가 없으면 다시 방문해 주세요.

진료 및 증상 관련 표현

ฉีด 치-ㅅ 주사하다, 주사를 놓다	ให้น้ำเกลือ 하이 나-ㅁ끌르-아 링거를 놓다
เป็นหวัด 뻰왓 감기에 걸리다	ท้องอืด 터-ㅇ으-ㅅ 체하다
ไม่สบาย 마이 싸바-이 몸이 좋지 않다, 아프다	วันละ 3 ครั้ง 완 라 싸-ㅁ 크랑 하루에 세 번

Grammar

문법 다지 GO!

1 다양한 '아프다' 표현

태국어에는 '아프다'라는 표현이 다양하게 있습니다.

ไม่สบาย 마이 싸바-이	몸이 좋지 않다, 아프다
ป่วย 뿌-아이	병이 나다, 아프다
ปวด 뿌-앗	아프다, 통증이 있다, 막연한 부분이 아프다
เจ็บ 쩹	아프다, (상처, 수술 등으로) 아프다
แสบ 쌔-ㅂ	쓰리다, 따끔따끔 아프다

➡ ไม่สบาย 마이 싸바-이, ป่วย 뿌-아이는 뒤에 목적어를 취하지 않는 반면 ปวด 뿌-앗, เจ็บ 쩹, แสบ 쌔-ㅂ 등은 뒤에 목적어를 취할 수 있으며, '~가 아프다'라는 뜻을 나타냅니다.

2 증상 표현

ปวด 뿌-앗	ปวด หัว 뿌-앗 후-아	머리가 아프다(두통으로 욱씬욱씬 아프다)
	ปวด ขา 뿌-앗 카-	다리가 아프다(오래 걷거나 해서 다리가 쑤시다)
เจ็บ 쩹	เจ็บ หู 쩹 후-	귀가 아프다(귀에 상처가 나거나 다쳐서 아프다)
	เจ็บ แขน 쩹 캐-ㄴ	팔이 아프다(팔에 상처가 나거나 다쳐서 아프다)
แสบ 쌔-ㅂ	แสบ ตา 쌔-ㅂ 따-	눈이 쓰리다(눈이 따끔따끔 하거나 쓰리다)
	แสบ ท้อง 쌔-ㅂ 터-ㅇ	배가 쓰리다(속이 쓰리다)

1초 퀴즈! 다음 빈칸에 들어갈 알맞은 말을 써 보세요.

1 ________ 머리가 아프다

2 ________ 팔이 아프다

3 다양한 '약'을 나타내는 표현

ยา 야-는 태국어로 '약'이라는 의미입니다. 태국어는 꾸며주는 말이 꾸밈을 받는 말 뒤에 위치하므로 '약'이라는 단어 뒤에 여러 가지 단어를 덧붙여 다음과 같이 다양한 단어를 만들어 낼 수 있습니다.

먹는 약	바르는 약	알약
ยากิน 야-낀	ยาทา 야-타-	ยาเม็ด 야-멧
물약	**가루약**	**탕약**
ยาน้ำ 야-나-ㅁ	ยาผง 야-퐁	ยาจีน 야-찌-ㄴ

4 추가적인 인칭대명사

다음의 인칭대명사들은 일상 생활에서 자주 사용하는 인칭대명사입니다.

인칭 구분	태국어	발음	뜻
1인칭	ฉัน	찬	(가까운 사이에서 반말로서의) 나
	ผม / ดิฉัน	폼 / 디찬	(격식있는 표현으로서의) 나, 저
	หนู	누-	(일상생활에서 자신을 낮추어 부르는) 저
2인칭	เธอ	트ㅓ-	(가까운 사이에서 반말로서의) 너
	คุณ	쿤	(격식있는 표현으로서의) 당신
	ท่าน	탄	(높임말로서의) 귀하, ~님
3인칭	เขา	카오	(남녀 구분 없이) 그, 그 사람
	เธอ	트ㅓ-	(주로 여성에게 사용) 그녀
	ท่าน	탄	(높임말로서의) 그분

1초 퀴즈! 다음 빈칸에 들어갈 알맞은 말을 써 보세요.

1 ______ 알약

2 ______ 가루약

3 ______ (남녀 구분 없이) 그 (3인칭)

4 ______ 그녀 (3인칭)

Pattern

말하기 연습하GO!

MP3 09-08

1

ผม ปวด ท้อง ครับ
폼 뿌-앗 터-ㅇ 크랍

저는 **배**가 아파요.

❶ หัว 후-아 — 머리

❷ ตา 따- — 눈

❸ ขา 카- — 다리

단어

หัว 명 머리

ตา 명 눈

ขา 명 다리

2

ปวด ตั้งแต่ เมื่อวาน ครับ
뿌-앗 땅때- 므-아 와-ㄴ 크랍

어제부터 아팠어요.

❶ สัปดาห์ที่แล้ว 쌉다- 티- 래-우 — 지난주

❷ เมื่อวานซืน 므-아 와-ㄴ 쓰-ㄴ — 그제

❸ เช้านี้ 차오 니- — 오늘 아침

단어

สัปดาห์ที่แล้ว 명 지난주

เมื่อวานซืน 명 그제

เช้านี้ 명 오늘 아침

3

หมอ จะ ให้ ยาทา ครับ

머- 짜 하이 야-타- 크랍

제가 **바르는 약**을 드릴게요.

1. ยากิน 먹는 약
   야-낀
2. ยาเม็ด 알약
   야-멧
3. ยาน้ำ 물약
   야-나-ㅁ

단어

ยากิน 명 먹는 약
ยาเม็ด 명 알약
ยาน้ำ 명 물약

4

กิน ยา หลัง กิน ข้าว นะ ครับ

낀 야- 랑 낀 카-우 나 크랍

약은 **식후**에 드세요.

1. ก่อน กิน ข้าว 식전
   꺼-ㄴ 낀 카-우
2. ทุก เช้า 매일 아침
   툭 차오
3. ตอน ท้องว่าง 공복
   떠-ㄴ 터-ㅇ와-ㅇ

단어

ก่อน 전 ~전에
กิน 동 먹다, 마시다, 복용하다
ข้าว 명 밥
ทุก 명 매일
เช้า 명 아침, 오전
ตอน 명 (시간의) ~때, ~에, 나절
ท้องว่าง 명 공복

Practice

실력 다지기 GO!

1 녹음을 듣고 다음 질문에 알맞은 답을 고르세요. MP3 09-09

1 약 복용과 관련하여 언급되지 않은 보기를 고르세요.

❶ 5일간 복용 ❷ 3일간 복용

❸ 하루 3번 복용 ❹ 식후 복용

2 의사가 처방하지 않은 보기를 모두 고르세요. MP3 09-10

❶ 바르는 약 ❷ 주사 처방

❸ 먹는 약 2일치 ❹ 하루 2번 먹는 약

2 다음 빈칸에 들어갈 알맞은 단어를 <보기>에서 찾아 쓰세요.

보기

หมอ แขน เขา ท่าน

1 A คุณแม่เป็นอะไรคะ 어머니는 어떠신가요?

B (❶) ไม่สบายครับ 그분(어머니)은 몸이 좋지 않아요.

A คุณมินซูสบายดีไหมครับ 민수 씨는 잘 지내죠?

B (❷) ก็ไม่สบายค่ะ 그도 몸이 좋지 않아요.

2 A ดิฉันเจ็บแผลที่ (❸) ค่ะ 저는 팔에 상처가 아파요. ★ แผล 플래- 상처

B (❹) จะจ่ายยาให้นะครับ 제가 약을 처방해 드릴게요.

| 녹음 대본 및 정답 p236 참고 |

3 다음 단어들을 어순에 맞게 배열해 보세요.

1 เขา / ค่ะ / ไม่สบาย

그는 몸이 좋지 않아요.

➡ ______________________

2 ปวด / ผม / ครับ / ท้อง

저는 배가 아파요.

➡ ______________________

3 ครับ / ปวด / เมื่อวาน / ตั้งแต่

어제부터 아팠어요.

➡ ______________________

4 다음 그림을 보고 빈칸에 들어갈 알맞은 단어를 쓰세요.

1 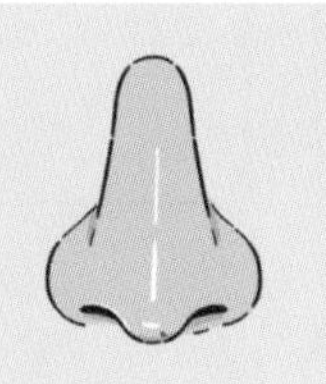

____

2 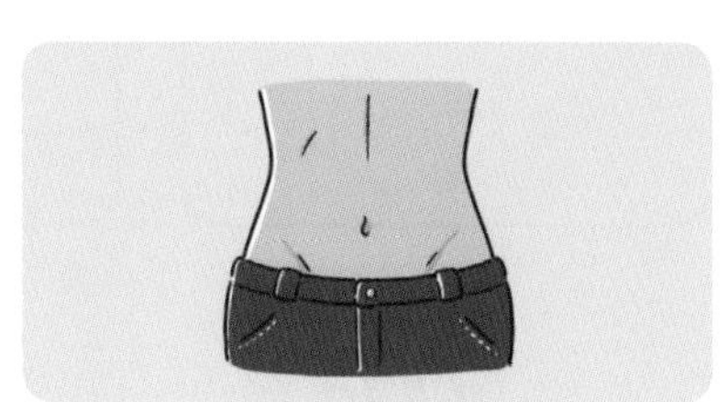

____

3 

____

4 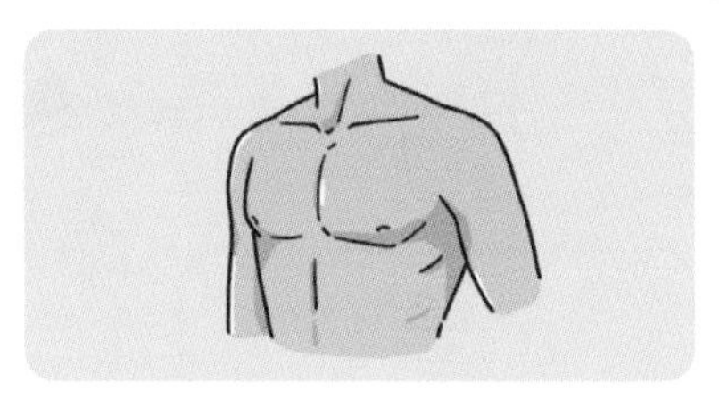

____

Vocabulary 어휘 늘리GO!

녹음을 듣고 신체 부위 관련 어휘를 따라 말해 보세요.

หัว
후-아
머리

ตา
따-
눈

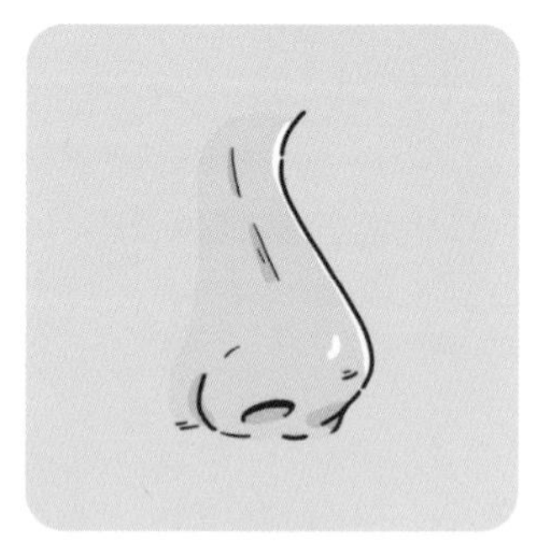

จมูก
짜무-ㄱ
코

ปาก
빠-ㄱ
입

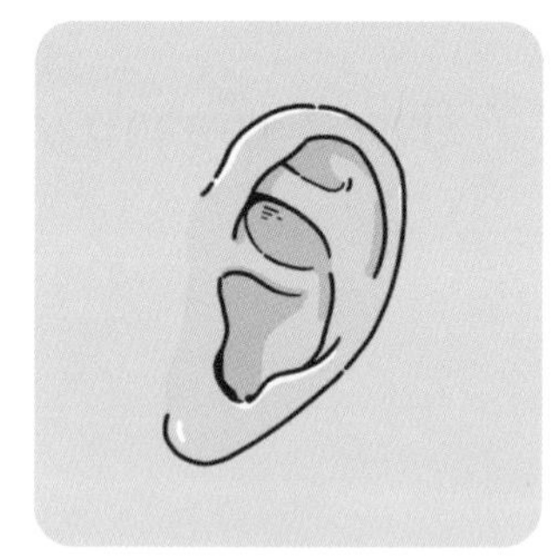

หู
후-
귀

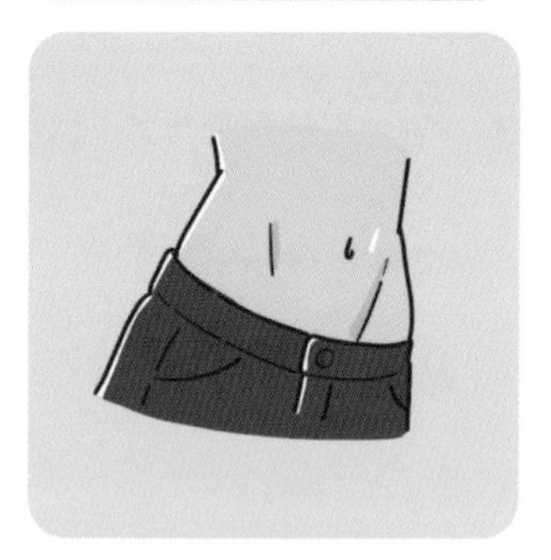

ท้อง
터-ㅇ
배

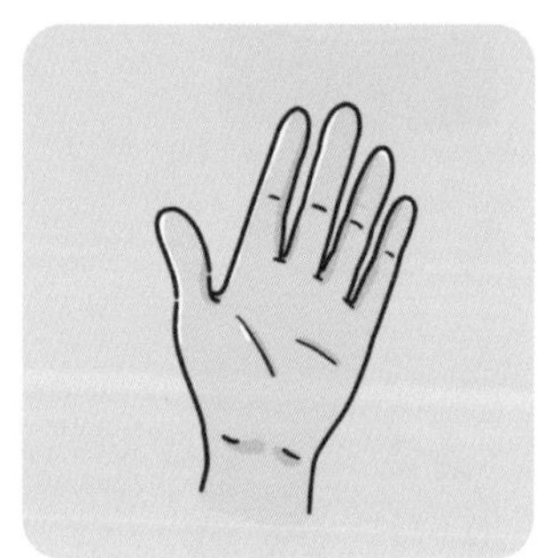

มือ
므-
손

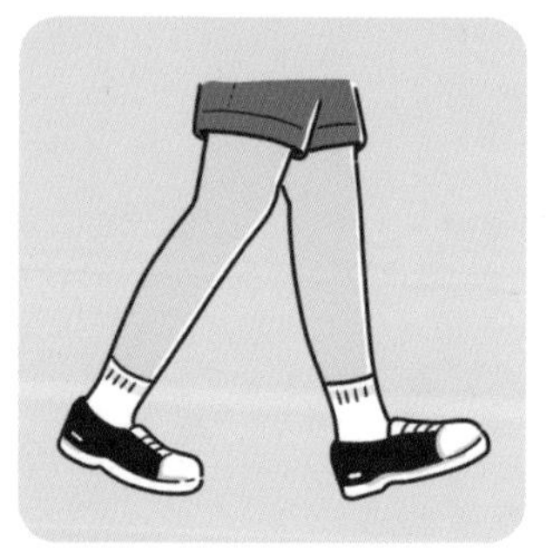

ขา
카-
다리

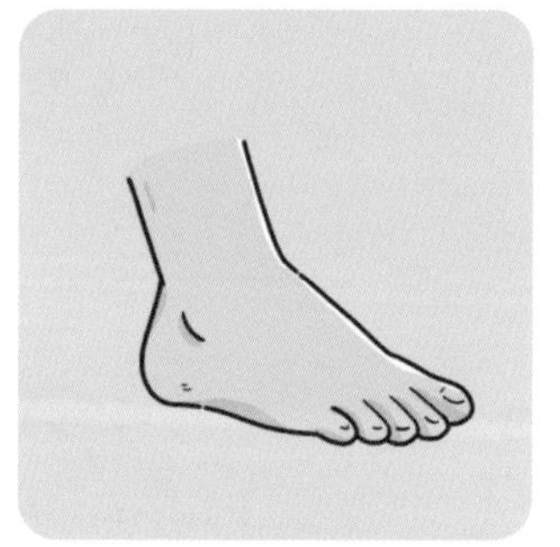

เท้า
타오
발

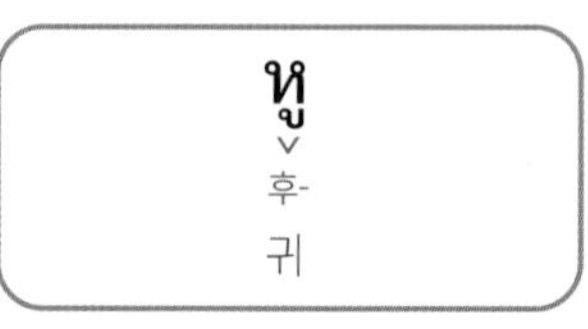

태국 만나GO!

시리랏 병원

1881년 라마 5세 치세 때 콜레라가 창궐했습니다. 이때 라마 5세는 임시 병원을 열어 사람들을 치료하게 하였습니다. 비록 임시로 열었던 병원이었음에도 불구하고 백성들의 치료에 큰 도움이 된 것을 보고, 라마 5세 국왕은 상설 병원의 필요성에 대해 생각하게 되었습니다. 규모가 큰 상설 병원을 건립하기 위해 국왕은 1886년 위원회를 설립하고, 왕실 뒤편 서쪽 공간을 선뜻 내어 주며 필요한 자금을 지원했습니다.

1887년 병원 건립을 준비하던 중 라마 5세의 아들이었던 시리랏 꿋타판 왕자가 그만 이질에 걸려 만 1세 6개월 만에 사망하고 말았습니다. 국왕은 병원의 필요성을 더욱 절실히 느끼게 되었고, 왕자의 장례식에 쓰였던 나무를 하사하여 병원을 지었습니다. 이 병원은 왕자의 이름을 따서 시리랏 병원이라고 지었습니다.

시리랏 병원은 현재 태국을 대표하는 국립 병원 중 하나로 지난 2016년 서거한 푸미폰 아둔야뎃 국왕이 장기간 입원해 있던 병원으로도 유명합니다.

ผมอยากดื่มกาแฟเย็นครับ

저는 아이스 커피를 마시고 싶어요.

핵심 표현

▶ MP3 10-01

1 ตอน เย็น ผม อยาก กิน ต้มยำกุ้ง ครับ

떠-ㄴ 옌 폼 야-ㄱ 낀 똠얌꿍 크랍

저녁 때 저는 똠얌꿍이 먹고 싶어요.

2 ผม อยาก ดื่ม กาแฟ เย็น ครับ

폼 야-ㄱ 드-ㅁ 까-풰- 옌 크랍

저는 아이스 커피를 마시고 싶어요.

3 ดิฉัน ไม่ อยาก ดื่ม ของ เย็น ค่ะ

디찬 마이 야-ㄱ 드-ㅁ 커-ㅇ 옌 카

저는 차가운 것을 마시고 싶지 않아요.

4 เธอ ไม่ ต้อง จ่าย นะ

트ㅓ- 마이 떠-ㅇ 짜-이 나

너는 비용을 낼 필요 없어.

❶ '~하고 싶다'와 '~하고 싶지 않다'는 표현을 학습합니다.

❷ '~해야만 한다'와 '~할 필요가 없다'는 표현을 학습합니다.

❸ 태국의 유명 음식 이름을 익힙니다.

Speaking

회화로 말문 트GO! 1

느리게 듣기 MP3 10-02 　 빠르게 듣기 MP3 10-03

상황 1 쑤다가 성준에게 원하는 저녁 메뉴를 물어봅니다.

쑤다
ตอน เย็น คุณ อยาก กิน อะไร คะ
떠-ㄴ 옌 쿤 야-ㄱ 낀 아라이 카

성준
ตอน เย็น ผม อยาก กิน ต้มยำกุ้ง ครับ
떠-ㄴ 옌 폼 야-ㄱ 낀 똠얌꿍 크랍

> **Tip**
> ตอน 떠-ㄴ은 명사, 동사, 수식사 등의 단어 앞 혹은 절 앞에 위치하여 시간의 '~때, ~에'를 나타냅니다.

상황 2 쑤다가 성준에게 커피숍에 가자고 제안합니다.

쑤다
กิน ข้าว แล้ว ไป ร้าน กาแฟ ดี ไหม
낀 카-우 래-우 빠이 라-ㄴ 까-풰- 디- 마이

성준
ดี ครับ ผม อยาก ดื่ม กาแฟ เย็น ครับ
디- 크랍, 폼 야-ㄱ 드-ㅁ 까-풰- 옌 크랍

쑤다
ดิฉัน ไม่ อยาก ดื่ม ของ เย็น ค่ะ
디찬 마이 야-ㄱ 드-ㅁ 커-ㅇ 옌 카

อยาก ดื่ม ชา ร้อน มาก กว่า ค่ะ
야-ㄱ 드-ㅁ 차- 러-ㄴ 마-ㄱ 꽈- 카

> **Tip**
> อยาก 야-ㄱ은 '~을 하고 싶다'라는 의미로 바람이나 희망을 나타냅니다.

단어 잡GO!

ตอน 떠-ㄴ 명 (시간의) ~때, ~에, 나절 | เย็น 옌 명 오후, 저녁 때 수식 시원하다, 서늘하다 | อยาก 야-ㄱ 동 ~하고 싶다, 바라다, 희망하다 | ต้มยำกุ้ง 똠얌꿍 명 똠얌꿍(음식 이름) | ร้าน 라-ㄴ 명 가게, 상점 | กาแฟ 까-풰- 명 커피 | ดื่ม 드-ㅁ 동 마시다 | ของ 커-ㅇ 전 ~의 명 물건, 것 | ชา 차- 명 차 | ร้อน 러-ㄴ 수식 뜨겁다, 덥다 | มาก 마-ㄱ 수식 많이, 매우 | กว่า 꽈- 수식 ~보다

우리말 ➡ 태국어
MP3 10-04

해석 우리말 해석을 듣고 태국어로 말해 보세요.

상황 1

쑤다 저녁 때 당신은 무엇을 드시고 싶으세요?

성준 저녁 때 저는 똠얌꿍이 먹고 싶어요.

상황 2

쑤다 밥 먹고, 커피숍에 가는 거 어때요?

성준 좋아요. 저는 아이스 커피를 마시고 싶어요.

쑤다 저는 차가운 것을 마시고 싶지 않아요.

뜨거운 차가 더 마시고 싶어요.

ตอนฺ의 다양한 활용

ตอน 떠-ㄴ + 단어

ตอนเช้า 떠-ㄴ 차오	ตอนเที่ยง 떠-ㄴ 티-앙	ตอนเย็น 떠-ㄴ 옌
아침에, 오전에	점심에	늦은 오후에, 저녁에

ตอน 떠-ㄴ + 절

ตอนกินข้าว 떠-ㄴ 낀 카-우	ตอนทำงานที่บ้าน 떠-ㄴ 탐 응아-ㄴ 티- 바-ㄴ
밥 먹을 때	집에서 일할 때

Speaking

회화로 말문 트GO! 2

느리게 듣기 MP3 10-05　　빠르게 듣기 MP3 10-06

상황 1 쏨차이가 민희에게 식당 예약 여부를 물어봅니다.

쏨차이 ต้อง จอง โต๊ะ ใช่ ไหม
떠-ㅇ 쩌-ㅇ 또 차이 마이

민희 ไม่ ต้อง จอง พี่ ซองจุน จอง แล้ว
마이 떠-ㅇ 쩌-ㅇ, 피- 써-ㅇ준 쩌-ㅇ 래-우

쏨차이 ดีเลย ตอน เย็น ร้าน นี้ มี คน เยอะ มาก
디-르ㅓ-이, 떠-ㄴ 옌 라-ㄴ 니- 미- 콘 여 마-ㄱ

Tip
ต้อง 떠-ㅇ은 '~해야 한다'라는 의미의 조동사로 동사 앞에 위치합니다.

상황 2 쏨차이가 민희에게 한턱냅니다.

쏨차이 ผม ต้อง จ่าย เท่าไร
폼 떠-ㅇ 짜-이 타오라이

민희 เธอ ไม่ ต้อง จ่าย นะ วันนี้ ฉัน เลี้ยง
트ㅓ- 마이 떠-ㅇ 짜-이 나, 완니- 찬 리-앙

쏨차이 ขอบคุณ มาก ครั้งหน้า ผม เลี้ยง นะ
커-ㅂ쿤 마-ㄱ, 크랑 나- 폼 리-앙 나

단어 잡GO!

ต้อง 떠-ㅇ 조동 ~해야 한다 | จอง 쩌-ㅇ 동 예약하다 | โต๊ะ 또 명 테이블, 상 | ดีเลย 디-르ㅓ-이 동 잘되다 | เยอะ 여 수식 많다, 충분히 있다 | จ่าย 짜-이 동 지불하다, 분배하다 | ขอบคุณ 커-ㅂ쿤 동 고맙다 | ครั้งหน้า 크랑 나- 명 다음 번 | เลี้ยง 리-앙 동 한턱내다, 대접하다

우리말 ➡ 태국어
MP3 10-07

해석 우리말 해석을 듣고 태국어로 말해 보세요.

상황 1

쏨차이 식당 예약해야 하지?

민희 예약할 필요 없어. 성준 오빠가 대신 예약해 줬어.

쏨차이 잘됐다. 저녁 때 이 가게에 사람이 많아.

상황 2

쏨차이 내가 얼마를 내야 해?

민희 너는 비용을 낼 필요 없어. 오늘은 내가 한턱낼게.

쏨차이 고마워. 다음 번에는 내가 낼게.

조동사 ต้อง

'~을 해야 한다'라는 의미의 조동사 **ต้อง** 떠-ㅇ 앞에 부정사 **ไม่** 마이를 쓰면 '~을 할 필요가 없다'라는 의미가 됩니다.

ต้องกิน 먹어야만 한다.	ไม่ต้องกิน 먹을 필요가 없다.
떠-ㅇ 낀	마이 떠-ㅇ 낀

Grammar

문법 다지기 GO!

1 '~하고 싶다'의 표현

'~하고 싶다'라는 의미의 동사 อยาก 야-ㄱ은 다른 동사 앞에 쓰이며, 명사 앞에는 바로 위치할 수 없습니다.

ดิฉันอยากกินก๋วยเตี๋ยวค่ะ
(กิน: 동사)
디찬 야-ㄱ 낀 꾸-아이 띠-아우 카
저는 쌀국수가 먹고 싶어요.

ผมอยากดื่มกาแฟเย็นครับ
(ดื่ม: 동사)
폼 야-ㄱ 드-ㅁ 까-퐤- 옌 크랍
저는 차가운 커피가 마시고 싶어요.

2 '~하고 싶지 않다'의 표현

'~하고 싶지 않다'라는 표현은 동사 อยาก 야-ㄱ 앞에 부정사 ไม่ 마이를 써서 나타냅니다.

ผมไม่อยากดูหนังเรื่องนี้
폼 마이 야-ㄱ 두- 낭 르-앙 니-
저는 이 영화를 보고 싶지 않아요.

วันนี้ดิฉันไม่อยากดื่มของเย็นค่ะ
완니- 디찬 마이 야-ㄱ 드-ㅁ 커-ㅇ 옌 카
오늘 저는 차가운 것을 마시고 싶지 않아요.

1초 퀴즈! 다음 빈칸을 채워 문장을 완성해 보세요.

1 ดิฉัน ______ กินก๋วยเตี๋ยวค่ะ 저는 쌀국수가 먹고 싶어요.

2 ผม ______ ดูหนังเรื่องนี้ 저는 이 영화를 보고 싶지 않아요.

3 '~해야만 한다'의 표현

'~해야만 한다'라는 표현은 조동사 **ต้อง** 떠̂-ㅇ 혹은 **ควร** 쿠̄-안을 동사 앞에 써서 표현합니다. 조동사 **ต้อง** 떠̂-ㅇ과 **ควร** 쿠̄-안은 그 뜻과 쓰임이 같습니다. 다만 **ต้อง** 떠̂-ㅇ이 **ควร** 쿠̄-안보다 강제성을 더 나타냅니다.

ผมต้องจ่ายเท่าไรครับ

폼̌ 떠̂-ㅇ 짜̀-이 타̂오라̄이 크랍́

제가 얼마를 내야 하나요? **(강제성 ↑)**

ผมควรจ่ายเท่าไรครับ

폼̌ 쿠̄-안 짜̀-이 타̂오라̄이 크랍́

제가 얼마를 내야 하나요? **(강제성 ↓)**

4 '~할 필요가 없다'의 표현

일반적으로 태국어 동사나 조동사 앞에 부정사 **ไม่** 마̂이를 쓰면 그 동사나 조동사의 의미를 부정하는 것이 됩니다. 그러나 '~을 해야 한다'는 의미의 조동사 **ต้อง** 떠̂-ㅇ의 경우, 앞에 부정사 **ไม่** 마̂이를 쓰면 '~을 하지 말아야 된다'가 아니라 '~을 할 필요가 없다'라는 뜻이 됩니다.

คุณไม่ต้องจ่ายค่ะ

쿤̄ 마̂이 떠̂-ㅇ 짜̀-이 카̂

당신은 비용을 낼 필요가 없어요.

ผมไม่ต้องจองครับ

폼̌ 마̂이 떠̂-ㅇ 쩌̄-ㅇ 크랍́

저는 예약할 필요가 없어요.

1초 퀴즈! A 문장을 잘 읽고 B 문장에 들어갈 말을 써 보세요.

A ผมต้องจ่ายเท่าไรครับ 제가 얼마를 내야 하나요?

B ________ 당신은 비용을 낼 필요가 없어요.

Pattern

말하기 연습하 GO!

MP3 10-08

1

ตอน เย็น ผม อยาก กิน ต้มยำกุ้ง ครับ

떠-ㄴ 옌 폼 야-ㄱ 낀 똠얌꿍 크랍

저녁 때 저는 똠얌꿍을 먹고 싶어요.

❶ ตอน เช้า 떠-ㄴ 차오 — 아침 때

❷ ตอน เที่ยง 떠-ㄴ 티-앙 — 점심 때

❸ ตอนนี้ 떠-ㄴ 니 — 지금

단어

ตอน 명 (시간의) ~때, ~에, 나절

เช้า 명 아침, 오전

เที่ยง 명 점심, 정오

ตอนนี้ 명 지금

2

ผม อยาก ดื่ม กาแฟ เย็น ครับ

폼 야-ㄱ 드-ㅁ 까-풰- 옌 크랍

저는 **아이스 커피를 마시고** 싶어요.

❶ ไป ทำผม 빠이 탐 폼 — 머리하러 가다

❷ เดินเล่น 드ㅓ-ㄴ 렌 — 산책하다

❸ ดู หนัง 두- 낭 — 영화 보다

단어

ไป 동 가다

ทำผม 동 머리하다

เดินเล่น 동 산책하다

ดู 동 보다

หนัง 명 영화

3

ดิฉัน ไม่ อยาก ดื่ม ของ เย็น ค่ะ

디찬 마이 야-ㄱ 드-ㅁ 커-ㅇ 옌 카

저는 **차가운 것**을 마시고 싶지 않아요.

❶ ของ หวาน (커-ㅇ 와-ㄴ) 단 것

❷ ของ เปรี้ยว (커-ㅇ 쁘리-아우) 신 것

❸ ของ เผ็ด (커-ㅇ 펫) 매운 것

단어

ของ 명 것, 물건

หวาน 수식 달다

เปรี้ยว 수식 시다

เผ็ด 수식 맵다

4

เธอ ไม่ ต้อง จ่าย นะ

트ㅓ- 마이 떠-ㅇ 짜-이 나

너는 **비용을 낼** 필요 없어.

❶ จอง (쩌-ㅇ) 예약하다

❷ ซื้อ (쓰-) 사다

❸ สั่ง (쌍) 주문하다

단어

จอง 동 예약하다

ซื้อ 동 사다

สั่ง 동 주문하다

Practice

실력 다지 GO!

1 녹음을 듣고 다음 질문에 알맞은 답을 고르세요. MP3 10-09

1 남자가 마시고 싶은 것은 무엇인가?

❶ 뜨거운 차　　❷ 차가운 차

❸ 뜨거운 커피　　❹ 차가운 커피

2 여자가 저녁 때 먹고 싶은 메뉴는 무엇인가요? MP3 10-10

❶ 팟타이　　❷ 카우팟(볶음밥)

❸ 쌀국수　　❹ 똠얌꿍

2 다음 빈칸에 들어갈 알맞은 단어를 <보기>에서 찾아 쓰세요.

보기
เลี้ยง
ก๋วยเตี๋ยว
ครั้งหน้า
อยาก

1 A **ตอนเที่ยงคุณ (❶ 　　　　　　) กินอะไรครับ**

점심 때 당신은 무엇을 드시고 싶으세요?

B **ดิฉันอยากกิน (❷ 　　　　　　) ค่ะ**

저는 쌀국수를 먹고 싶어요.

2 A **วันนี้ดิฉัน (❸ 　　　　　　)**

오늘은 제가 한턱낼게요.

B **(❹ 　　　　　　) ผมเลี้ยงนะครับ**

다음 번에는 제가 낼게요.

3 다음 그림을 보면서 무엇이 먹고 싶은 지, 무엇이 먹고 싶지 않은 지에 대해 이야기해 보세요.

1 ต้มยำกุ้ง 똠얌꿍

2 ข้าวผัด 볶음밥

3 ก๋วยเตี๋ยว 쌀국수

4 ผัดไทย 팟타이

A ผมอยากกิ ______ ครับ　나는 ______이(가) 먹고 싶어.

B ดิฉันไม่อยาก ______ ค่ะ　나는 ______이(가) 먹고 싶지 않아.

4 다음 단어를 활용하여 말해 보세요.

1 ______ ผมอยากกินผัดไทยครับ ★ ตอน เย็น 떠-ㄴ 옌 저녁 때

저녁 때 저는 팟타이를 먹고 싶어요.

2 ผมอยากดื่ม ______ ครับ ★ กาแฟ เย็น 까-풰- 옌 아이스 커피

저는 아이스 커피를 마시고 싶어요.

3 เธอไม่ต้อง ______ นะ ★ จ่าย 짜-이 지불하다

너는 비용을 낼 필요 없어.

Vocabulary

어휘 늘리GO!

녹음을 듣고 태국의 음식 이름을 따라 말해 보세요.

ผัดไทย
팟타이
팟타이

ก๋วยเตี๋ยว
꾸-아이띠-아우
쌀국수

ต้มยำกุ้ง
똠얌꿍
똠얌꿍

ข้าวผัด
카-우 팟
볶음밥

ส้มตำ
쏨땀
파파야 샐러드

ทอดมันกุ้ง
터-ㅅ만 꿍
다진 새우튀김

ปูผัดผงกะหรี่
뿌- 팟 퐁 까리-
게살 커리

ไก่ย่าง
까이 야-ㅇ
닭고기구이

คอหมูย่าง
커- 무- 야-ㅇ
돼지고기 목살구이

Culture

태국 만나GO!

태국의 지역별 음식 특색

태국은 남북으로 길게 뻗어 있기 때문에, 각 지역마다 식생활의 차이가 있습니다. 태국 음식은 보통 네 지역으로 나누어 이야기하는데, 바로 북부 음식, 중부 음식, 남부 음식 그리고 동북부(이싼) 음식입니다.

북부는 찹쌀밥을 주식으로 하며 지방이 많은 음식을 주로 먹습니다. 이것은 북부의 날씨가 비교적 춥기 때문입니다. 또한 지대가 높고 숲과 가깝기 때문에 산에서 자라는 야채들을 활용하는 음식이 발달해 있기도 합니다.

중부는 여러 가지 맛을 가진 음식이 다양하게 발달해 있습니다. 중부 음식의 가장 특징적인 것은 시고, 달고, 짜고, 매운 맛이 모두 섞여 있다는 점입니다. 또한 국 음식이 발달해 있으며, **กะทิ** 까티라고 부르는 코코넛 밀크를 많이 사용합니다.

남부는 과거 인도, 중국, 자바 등과 무역을 하던 중심지였기 때문에 여러 나라의 문화적 영향을 받았으며, 그 중에서도 특히 인도 남부의 영향을 많이 받았습니다. 남부 음식은 맵고 화한 향신료를 다양하게 쓰는 것을 볼 수 있으며 향이 강합니다. 남부의 날씨가 무덥고, 일년 내내 비가 오는 데서 기인한 것입니다.

동북부 음식이라고 하면 '쏨땀'이라는 파파야 샐러드를 가장 먼저 떠올릴 것입니다. 동북부는 비가 적게 내리고 땅이 가물어서 대부분 절인 음식이나 햇볕에 말린 음식을 먹습니다. 음식의 맛은 **ปลาร้า** 쁠라-라-라고 하는 젓갈을 넣어 짠 맛을 내고, 매운 맛을 낼 때는 생고추나 말린 고추를 넣어서 맛을 냅니다. 동북부도 북부와 마찬가지로 찹쌀밥을 주식으로 합니다.

DAY 11

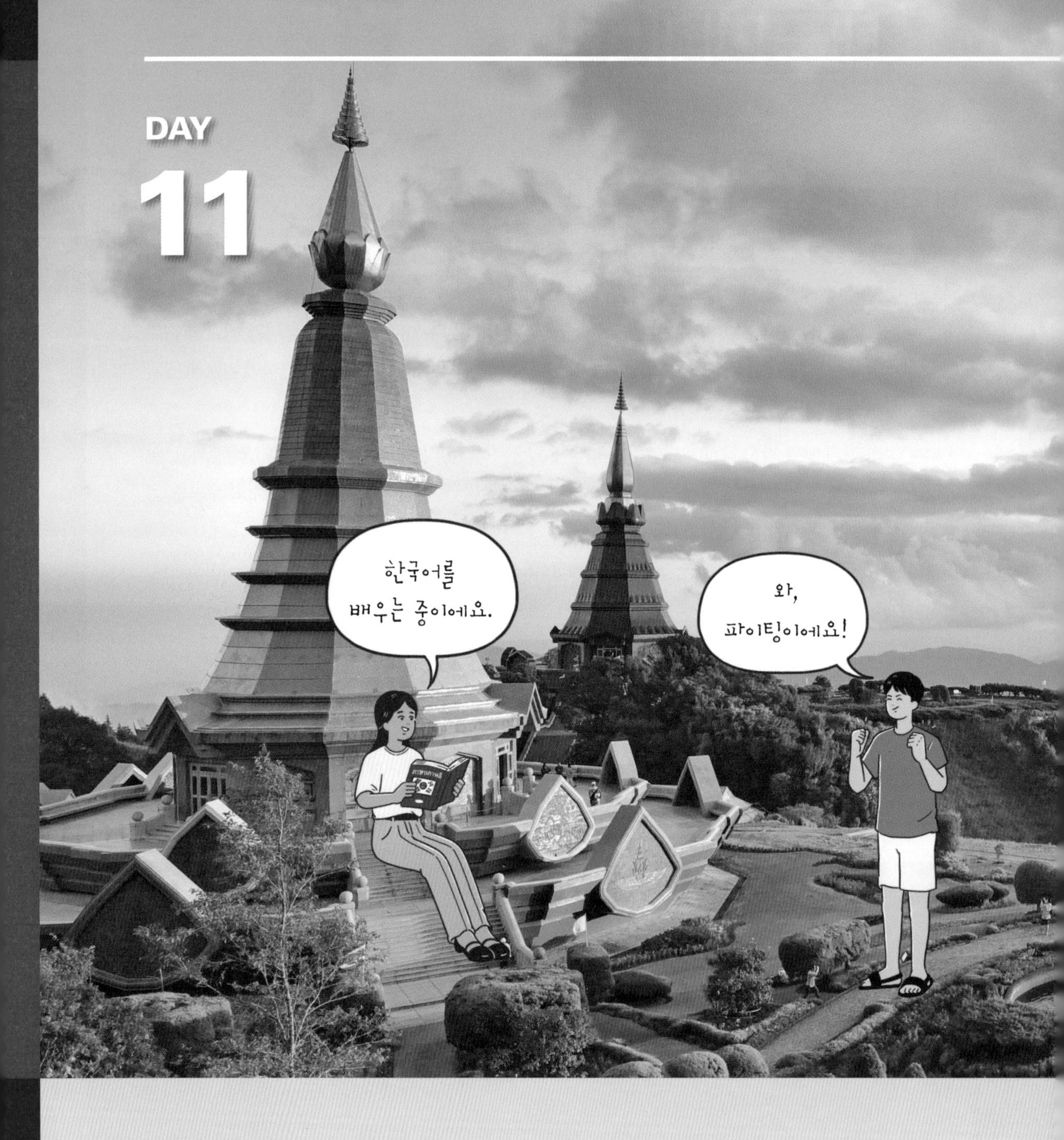

กำลังเรียนภาษาเกาหลีอยู่ค่ะ

한국어를 배우는 중이에요.

핵심 표현 ▶ MP3 11-01

1 ตอนบ่ายนี้ จะ ไป โรงเรียน
떠-ㄴ 바-이 니- 짜 빠이 로-ㅇ 리-안
오늘 오후에 학교에 갈 거야.

2 เขา ไปเที่ยว พัทยา แล้ว เมื่อวาน
카오 빠이 티-아우 팟타야- 래-우 므-아 와-ㄴ
그는 어제 파타야에 놀러 갔어.

3 กำลัง เรียน ภาษาเกาหลี อยู่ ค่ะ
깜랑 리-안 파-싸- 까올리- 유- 카
한국어를 배우는 중이에요.

4 คุณ จะ ซื้อ ตัว ไหน คะ
쿤 짜 쓰- 뚜-아 나이 카
당신은 어떤 옷을 살 건가요?

❶ 과거시제를 학습합니다.

❷ 현재진행형 시제를 학습합니다.

❸ 미래시제를 학습합니다.

❹ '~보다 더 ~하다'라는 의미의 มากกว่า 마-ㄱ 꽈-의 표현을 배웁니다.

회화로 말문 트GO! 1

느리게 듣기 MP3 11-02 빠르게 듣기 MP3 11-03

상황1 쏨차이가 민희에게 오후 계획을 물어봅니다.

쏨차이 ตอนบ่ายนี้ จะ ไป ไหน
떠-ㄴ 바-이 니- 짜 빠이 나이

민희 ตอนบ่ายนี้ จะ ไป โรงเรียน
떠-ㄴ 바-이 니- 짜 빠이 로-ㅇ 리-안

> **Tip**
> จะ 짜는 미래시제를 나타내는 조동사로 동사 앞에 위치합니다.

상황2 쏨차이가 민희에게 성준의 안부를 물어봅니다.

쏨차이 พี่ ซองจุน อยู่ ไหน
피- 써-ㅇ준 유- 나이

민희 เขา ไปเที่ยว พัทยา แล้ว เมื่อวาน
카오 빠이 티-아우 팟타야- 래-우 므-아 와-ㄴ

쏨차이 น่าอิจฉา จัง ผม ไม่ เคย ไป พัทยา
나- 잇차- 짱, 폼 마이 크ㅓ-이 빠이 팟타야-

단어 잡GO!

ตอนบ่ายนี้ 떠-ㄴ 바-이 니- 부 오늘 오후에 | **โรงเรียน** 로-ㅇ 리-안 명 학교 | **อยู่** 유- 동 ~하고 있다 | **พัทยา** 팟타야- 명 파타야 | **แล้ว** 래-우 수식 동사 또는 형용사 뒤에 쓰여 완료를 나타냄 | **น่าอิจฉา** 나- 잇차- 수식 부럽다, 시기하다 | **เคย** 크ㅓ-이 조 ~한 적이 있다

우리말 ➡ 태국어
MP3 11-04

해석 우리말 해석을 듣고 태국어로 말해 보세요.

상황 1

쏨차이 오늘 오후에 어디에 갈 거야?

민희 오늘 오후에 학교에 갈 거야.

상황 2

쏨차이 성준 형은 어디 있어?

민희 그는 어제 파타야에 놀러 갔어.

쏨차이 부럽다. 나는 파타야에 가 본 적이 없어.

경험 조동사 เคย

เคย 크ㅓ-이는 '~한 적이 있다', '~해 본 적이 있다'라는 경험을 나타내는 조동사로, 동사 앞에 위치합니다. เคย 크ㅓ-이를 부정할 때는 ไม่ 마이 + เคย 크ㅓ-이라고 표현합니다.

긍정	เคยไปพัทยา	크ㅓ-이 빠이 팟타야-	파타야에 가 본 적이 있다.
	เคยเรียนภาษาไทย	크ㅓ-이 리-안 파-싸-타이	태국어를 배운 적이 있다.
부정	ไม่เคยกินต้มยำกุ้ง	마이 크ㅓ-이 낀 똠얌꿍	똠얌꿍을 먹은 적이 없다.
	ไม่เคยเลี้ยงหมา	마이 크ㅓ-이 리-양 마-	강아지를 기른 적이 없다.

Speaking

회화로 말문 트GO! 2

느리게 듣기 MP3 11-05　빠르게 듣기 MP3 11-06

상황 1 성준과 쑤다가 공원에서 대화를 나눕니다.

성준 คุณ อ่าน หนังสือ อะไร อยู่ ครับ
쿤 아-ㄴ 낭쓰- 아라이 유- 크랍

쑤다 นี่ หนังสือ ภาษาเกาหลี ค่ะ
니- 낭쓰- 파-싸- 까올리- 카

กำลัง เรียน ภาษาเกาหลี อยู่ ค่ะ
깜랑 리-안 파-싸- 까올리- 유- 카

성준 ว้าว สู้ๆ นะ ครับ
와-우 쑤쑤- 나 크랍

> **Tip**
> 태국어 기호인 ๆ(마이야목)이 쓰인 경우에는 그 단어나 구를 두 번 읽으라는 의미입니다. 두 번 읽음으로써 단수를 복수화하거나 의미를 강화하는 역할을 합니다.

상황 2 쑤다와 성준이 옷 가게에서 옷을 고릅니다.

쑤다 คุณ จะ ซื้อ ตัว ไหน คะ
쿤 짜 쓰- 뚜-아 나이 카

성준 ผม กำลัง คิด อยู่ ครับ
폼 깜랑 킷 유- 크랍

ซื้อ ตัว นี้ จะ ดี ไหม ครับ
쓰- 뚜-아 니- 짜 디- 마이 크랍

쑤다 ดี ค่ะ ตัว นี้ เหมาะ กับ คุณ มากกว่า ตัว นั้น
디- 카 뚜-아 니- 머 깝 쿤 마-ㄱ 꽈- 뚜-아 난

단어 잡GO!

อ่าน 아-ㄴ 동 읽다 | กำลัง 깜랑 조동 ~하는 중이다 | เรียน 리-안 동 배우다, 공부하다 | ว้าว 와-우 감탄 와 | สู้ๆ 쑤쑤- 동 파이팅하다, 힘내다 | คิด 킷 동 생각하다 | เหมาะ 머 동 어울리다, 적합하다 | กับ 깝 전 ~와(과)

우리말 ➡ 태국어
MP3 11-07

해석 우리말 해석을 듣고 태국어로 말해 보세요.

상황 1

성준 당신은 무슨 책을 읽고 있나요?

쑤다 이것은 한국어 책이에요.

한국어를 배우는 중이에요.

성준 와, 파이팅이에요!

상황 2

쑤다 당신은 어떤 옷을 살 거예요?

성준 생각 중이에요.

이 옷을 사는게 좋을까요?

쑤다 좋아요. 이 옷은 저 옷보다 당신에게 더 잘 어울려요.

꿀팁 챙기GO!

มากกว่า ~보다 (더) ~하다

มากกว่า 마-ㄱ 꽈-는 '~보다 (더) ~하다'라는 의미로 비교의 표현을 나타내는 수식사입니다.
'(대)명사 + 형용사 + **มากกว่า** 마-ㄱ 꽈- + (대)명사'의 형태로 사용합니다.

ฉันสวยมากกว่าเธอ 찬 쑤-아이 마-ㄱ 꽈- 트ㅓ-	내가 너보다 더 예쁘다.
ต้มยำกุ้งอร่อยมากกว่าผัดไทย 똠얌꿍 아러-이 마-ㄱ 꽈- 팟타이	똠얌꿍은 팟타이보다 맛있다.

Grammar

문법 다지기 GO!

1 미래시제 표현

미래시제를 나타내는 조동사 **จะ** 짜는 '~할 것이다'라는 의미로 동사 앞에 쓰입니다.

ผมก็จะไปเที่ยวพัทยา
폼 꺼- 짜 빠이 티-아우 팟타야-

저도 파타야에 놀러 갈 거예요.

부정형으로 쓰일 때는 **ไม่** 마이가 조동사 **จะ** 짜 뒤에 위치하며 **จะไม่** 짜 마이의 형태로 쓰입니다.

ผมจะไม่ไปพัทยา
폼 짜 마이 빠이 팟타야-

저는 파타야에 가지 않을 거예요.

2 현재진행형 시제 표현

현재진행형 시제를 나타내는 조동사에는 **กำลัง** 깜랑과 **อยู่** 유-가 있는데, 먼저 조동사 **กำลัง** 깜랑은 '~하는 중이다'라는 의미로 동사 앞에 쓰입니다. 또한 '~하고 있다'라는 의미를 가진 후치 조동사 **อยู่** 유-는 동사, 혹은 동사+목적어 뒤에 쓰입니다. 이 둘을 모두 사용할 수도 있고, 둘 중 하나만 사용할 수도 있습니다.

ดิฉันกำลังเรียนภาษาไทยอยู่ค่ะ
디찬 깜랑 리-안 파-싸- 타이 유- 카

=ดิฉันกำลังเรียนภาษาไทยค่ะ
디찬 깜랑 리-안 파-싸- 타이 카

=ดิฉันเรียนภาษาไทยอยู่ค่ะ
디찬 리-안 파-싸- 타이 유- 카

저는 태국어를 배우는 중이에요.

1초 퀴즈! 다음 빈칸에 들어갈 알맞은 말을 써 보세요.

1 ผม ______ ไปพัทยา 저는 파타야에 가지 않을 거예요.

2 ดิฉัน ______ เรียนภาษาไทย ______ ค่ะ 저는 태국어를 배우는 중이에요.

3 과거시제 표현

'끝난, 완료된, 마친, 종결한' 등의 완료를 나타내는 수식사 แล้ว 래-우는 동사, 혹은 동사+목적어 뒤에 쓰입니다. 또한 과거시제를 나타내는 조동사 ได 다이는 '~었다, ~되다'라는 의미로 동사 앞에 쓰입니다. 즉, 과거시제를 나타내는 표현으로는 조동사 ได 다이와 수식사 แล้ว 래-우가 있는데, 이 둘은 모두 사용할 수도 있고, 둘 중 하나만 사용할 수도 있습니다.

ท่านกลับบ้านแล้วครับ 그분은 집에 가셨어요.
탄 끌랍 바-ㄴ 래-우 크랍

เขาได้ไปเที่ยวพัทยาแล้วค่ะ 그는 파타야에 놀러 갔어요(놀러 가게 되었어요).
카오 다이 빠이 티-아우 팟타야- 래-우 카

한편 부정형으로 쓰일 때는 ไม่ 마이가 조동사 ได 다이 앞에 위치하여, ไม่ได้ 마이 다이의 형태로 쓰입니다. 이때는 수식사 แล้ว 래-우를 사용할 수 없습니다. 이는 무언가를 하지 않았기 때문에 '완료, 종결된 것'이 없기 때문입니다.

ดิฉันไม่ได้กินข้าวเช้า 저는 아침밥을 안 먹었어요.
디찬 마이 다이 낀 카-우 차-오

ดิฉันไม่ได้กินขนมไทยมานานแล้ว 저는 태국 과자를 안 먹은 지 오래 되었어요.
디찬 마이 다이 낀 카놈 타이 마- 나-ㄴ 래-우

1초 퀴즈! A 문장을 잘 읽고 B 문장에 들어갈 말을 써 보세요.

A คุณมินซูอยู่ไหนครับ 민수 씨는 어디에 있나요?

B ______ 그는 파타야에 놀러 갔어요.

Pattern

말하기 연습하 GO!

MP3 11-08

1

ตอนบ่ายนี้ จะ ไป โรงเรียน

떠-ㄴ 바-이 니-　짜　빠이　로-ㅇ 리-안

오늘 오후에 **학교에 갈** 거야.

❶ ไป ว่ายน้ำ　수영하러 가다
빠이　와-이나-ㅁ

❷ ซื้อ ขนม　간식을 사다
쓰-　카놈

❸ พักผ่อน　쉬다
팍퍼-ㄴ

단어

ไป 동 가다
ว่ายน้ำ 동 수영하다
ซื้อ 동 사다
ขนม 명 간식
พักผ่อน 동 쉬다

2

เขา ไปเที่ยว พัทยา แล้ว เมื่อวาน

카오　빠이 티-아우　팟타야-　래-우　므-아 와-ㄴ

그는 어제 **파타야에 놀러갔**어.

❶ ทำ การบ้าน　숙제를 하다
탐　까-ㄴ바-ㄴ

❷ เขียน จดหมาย　편지를 쓰다
키-안　쫏마-이

❸ ถ่าย รูป　사진을 찍다
타-이　루-ㅂ

단어

ทำ 동 하다
การบ้าน 명 숙제
เขียน 동 쓰다
จดหมาย 명 편지
ถ่าย 동 찍다, 중계하다
รูป 명 사진

3

กำลัง เรียน ภาษาเกาหลี อยู่ ค่ะ

깜랑 리-안 파-싸- 까올리- 유- 카

한국어를 배우는 중이에요.

1. ทำงาน 탐응아-ㄴ — 일하다
2. อ่าน หนังสือ 아-ㄴ 낭쓰- — 책을 읽다
3. อาบน้ำ 아-ㅂ나-ㅁ — 샤워하다

단어

ทำงาน 동 일하다
อ่าน 동 읽다
หนังสือ 명 책
อาบน้ำ 동 샤워하다

4

คุณ จะ ซื้อ ตัว ไหน คะ

쿤 짜 쓰- 뚜-아 나이 카

당신은 어떤 **옷**을 살 거예요?

1. คัน 칸 — 자동차
2. เล่ม 렘 — 책
3. เครื่อง 크르-앙 — 휴대 전화

단어

คัน 분류 자동차, 우산을 세는 단위
เล่ม 분류 책, 공책을 세는 단위
เครื่อง 분류 휴대 전화, 컴퓨터 등 기계류를 세는 단위

Practice

실력 다지GO!

1 녹음을 듣고 다음 질문에 알맞은 답을 고르세요.

MP3 11-09

1 남자는 어디에 갈 것인가?

❶ 파타야 ❷ 후아힌

❸ 파타야와 후아힌 ❹ 아무 데도 가지 않는다.

2 다음 중 여자에 대한 설명으로 잘못된 것은 무엇인가?

MP3 11-10

❶ 아침밥을 먹었다. ❷ 배고픈 상태이다.

❸ 남자의 과자를 먹을 것이다. ❹ 남자의 과자가 먹음직스럽다고 생각한다.

2 주어진 단어를 활용하여 대화를 해 보세요.

1 미래 여행 계획에 대한 대화

A

B

★ พัทยา 파타야

★ หัวหิน 후아힌

2 과거의 식사 경험에 대한 대화

A

B

★ ต้มยำกุ้ง 똠얌꿍

★ ผัดไทย 팟타이

3 현재 배우고 있는 언어에 대한 대화

A

B

★ ภาษาไทย 태국어

★ ภาษาอังกฤษ 영어

| 녹음 대본 및 정답 p237 참고 |

3 다음 단어들을 어순에 맞게 배열해 보세요.

1 กิน / ได้ / ไม่ / ข้าวเช้า / ดิฉัน

저는 아침밥을 안 먹었어요.

➡ ______________________________

2 เรียน / ดิฉัน / อยู่ / กำลัง / ค่ะ / ภาษาไทย

저는 태국어를 배우는 중이에요.

➡ ______________________________

3 โรงเรียน / วันนี้ / ผม / ไม่ไป / จะ / ครับ

오늘 저는 학교에 안 갈 거예요.

➡ ______________________________

4 다음 지문을 읽고 맞으면 O, 틀리면 X 표시하세요.

A คุณจะซื้อตัวไหนคะ

B ผมกำลังคิดอยู่ครับ
ซื้อตัวนี้จะดีไหมครับ

A ดีค่ะ ตัวนี้เหมาะกับคุณ

1 A는 B에게 옷을 추천해 주고 있다. 

2 A는 마음에 드는 옷이 없다. 

Vocabulary 어휘 늘리GO!

 녹음을 듣고 장소 관련 어휘를 따라 말해 보세요.

โรงเรียน
로-ㅇ 리-안
학교

บริษัท
버-리쌋
회사

ที่ขายตั๋ว
티-카-이뚜-아
매표소

โรงหนัง
로-ㅇ 낭
영화관

สถานีตำรวจ
싸타-니- 땀루-앗
경찰서

สวนสนุก
쑤안 싸눅
놀이동산

ห้างสรรพสินค้า
하-ㅇ 쌉파 씬카-
백화점

ร้านเสื้อผ้า
라-ㄴ 쓰-아파-
옷 가게

โรงแรม
로-ㅇ 래-ㅁ
호텔

Culture

태국 만나GO!

태국의 설날 '쏭끄란'

쏭끄란(**สงกรานต์**, Songkran)은 양력 4월 13~15일로 태국의 설날을 의미합니다. 이날은 태양이 브라만-힌두교력에 따라 물고기 자리에서 양자리로 이동하는 기간입니다. 쏭끄란은 산스크리트어로 '움직이다, 이동하다'라는 의미로 즉, 태양의 움직임을 나타냅니다. 본래는 브라만-힌두교력을 따랐기 때문에 날짜가 유동적이었지만, 1940년에 이르러 양력 4월 13~15일로 지정되었습니다.

이날에는 스님께 보시하고, 사원에 가서 불상을 씻어내는 관불 의식을 합니다. 사원에 모래를 가져가 모래탑을 쌓기도 합니다. 그리고 웃어른의 손에 물을 따라 주며 새로운 해의 인사를 건네는데, 이때 웃어른은 아랫사람에게 덕담을 해주곤 합니다. 이러한 행위를 **รดน้ำดำหัว** 롯나-ㅁ담후아라고 하는데, 마치 우리나라 설날 때 웃어른께 세배하며 덕담을 듣는 것과 비슷합니다.

요즘은 물싸움으로 그 형식이 다소 바뀌기는 하였지만, 본래는 물을 통해 액운을 씻어내고, 새해에는 풍요와 행운이 가득하길 바라는 마음으로 물을 사용했습니다.

DAY 12

สยามสแควร์อยู่ที่ไหนครับ

싸얌스퀘어는 어디에 있나요?

핵심 표현

▶ MP3 12-01

1 สยามสแควร์ อยู่ ที่ไหน ครับ

싸야-ㅁ 싸쾌- 유- 티-나이 크랍

싸얌스퀘어는 어디에 있나요?

2 สยามสแควร์ อยู่ ตรงข้าม ค่ะ

싸야-ㅁ 싸쾌- 유- 뜨롱 카-ㅁ 카

싸얌스퀘어는 건너편에 있어요.

3 ตรงไป ประมาณ 5 ม. ค่ะ

뜨롱 빠이 쁘라마-ㄴ 하- 멧- 카

약 5미터 직진해 주세요.

4 จอด หน้า โรงแรม หน่อย ค่ะ

쩌-ㅅ 나- 로-ㅇ래-ㅁ 너-이 카

호텔 앞에 좀 세워 주세요.

❶ 위치 및 방향을 나타내는 표현을 학습합니다.

❷ 택시를 타고 태국어로 유창하게 이야기를 나눌 수 있습니다.

❸ 의문사 ไหน 티-나이를 학습합니다.

Speaking 회화로 말문 트GO! 1

느리게 듣기 MP3 12-02 빠르게 듣기 MP3 12-03

상황 1 성준이 지나가는 행인에게 백화점의 위치를 물어봅니다.

성준 สยามสแควร์ อยู่ ที่ไหน ครับ
싸야-ㅁ 싸쾌- 유- 티-나이 크랍

행인 สยามสแควร์ อยู่ ตรงข้าม ค่ะ
싸야-ㅁ 싸쾌- 유- 뜨롱 카-ㅁ 카

Tip
ที่ไหน 티-나이에서 ที่ไหน 티-는 전치사로 '~에, 에서'라는 의미입니다. 구어체에서는 종종 생략합니다.

상황 2 성준이 지나가는 행인에게 화장실의 위치를 물어봅니다.

성준 ห้องน้ำ อยู่ ที่ไหน ครับ
허-ㅇ 나-ㅁ 유- 티-나이 크랍

행인 ห้องน้ำ อยู่ ซ้ายมือ ค่ะ
허-ㅇ 나-ㅁ 유- 싸-이 므- 카

Tip
มือ 므-는 '~쪽, ~편'이라는 의미로 방향을 나타낼 때 사용합니다. มือ 므-는 왼쪽과 오른쪽에만 쓰이며, 좌우를 나타내는 단어 뒤에 위치합니다.

단어 잡GO!

สยามสแควร์ 싸야-ㅁ 싸쾌- 명 싸얌스퀘어(방콕 유명 쇼핑몰) | ที่ไหน 티-나이 의문 어디, 어느 | ตรงข้าม 뜨롱 카-ㅁ 수식 건너편, 반대편 | ห้องน้ำ 허-ㅇ 나-ㅁ 명 화장실 | ซ้ายมือ 싸-이 므- 수식 왼쪽, 왼편

우리말 ➡ 태국어
MP3 12-04

해석 우리말 해석을 듣고 태국어로 말해 보세요.

상황 1

성준 싸얌스퀘어는 어디에 있나요?

행인 싸얌스퀘어는 건너편에 있어요.

상황 2

성준 화장실은 어디에 있나요?

행인 화장실은 왼쪽에 있어요.

방향을 나타내는 다양한 표현

ข้างซ้าย / ซ้ายมือ 카-ㅇ 싸-이 싸-이 므-	ข้างขวา / ขวามือ 카-ㅇ 콰- 콰- 므-	ข้างบน 카-ㅇ 본
왼쪽, 왼편	오른쪽, 오른편	위, 위쪽
ข้างล่าง 카-ㅇ 라-ㅇ	**ข้างหลัง** 카-ㅇ 랑	**ข้างหน้า** 카-ㅇ 나-
아래, 아래쪽	뒤, 뒤쪽	앞, 앞쪽

회화로 말문 트GO! 2

느리게 듣기 MP3 12-05　빠르게 듣기 MP3 12-06

상황 1 민희가 택시 기사에게 위치를 설명합니다.

민희

ไป สุขุมวิท 16 ค่ะ
빠이 쑤쿰윗 씹 혹 카

택시 기사

เข้า ซอย ไหม ครับ
카오 써-이 마이 크랍

민희

ค่ะ เข้า ซอย แล้ว ตรงไป ประมาณ 5 ม. ค่ะ
카, 카오 써-이 래-우 뜨롱 빠이 쁘라마-ㄴ 하- 멧- 카

Tip

ม.은 เมตร 멧-의 줄임말로 영어 m(미터)를 의미합니다. 줄임말이므로 글자 뒤에 마침표를 써서 줄임말임을 나타냅니다. 한편 발음할 때는 표기법과 다르게 단모음으로 짧게 발음하며, ร는 묵음이 됩니다.

상황 2 민희가 택시 기사에게 목적지를 설명합니다.

민희

ไป โรงแรม บันยันทรี ค่ะ
빠이 로-ㅇ 래-ㅁ 반얀트리- 카

택시 기사

จอด ตรง ไหน ครับ
쩌-ㅅ 뜨롱 나이 크랍

민희

จอด หน้า โรงแรม หน่อย ค่ะ
쩌-ㅅ 나- 로-ㅇ 래-ㅁ 너-이 카

สุขุมวิท 쑤쿰윗 명 쑤쿰윗(도로명) | เข้า 카오 동 들어가다 | ซอย 써-이 명 골목 | ค่ะ 카 감탄 네(묻는 말에 긍정하여 대답할 때 쓰는 표현) | ตรงไป 뜨롱 빠이 동 직진하다 | ประมาณ 쁘라마-ㄴ 수 약, 대략 | ม. 멧- 명 미터(เมตร의 줄임말) | โรงแรม 로-ㅇ 래-ㅁ 명 호텔 | จอด 쩌-ㅅ 동 세우다 | ตรง 뜨롱 전 ~에, ~에서 | หน้า 나- 수식 ~앞, 얼굴 | หน่อย 너-이 수식 좀, 조금

우리말 ➡ 태국어
MP3 12-07

해석 우리말 해석을 듣고 태국어로 말해 보세요.

상황 1

민희 싸쿰윗 16번가에 가 주세요.

택시 기사 골목에 들어갈까요?

민희 네, 골목에 들어가서 약 5미터 직진해 주세요.

상황 2

민희 반얀트리 호텔로 가 주세요.

택시 기사 어디에 세울까요?

민희 호텔 앞에 좀 세워 주세요.

길찾기 표현

ไป 빠이	ตรงไป 뜨롱 빠이	เลี้ยว 리-아우	เลี้ยวซ้าย 리-아우 싸-이
가다	직진하다	돌다, 회전하다	좌회전하다
เลี้ยวขวา 리-아우 콰-	ตรงข้าม 뜨롱 카-ㅁ	ตรงนี้ 뜨롱 니-	ตรงนั้น 뜨롱 난
우회전하다	반대편, 건너편	여기, 바로 이곳	거기, 바로 그곳

Grammar

문법 다지기 GO!

1 의문사 ไหน

의문사 ไหน 나̌이는 '어디'와 '어느'라는 의미를 가집니다.

❶ '어디'의 의미로 쓰일 경우

의문사 ไหน는 '~에, ~에서'를 의미하는 전치사 ที่ 티̂-와 함께 ที่ไหน 티̂- 나̌이의 형태로 쓰입니다. 구어체에서는 전치사 ที่ 티̂-를 생략하고 의문사 ไหน 나̌이만 써서 '어디에, 어디에서' 등의 의미를 나타내기도 합니다.

ห้างอยู่(ที่)ไหนครับ 백화점은 어디에 있나요?

하̂-ㅇ 유̀- (티̂-) 나̌이 크랍́

❷ '어느'의 의미로 쓰일 경우

의문사 ไหน는 분류사나 혹은 분류사의 역할을 하는 명사 뒤에 쓰입니다.

ไปดูหนังวันไหนดีครับ 영화 보러 어느 날(=언제, 며칠)에 가는 것이 좋을까요?

빠̄이 두̄- 낭̌ 완̄ 나̌이 디̄- 크랍́

2 위치를 나타내는 표현

태국어로 위치를 나타내는 단어는 다양합니다.

❶ ข้าง 카̂-ㅇ: '~쪽'을 의미하며, 위치와 방향을 나타내는 단어 앞에 위치합니다.

1초 퀴즈! 다음 빈칸에 들어갈 알맞은 말을 써 보세요.

1 ห้างอยู่ ______ ครับ 백화점은 어디에 있나요?

2 ห้างอยู่ ______ หน้าค่ะ 백화점은 앞쪽에 있습니다.

ข้าง 카-ㅇ ~쪽	+	ซ้าย 싸-이 왼	ล่าง 라-ㅇ 아래
		ขวา 콰- 오른	หน้า 나- 앞
		บน 본 위	หลัง 랑 뒤

ห้างอยู่ข้างหน้าค่ะ 백화점은 앞쪽에 있습니다.
하-ㅇ 유- 카-ㅇ 나- 카

❷ มือ 므- : '~쪽'을 의미하며, 왼쪽과 오른쪽에만 쓰이고, 좌우를 나타내는 단어 뒤에 위치합니다.

ซ้าย 싸-이 왼	+	มือ 므- ~쪽
ขวา 콰- 오른		

ห้องน้ำอยู่ซ้ายมือครับ 화장실은 왼쪽에 있습니다.
허-ㅇ 나-ㅁ 유- 싸-이 므- 크랍

❸ ตรง 뜨롱 : 장소를 특정하여 '~에, ~에서'라는 의미를 나타내며, 위치와 방향을 나타내는 단어 앞에 위치합니다.

ตรง 뜨롱 ~에(서)	+	ไหน 나이 어디, 어느	นั้น 난 그, 거기
		นี้ 니- 이, 여기	โน้น 노-ㄴ 저기

ตรงนั้นมีปากกาไหมครับ 거기에 펜 있나요?
뜨롱 난 미- 빠-ㄱ까- 마이 크랍

1초 퀴즈! A 문장을 잘 읽고 B 문장에 들어갈 말을 써 보세요.

A ห้องน้ำอยู่ที่ไหนครับ 화장실은 어디에 있나요?

B ______ 화장실은 왼쪽에 있습니다.

Pattern

말하기 연습하 GO!

MP3 12-08

1

สยามสแควร์ อยู่ ที่ไหน ครับ

싸야-ㅁ 싸쾌- 유- 티-나이 크랍

싸얌스퀘어는 어디에 있나요?

❶ โรงแรม บันยันทรี (로-ㅇ 래-ㅁ 반얀트리-) 반얀트리 호텔

❷ ตลาด จตุจักร (딸라-ㅅ 짜뚜짝) 짜뚜짝 시장

❸ วัดโพธิ์ (왓포-) 왓포

단어

โรงแรม 명 호텔

บันยันทรี 명 반얀트리(호텔명)

ตลาด 명 시장

จตุจักร 명 짜뚜짝(주말에만 문을 여는 방콕 만물 시장)

วัดโพธิ์ 명 왓포(방콕에서 가장 크고 오래된 사원)

2

สยามสแควร์ อยู่ ตรงข้าม ค่ะ

싸야-ㅁ 싸쾌- 유- 뜨롱 카-ㅁ 카

싸얌스퀘어는 **건너편**에 있어요.

❶ ขวามือ (콰- 므-) 오른쪽

❷ ข้างหลัง (카-ㅇ 랑) 뒤쪽

❸ ข้างหน้า (카-ㅇ 나-) 앞쪽

단어

ขวามือ 명 오른쪽

ข้างหลัง 명 뒤쪽

ข้างหน้า 명 앞쪽

3

ตรงไป ประมาณ 5 ม. ค่ะ

뜨롱 빠이 쁘라마-ㄴ 하- 멧- 카

약 **5미터** 직진해 주세요.

❶ 500 ม. 하-러-이 멧- 500미터

❷ 1 กม. 능 낄로-멧- 1킬로미터

❸ 5 นาที 하- 나-티- 5분

단어

ม. 명 미터

กม. 명 킬로미터

นาที 명 분

4

จอด หน้า โรงแรม หน่อย ค่ะ

쩌-ㅅ 나- 로-ㅇ 래-ㅁ 너-이 카

호텔 앞에 좀 세워 주세요.

❶ หลัง โรงแรม 랑 로-ㅇ래-ㅁ 호텔 뒤

❷ หน้า สะพาน 나- 싸파-ㄴ 다리 앞

❸ ตรงนี้ 뜨롱 니- 여기

단어

หลัง 전 ~뒤, ~후

หน้า 수식 ~앞, 얼굴

สะพาน 명 다리

ตรงนี้ 부 여기

Practice

실력 다지기 GO!

1 녹음을 듣고 알맞은 장소를 고르세요. MP3 12-09

❶ 호텔

❷ 약국

❸ 학교

❹ 커피숍

2 다음 빈칸에 들어갈 알맞은 단어를 <보기>에서 찾아 쓰세요.

보기

ตรงไป　หน้า　ซ้ายมือ　(ที่)ไหน　เข้า

1 A โรงงานอยู่ (❶) คะ　공장은 어디에 있나요?

B โรงงานอยู่ (❷) โรงเรียนครับ　공장은 학교 앞에 있어요.

C โรงงานอยู่ (❸) ค่ะ　공장은 왼쪽에 있어요.

2 A (❹) ซอยไหมครับ　골목에 들어갈까요?

B (❺) ประมาณ 5 ม. ค่ะ　약 5미터 직진해 주세요.

| 녹음 대본 및 정답 p238 참고 |

3 다음 단어들을 어순에 맞게 배열해 보세요.

1 โรงแรม / ไป / ค่ะ / บันยันทรี

반얀트리 호텔로 가 주세요.

➡ ______________________

2 ครับ / จอด / ไหน / ตรง

어디에 세울까요?

➡ ______________________

3 จอด / หน่อย / โรงแรม / ค่ะ / หน้า

호텔 앞에 좀 세워 주세요.

➡ ______________________

4 다음 지문을 읽고 맞으면 O, 틀리면 X 표시하세요.

A สยามสแควร์อยู่ที่ไหนครับ

B สยามสแควร์อยู่ตรงข้ามค่ะ

A ห้องน้ำอยู่ที่ไหนครับ

B ห้องน้ำอยู่ซ้ายมือค่ะ

1 싸얌스퀘어는 건너편에 있다. 

2 화장실은 오른쪽에 있다.

Vocabulary 어휘 늘리 GO!

 녹음을 듣고 방향 및 위치 관련 어휘를 따라 말해 보세요.

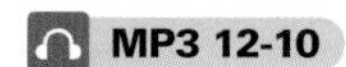

ตรงไป
– –
뜨롱 빠이
직진하다

เลี้ยวซ้าย
/ /
리-아우 싸-이
좌회전

เลี้ยวขวา
/ ∨
리-아우 콰-
우회전

ข้าม
^
카-ㅁ
건너다

จอด
\
쩌-ㅅ
세우다, 주차하다

ถนน
\ ∨
타논
도로

สะพาน
\ –
싸파-ㄴ
다리

อุโมงค์
\ –
우모-ㅇ
터널

ซอย
–
써-이
골목

Culture

태국 만나GO!

태국의 위치, 지리, 기후

태국은 한국과 약 3,460km 떨어져 있으며, 비행기로는 약 다섯 시간 반 정도 소요됩니다. 태국의 전체 면적은 513,120㎢로 대한민국의 5배에 달하는 면적입니다. 비교적 넓은 면적을 차지하고 있는 태국은 일반적으로 중부, 동부, 북부, 동북부, 남부 총 5개 지역으로 구분됩니다.

중부에는 수도 방콕을 포함한 수코타이, 아유타야 등 역사적 도시가 포함되어 있습니다. 동부는 우리나라에도 잘 알려진 파타야를 비롯해 과수원과 공업이 발달했으며 휴양 관광 도시로 유명합니다. 북부는 산악 지형이 포함되어 있어 선선한 날씨를 접할 수 있습니다. 치앙마이, 치앙라이 등이 북부에 포함됩니다. 동북부는 태국에서 가장 넓은 지역을 차지하지만, 가장 개발이 더딘 곳으로 여겨집니다. 마지막으로 남부는 양쪽에 안다만해와 타이만을 접하고 있어 수산업과 관광업이 발달했습니다. 푸켓, 팡아, 끄라비 등이 남부에 속합니다.

태국은 세 계절로 이루어져 있습니다. 2월 중순~5월은 여름입니다. 6월~10월은 우기로 이 기간에는 하루에 한두 차례 소나기가 내립니다. 11월~2월 중순은 겨울입니다. 태국 사람들이 겨울이라고 부르기는 하지만, 한국의 겨울과는 달리 낮 평균 기온이 32도까지 올라가고, 아침 저녁에 선선한 바람이 부는 정도입니다. 한편 태국의 남부 지역은 우기와 건기로만 구분합니다.

มาที่นี่ใช้เวลาเท่าไร

여기 오는데 시간이 얼마나 걸렸어?

핵심 표현 ▶ MP3 13-01

1 มา ที่นี่ ใช้ เวลา เท่าไร
마- 티-니- 차이 웨-ㄹ라- 타오라이
여기 오는데 시간이 얼마나 걸렸어?

2 ฉัน นั่ง แท็กซี่ มา
찬 낭 택씨- 마-
나는 택시를 타고 왔어.

3 จาก โรงแรม ถึง ที่นี่ ไกล ไหม คะ
짜-ㄱ 로-ㅇ래-ㅁ 틍 티-니- 끌라이 마이 카
호텔에서 여기까지 머나요?

4 จะ พัก ที่ โรงแรม ตั้งแต่ วันนี้ ถึง มะรืนนี้ ครับ
짜 팍 티- 로-ㅇ래-ㅁ 땅때- 완니- 틍 마르-ㄴ니- 크랍
호텔에 오늘부터 모레까지 머물 거예요.

학습 목표

❶ 소요 시간을 묻고 답할 수 있습니다.
❷ 교통수단 관련 어휘를 익힙니다.
❸ '~부터 ~까지' 장소를 나타내는 표현을 학습합니다.
❹ '~부터 ~까지' 시간을 나타내는 표현을 학습합니다.

회화로 말문 트GO! 1

느리게 듣기 MP3 13-02 빠르게 듣기 MP3 13-03

상황 1 쏨차이가 민희에게 소요 시간을 물어봅니다.

쏨차이 มา ที่นี่ ใช้ เวลา เท่าไร
마- 티-니- 차이 웨-ㄹ라- 타오라이

민희 ใช้ เวลา 15 นาที
차이 웨-ㄹ라- 씹 하- 나-티-

Tip
시간이 얼만큼 걸렸는지를 물어볼 때는 '얼마, 몇'이라는 의미의 의문사 **เท่าไร** 타오라이를 사용합니다.

상황 2 쏨차이가 민희에게 교통수단을 물어봅니다.

쏨차이 เธอ มา ที่นี่ อย่างไร
트ㅓ- 마- 티-니- 야-ㅇ 라이

민희 ฉัน นั่ง แท็กซี่ มา
찬 낭 택씨- 마-

Tip
어떻게 왔는지 수단과 방법을 물어볼 때는 '어떤, 어떻게'라는 의미의 의문사 **อย่างไร** 야-ㅇ라이를 사용합니다.

단어 잡GO!

ที่นี่ 티-니- 대 이곳 | **ใช้** 차이 동 쓰다, 사용하다 | **เวลา** 웨-ㄹ라- 명 시간 | **นาที** 나-티- 명 분 | **อย่างไร** 야-ㅇ 라이 의문 어떤, 어떻게 | **นั่ง** 낭 동 앉다, 타다 | **แท็กซี่** 택씨- 명 택시

우리말 ➡ 태국어
MP3 13-04

해석 우리말 해석을 듣고 태국어로 말해 보세요.

상황 1

쏨차이 여기 오는데 시간이 얼마나 걸렸어?

민희 15분 걸렸어.

상황 2

쏨차이 너는 어떻게 왔어?

민희 나는 택시를 타고 왔어.

꿀팁 챙기GO!

태국의 독특한 교통수단

쌩태우는 트럭을 개조한 미니버스로 시내 주요 노선을 따라 달리는 버스의 역할을 하는 동시에 이용자를 목적지로 바로 데려다 주는 택시의 역할도 하고 있습니다. **뚝뚝**은 오토바이를 개조한 삼륜차로 길거리에서 흔히 볼 수 있는 교통수단입니다.

สองแถว 써̌-ㅇ 태̌-우	ตุ๊กตุ๊ก 뚝́뚝́
쌩태우, 트럭을 개조한 탈 것	삼륜차

Speaking

회화로 말문 트GO! 2

느리게 듣기 MP3 13-05 빠르게 듣기 MP3 13-06

상황 1 쑤다가 성준에게 호텔의 위치를 물어봅니다.

쑤다: จาก โรงแรม ถึง ที่นี่ ไกล ไหม คะ
짜-ㄱ 로-ㅇ 래-ㅁ 틍 티-니- 끌라이 마이 카

성준: ไม่ ไกล หรอก ครับ ใกล้ ครับ
마이 끌라이 러-ㄱ 크랍 끌라이 크랍

쑤다: อยู่ ใกล้ กัน ก็ดี แล้ว ค่ะ
유- 끌라이 깐 꺼-디- 래-우 카

Tip

'멀다'라는 의미의 ไกล 끌라이와 '가깝다'라는 의미의 ใกล้ 끌라이는 발음은 같지만 성조의 높낮이에 따라 정반대의 뜻이 되므로 주의해서 발음해야 합니다.

상황 2 쑤다가 성준에게 호텔의 숙박 기간을 물어봅니다.

쑤다: จะ พัก ที่ โรงแรม ถึง วัน ไหน คะ
짜 팍 티- 로-ㅇ 래-ㅁ 틍 완 나이 카

성준: จะ พัก ที่ โรงแรม ตั้งแต่ วันนี้ ถึง มะรืนนี้ ครับ
짜 팍 티- 로-ㅇ 래-ㅁ 땅때- 완니- 틍 마르-ㄴ니- 크랍

คือ 3 วัน 2 คืน ครับ
크- 싸-ㅁ 완 써-ㅇ 크-ㄴ 크랍

쑤다: งั้น พรุ่งนี้ ดิฉัน จะ พาไปเที่ยว นะ คะ
응안 프룽니- 디찬 짜 파- 빠이 티-아우 나 카

단어 잡GO!

จาก 짜-ㄱ 전 (장소의) ~부터 | ถึง 틍 전 (장소의) ~까지 | ไกล 끌라이 수식 멀다 | หรอก 러-ㄱ 어조사 강조의 의미 | ใกล้ 끌라이 수식 가깝다 | ก็ดี 꺼-디- 접 ~라니 좋다, ~이라면 좋다 | พัก 팍 동 쉬다, 머무르다 | (จน)ถึง (쫀)틍 전 (시간의) ~까지 | ตั้งแต่ 땅때- 전 (시간의) ~부터 | มะรืนนี้ 마르-ㄴ니- 명 모레 | คืน 크-ㄴ 명 밤 | พาไปเที่ยว 파- 빠이 티-아우 동 ~를 데리고 놀러 가다, ~를 관광시켜 주다

우리말 ➡ 태국어
MP3 13-07

해석 우리말 해석을 듣고 태국어로 말해 보세요.

상황 1

쑤다 호텔에서 여기까지 머나요?

성준 호텔에서 여기까지 멀지 않아요. 가까워요.

쑤다 가깝다니 잘 되었네요.

상황 2

쑤다 호텔에는 언제까지 있을 건가요?

성준 호텔에 오늘부터 모레까지 머물 거예요.
2박 3일이에요.

쑤다 그럼 내일 저와 놀러 가요.

꿀팁 챙기GO!

연속 동사

연속 동사란 2개 이상의 동사를 연속하여 사용하는 것을 말합니다. 태국어는 쓰임에 따른 형태 변화가 없기 때문에 동사를 그대로 연속해서 사용하면서 여러 가지 뜻을 만들 수 있습니다.

มา 마- 오다 + กิน 낀 먹다 ➡ 먹으러 오다

เดิน 드ㅓ-ㄴ 걷다 + เล่น 렌 놀다 ➡ 산책하다, 거닐다

พา 파- 동반하다 + ไป 빠이 가다 + เที่ยว 티-아우 여행하다 ➡ ~를 관광시켜 주다

Grammar

문법 다지GO!

1 소요 시간 묻는 표현

시간이 얼마나 걸렸는지를 물어볼 때는 '얼마, 몇'이라는 의미의 의문사 เท่าไร 타오라이를 써서 표현합니다.

A มาที่นี่ใช้เวลาเท่าไรครับ
마- 티- 니- 차이 웨-ㄹ라- 타오라이 크랍
여기 오는데 시간이 얼마나 걸렸나요?

B ใช้เวลา 15 นาทีค่ะ
차이 웨-ㄹ라- 씹 하- 나-티- 카
15분 걸렸어요.

구어체에서 시제 조동사가 생략되었더라도 문맥에 따라 과거, 현재 혹은 미래로 해석할 수 있습니다.

A จากที่นี่ถึงโรงแรมจะใช้เวลาเท่าไรครับ
짜-ㄱ 티-니- 틍 로-ㅇ 래-ㅁ 짜 차이 웨-ㄹ라- 타오라이 크랍
여기에서 호텔까지 시간이 얼마나 걸릴까요?

B จากที่นี่ถึงโรงแรมจะใช้เวลา 30 นาทีค่ะ
짜-ㄱ 티-니- 틍 로-ㅇ 래-ㅁ 짜 차이 웨-ㄹ라- 싸-ㅁ 씹 나-티- 카
여기에서 호텔까지 시간이 30분 걸려요.

1초 퀴즈! B 문장을 잘 읽고 A 문장에 들어갈 말을 써 보세요.

A ______ 여기 오는데 시간이 얼마나 걸렸나요?

B ใช้เวลา 15 นาทีค่ะ 15분 걸렸어요.

2 '~을 타다, ~을 내리다' 표현

태국어에서 '타다'라는 의미의 동사는 นั่ง 낭^(앉다, 타다)과 ขึ้น 큰^(올라가다, 타다)이 있습니다. 이 두 단어는 본래 각기 '앉다', '올라가다'의 뜻을 가지고 있지만, 무언가를 탈 때 앉아서 가거나, 올라타야 하기 때문에 '~을 타다'라는 뜻을 함께 갖게 되었습니다. 반대로 '~에서 내리다'라고 이야기할 때는 ลง 롱(내려가다, 내리다)으로 표현합니다.

동사	목적어
นั่ง 낭 앉다, 타다	รถเมล์ 롯메- / รถบัส 롯밧 버스
ขึ้น 큰 올라가다, 타다	รถไฟฟ้า 롯 퐈이 퐈- 지상철, BTS
ลง 롱 내려가다, 내리다	แท็กซี่ 택씨- 택시

3 시간과 장소의 '~부터 ~까지' 표현

태국어는 '~부터 ~까지'를 표현할 때, 장소의 거리를 이야기하는 것인지 혹은 시간의 기간을 이야기하는 것인지를 구분합니다. 장소의 경우 จาก…ถึง 짜-ㄱ…틍으로 표현하고, 시간의 경우에는 ตั้งแต่…(จน)ถึง 땅때-…(쫀)틍으로 표현합니다.

จากที่บ้านถึงโรงเรียนใช้เวลา 20 นาทีครับ

짜-ㄱ 티- 바-ㄴ 틍 로-ㅇ 리-안 차이 웨-ㄹ 라- 이-씹 나-티- 크랍

집에서 학교까지는 20분 걸립니다. **(장소의 거리)**

จะพักที่โรงแรมตั้งแต่วันนี้(จน)ถึงมะรืนนี้ค่ะ

짜 팍 티- 로-ㅇ 래-ㅁ 땅때- 완니- (쫀) 틍 마르-ㄴ니- 카

호텔에 오늘부터 모레까지 머물 거예요. **(시간의 거리)**

1초 퀴즈! 다음 빈칸을 채워 문장을 완성해 보세요.

1 นั่ง ______ 택시를 타다.

2 ______ รถไฟฟ้า BTS를 내리다.

Pattern

말하기 연습하 GO!

MP3 13-08

1

มา ที่นี่ ใช้ เวลา เท่าไร

마- 티-니- 차이 웨-ㄹ라- 타오라이

여기 오는데 시간이 얼마나 걸렸어?

❶ กลับ บ้าน — 집에 돌아가는데
끌랍 바-ㄴ

❷ ไป ที่ทำงาน — 직장에 가는데
빠이 티- 탐 응아-ㄴ

❸ ไป ร้านเสริมสวย — 미용실에 가는데
빠이 라-ㄴ 쓰ㅓ-ㅁ 쑤-아이

단어

กลับ 동 돌아가다, 되돌아가다
บ้าน 명 집
ไป 동 가다
ที่ทำงาน 명 직장
ร้านเสริมสวย 명 미용실

2

ฉัน นั่ง แท็กซี่ มา

찬 낭 택씨- 마-

나는 **택시**를 타고 왔어.

❶ ตุ๊กตุ๊ก — 삼륜차
뚝뚝

❷ สองแถว — 썽태우
써-ㅇ 태-우

❸ รถไฟฟ้า — 지상철, BTS
롯 퐈이(f) 퐈-(f)

단어

ตุ๊กตุ๊ก 명 삼륜차
สองแถว 명 썽태우(트럭을 개조한 탈 것)
รถไฟฟ้า 명 지상철, BTS

3

จาก โรงแรม ถึง ที่นี่ ไกล ไหม คะ
짜-ㄱ 로-ㅇ래-ㅁ 틍 티-니- 끌라이 마이 카

호텔에서 **여기**까지 머나요?

1. ที่ทำงาน / บ้าน 직장 / 집
   티-탐응아-ㄴ 바-ㄴ
2. โรงเรียน / ร้านอาหาร 학교 / 음식점
   로-ㅇ 리-안 라-ㄴ 아-하-ㄴ
3. โรงแรม / สนามบิน 호텔 / 공항
   로-ㅇ 래-ㅁ 싸나-ㅁ 빈

단어

โรงเรียน 명 학교
ร้านอาหาร 명 음식점
โรงแรม 명 호텔
สนามบิน 명 공항

4

จะ พัก ที่ โรงแรม ตั้งแต่ วันนี้ ถึง มะรืนนี้ ครับ
짜 팍 티- 로-ㅇ래-ㅁ 땅때- 완니- 틍 마르-ㄴ니- 크랍

호텔에 **오늘**부터 **모레**까지 머물 거예요.

1. วันนี้ / พรุ่งนี้ 오늘 / 내일
   완니- 프룽니-
2. พุธ นี้ / ศุกร์ นี้ 이번 주 수요일 / 이번 주 금요일
   풋 니- 쑥 니-
3. วันที่ เก้า / วันที่ สิบเอ็ด 9일 / 11일
   완티- 까오 완티- 씹 엣

단어

วันนี้ 명 오늘
พรุ่งนี้ 명 내일
พุธ 명 수요일
นี้ 형 이(번)
ศุกร์ 명 금요일
วัน 명 일
ที่ 수식 제

Practice

실력 다지기 GO!

1 녹음을 듣고 빈칸에 들어갈 알맞은 답을 쓰세요.

1 남자가 놀러가는 날은 언제부터 언제인가요?

____

2 여자가 놀러가는 날은 언제부터 언제인가요?

____

2 다음 빈칸에 들어갈 알맞은 단어를 <보기>에서 찾아 쓰세요.

★ 중복 정답 선택 가능

보기

เท่าไร　　(จน)ถึง　　ถึง　　จาก　　ตั้งแต่

1 **A** (❶ 　　　) โรงเรียน (❷ 　　　) ที่บ้านใช้เวลา (❸ 　　　) คะ

학교에서부터 집까지 시간이 얼마나 걸리나요?

B (❶ 　　　) โรงเรียน (❷ 　　　) ที่บ้านใช้เวลา 5 นาทีครับ

학교에서부터 집까지 5분 걸려요.

2 **A** คุณจะอยู่ที่นี่ (❹ 　　　) วันที่เท่าไรครับ

당신은 여기에 며칠까지 있을 건가요?

B ดิฉันจะอยู่ที่นี่ (❺ 　　　) วันที่ 13 (❹ 　　　) วันที่ 15 ค่ะ

저는 여기에 13일부터 15일까지 있을 거예요.

3 다음 단어들을 어순에 맞게 배열해 보세요.

1 เวลา / ที่นี่ / ใช้ / มา / ครับ / เท่าไร

여기 오는데 시간이 얼마나 걸렸나요?

➡ ______________________________

2 นาที / เวลา / 15 / ค่ะ / ใช้

15분 걸렸어요.

➡ ______________________________

3 นั่ง / ผม / มา / ครับ / แท็กซี่

저는 택시를 타고 왔어요.

➡ ______________________________

4 다음 단어를 활용하여 말해 보세요.

1 จาก ______ ถึงที่นี่ไม่ไกลครับ ★ โรงแรม 로-ㅇ 래-ㅁ 호텔

호텔에서 여기까지 멀지 않아요.

2 อยู่ ______ กันก็ดีแล้วค่ะ ★ ใกล้ 끌라이 가깝다

가깝다니 잘 되었네요.

3 งั้นพรุ่งนี้ดิฉันจะพา ______ นะคะ ★ ไปเที่ยว 빠이 티-아우 놀러가다

그럼 내일 저와 놀러 가요.

어휘 늘리GO!

녹음을 듣고 교통 수단 관련 어휘를 따라 말해 보세요.

รถไฟใต้ดิน
롯-퐈이(f) 따이 딘
지하철, MRT

รถไฟฟ้า
롯 퐈이(f) 퐈-(f)
지상철, BTS

เรือ
르-아
배

รถเมล์
롯-메-
버스

ตุ๊กตุ๊ก
뚝뚝
삼륜차

มอเตอร์ไซค์
머-뜨ㅓ-싸이
오토바이

สองแถว
써-ㅇ 태-우
썽태우, 트럭을 개조한 탈 것

รถไฟ
롯 퐈이(f)
기차

เครื่องบิน
크르-앙 빈
비행기

Culture

태국 만나GO!

태국의 운하를 따라다니는 배

태국은 운하를 따라다니는 배를 대중교통 수단으로 삼고 있습니다. 교통체증이 심한 방콕에서는 특히 출퇴근 시간에 배를 이용하는 사람들을 많이 볼 수 있습니다. 이처럼 배를 교통수단으로 삼기 시작한 데에는 방콕에 운하가 매우 발달해 있기 때문입니다.

현 짝끄리 왕조의 초대 왕 라마 1세는 짜오프라야 강을 끼고 있는 방콕을 수도로 정했습니다. 짜오프라야 강은 372km의 길이로 방콕에는 이 강에서 뻗어 나온 운하가 많이 있습니다. 사람들은 운하 근처에 집을 짓고 살았으며, 그 운하를 따라 배를 타고 이동했습니다. 운하에는 수상 시장이 생겨났고 사람들이 수상 시장에서 물건을 사고 팔았습니다. 방콕은 해발 약 1.5~2m 정도의 높이에 위치한 도시로 사람들의 삶은 항상 물과 가까웠습니다.

방콕에는 모두 1,161개의 운하와 521개의 개천이 있습니다. 이들의 길이는 무려 2,604km에 이릅니다. 사실 태국 사람들은 짝끄리 왕조가 시작되기 전, 이미 아유타야 시대부터 운하 근처에 집을 짓고 살았는데, 집을 받쳐주는 기둥을 높게 지어 바닥면을 지면에서 띄운 형태의 집이었습니다. 이러한 형태의 집은 평소에는 더위를 피할 수 있게 해 주고, 해충의 피해도 입지 않게 해 주었습니다. 또한 바닥면이 지면에서 떨어져 있기 때문에 지대가 낮아 강물이 범람할 때도 집에 물이 차지 않게 해 주었습니다.

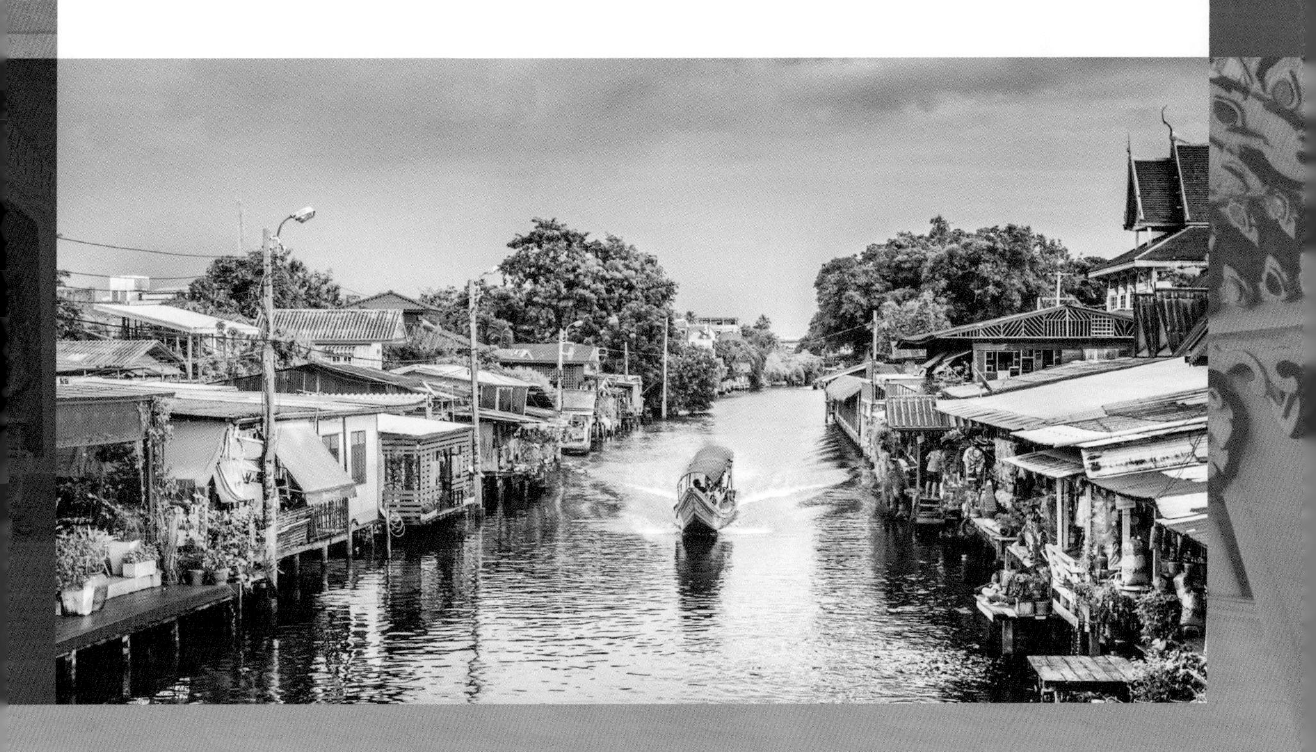

DAY

14

วันนี้วันจันทร์

오늘은 월요일이야.

핵심 표현 ▶ MP3 14-01

1 **วันนี้ วัน ที่ 21**

완니- 완 티- 이-십 엣

오늘은 21일이야.

2 **วันนี้ วันจันทร์**

완니- 완 짠

오늘은 월요일이야.

3 **วันที่ 18 เดือน หน้า**

완티- 씹 빼-ㅅ 드-안 나-

다음 달 18일이야.

4 **ปี หน้า ปี พ.ศ. อะไร**

삐- 나- 삐- 퍼-써- 아라이

내년은 불력 몇 년이야?

학습 목표

❶ 연도, 월, 요일을 태국어로 말할 수 있습니다.

❷ 불력와 서력을 구분할 줄 압니다.

❸ 태국의 12간지를 학습합니다.

Speaking

회화로 말문 트GO! 1

느리게 듣기 MP3 14-02 빠르게 듣기 MP3 14-03

상황 1 쏨차이가 민희에게 날짜를 물어봅니다.

쏨차이 วันนี้ วัน ที่ **เท่าไร**
완니- 완 티- 타오라이

민희 วันนี้ วัน ที่ 21
완니- 완 티- 이-씹 엣

Tip
날짜를 물을 때는 '몇, 얼마'라는 의미의 의문사 เท่าไร 타오라이를 사용합니다.

상황 2 쏨차이가 민희에게 요일을 물어봅니다.

쏨차이 วันนี้ วัน **อะไร**
완니- 완 아라이

민희 วันนี้ วันจันทร์
완니- 완 짠

Tip
요일을 물을 때는 '무엇, 무슨'이라는 의미의 의문사 อะไร 아라이를 사용합니다.

단어 잡GO!

วันนี้ 완니- 명 오늘 | เท่าไร 타오라이 의문 몇, 얼마 | วัน 완 명 날, 일 | ที่ 티- 수식 ~번째(기수를 서수로 바꾸어 주는 역할을 함) | อะไร 아라이 의문 무엇, 무슨 | วันจันทร์ 완 짠 명 월요일

우리말 ➡ 태국어
MP3 14-04

해석 우리말 해석을 듣고 태국어로 말해 보세요.

상황 1

쏨차이 오늘은 며칠이야?

민희 오늘은 21일이야.

상황 2

쏨차이 오늘은 무슨 요일이야?

민희 오늘은 월요일이야.

태국의 요일

월요일	화요일	수요일	목요일
วันจันทร์ 완 짠	วันอังคาร 완 앙카-ㄴ	วันพุธ 완 풋	วันพฤหัสบดี 완 파르핫(싸버-디-)
금요일	**토요일**	**일요일**	
วันศุกร์ 완 쑥	วันเสาร์ 완 싸오	วันอาทิตย์ 완 아-팃	

회화로 말문 트GO! 2

느리게 듣기 MP3 14-05 빠르게 듣기 MP3 14-06

상황 1 쏨차이가 민희에게 생일을 물어봅니다.

쏨차이: วันเกิด ของ เธอ เมื่อไหร่
완끄ㅓ-ㅅ 커-ㅇ 트ㅓ- 므-아라이

민희: วันที่ 18 เดือน หน้า เธอ ล่ะ
완티- 씹빼-ㅅ 드-안 나-, 트ㅓ- 라

쏨차이: วันที่ 2 กุมภาพันธ์
완티- 써-ㅇ 꿈파-판

Tip

'달, 월'을 이야기할 때 숫자를 이용해 1월, 2월, 3월…등으로 표현하는 우리나라와 달리 태국은 달마다 각각의 이름을 가지고 있습니다.

상황 2 쏨차이와 민희가 불력, 서력에 대해 이야기합니다.

쏨차이: ปี หน้า ปี พ.ศ. อะไร
삐- 나- 삐- 퍼-써- 아라이

민희: ปี หน้า ปี พ.ศ. 2567
삐- 나- 삐- 퍼-써- 써-ㅇ 판 하- 러-이 혹 씹 쩻

งั้น ปี หน้า ปี ค.ศ. อะไร
응안 삐- 나- 삐- 커-써- 아라이

쏨차이: ปี หน้า ปี ค.ศ. 2024
삐- 나- 삐- 커-써- 써-ㅇ 판 이-씹 씨-

วันเกิด 완끄ㅓ-ㅅ 명 생일 | เดือน 드-안 명 달, 월 | หน้า 나- 수식 다음(의) | กุมภาพันธ์ 꿈파-판 명 2월 | ปี 삐- 명 년, 해, ~살 | พ.ศ. 퍼-써- 명 불력, 불기 | งั้น 응안 접 그러면, 그렇다면 | ค.ศ. 커-써- 명 서력, 서기

우리말 → 태국어
MP3 14-07

해석 우리말 해석을 듣고 태국어로 말해 보세요.

상황 1

쏨차이 네 생일은 언제야?

민희 다음 달 18일이야. 너는?

쏨차이 2월 2일이야.

상황 2

쏨차이 내년은 불력 몇 년이야?

민희 내년은 불력 2567년이야.

그러면 내년은 서력 몇 년이지?

쏨차이 내년은 서력 2024년이야.

꿀팁 챙기GO!

태국의 불력·서력

태국은 불교 신자가 약 95%에 육박합니다. 태국의 첫 통일왕조가 들어선 13세기부터 불교를 받아들여 그 전통이 현재까지 이어져 오고 있습니다. 그런 이유로 태국 내부에서는 대부분 불력을 사용하며, 태국의 불력은 서력보다 543년이 더 빠릅니다.

불력은 พุทธศักราช 풋타싹까라-ㅅ이라고 하는데, 흔히 줄여서 พ.ศ. 퍼-써-라고 부릅니다.

서력은 คริสต์ศักราช 크릿싹까라-ㅅ이라고 하는데, 흔히 줄여서 ค.ศ. 커-써-라고 부릅니다.

Grammar

문법 다지기 GO!

1 요일과 날짜

요일과 날짜를 묻고 답하는 문장은 서로 구조가 똑같습니다. 다만, 두 문장에서 사용되는 의문사만 차이가 있습니다. 요일을 물을 때는 '무슨'이라는 의미의 **อะไร** 아라이를, 날짜를 물을 때는 '며칠'이라는 의미의 **เท่าไร** 타오라이를 사용합니다. 또한 요일과 날짜를 묻고 답하는 문장에서는 '~이다'라는 뜻을 가진 지정사 **เป็น** 뻰이나 **คือ** 크-를 사용할 수 있습니다. 그러나 구어체에서 지정사는 흔히 생략되곤 합니다.

วันนี้(เป็น/คือ)วันอะไรครับ 오늘은 무슨 요일인가요?
완니- (뻰/크-) 완 아라이 크랍

วันนี้(เป็น/คือ)วันที่เท่าไรครับ 오늘은 며칠인가요?
완니- (뻰/크-) 완 티- 타오라이 크랍

우리나라에서 요일을 말할 때, 월요일은 '달(月)', 화요일~토요일은 그 요일의 '별(星)', 그리고 일요일은 '태양, 해(日)'를 의미하듯이 태국어에서도 마찬가지입니다. 또한 날짜를 이야기할 때는 반드시 기수를 서수로 만들어 주는 **ที่** 티-를 덧붙입니다. 즉, 그 달에서 '~번째 날'이라는 의미를 나타냅니다.

วันนี้(เป็น/คือ)วันจันทร์ครับ 오늘은 월요일이에요.
완니- (뻰/크-) 완 짠 크랍

วันนี้(เป็น/คือ)วันที่ 21 ครับ 오늘은 21일이에요. (즉, 그 달의 21번째 날이라는 의미)
완니- (뻰/크-) 완 티- 이-씹 엣 크랍

★ **ที่** 티-가 없으면 비문이 됩니다.

1초 퀴즈! A 문장을 잘 읽고 B 문장에 들어갈 말을 써 보세요.

A **วันนี้วันที่เท่าไรครับ** 오늘은 며칠인가요?

B ______ 오늘은 21일이에요.

2 월의 표현

우리나라에서 1월, 2월, 3월…과 같이 숫자를 사용해서 달(月)을 표현하는 것과 달리 태국에서는 각각의 달(月)이 이름을 가지고 있습니다. 30일까지 있는 달은 ~ยน 욘으로 끝나고, 31일까지 있는 달은 ~คม 콤으로 끝이 납니다. 단, 2월은 보통 28일까지 있기 때문에 이 규칙에 포함되지 않습니다.

1월	2월	3월	4월
มกราคม	กุมภาพันธ์	มีนาคม	เมษายน
목까라-콤 / 막까라-콤	꿈파-판	미-나-콤	메-싸-욘
= ม.ค.	= ก.พ.	= มี.ค.	= เม.ย.
5월	**6월**	**7월**	**8월**
พฤษภาคม	มิถุนายน	กรกฎาคม	สิงหาคม
프르싸파-콤	미투나-욘	까라까다-콤	씽하-콤
= พ.ค.	= มิ.ย.	= ก.ค.	= ส.ค.
9월	**10월**	**11월**	**12월**
กันยายน	ตุลาคม	พฤศจิกายน	ธันวาคม
깐야-욘	뚤라-콤	프르싸찌까-욘	탄와-콤
= ก.ย.	= ต.ค.	= พ.ย.	= ธ.ค.

한편 달(月)을 숫자로 표기하는 우리나라는 '몇' 월이라고 물어보지만 태국에서는 '무엇, 무슨'을 의미하는 อะไร 아라이라는 의문사를 사용합니다.

เดือนหน้าเดือนอะไรครับ 다음 달은 몇 월이죠?

드-안 나- 드-안 아라이 크랍

1초 퀴즈! 다음 빈칸에 들어갈 알맞은 말을 써 보세요.

1 ______ 2월

2 ______ 6월

3 ______ 9월

4 ______ 12월

Pattern

말하기 연습하GO!

MP3 14-08

1

วันนี้ วัน ที่ 21

완니- 완 티- 이-십엣

오늘은 **21일**이야.

❶ วัน ที่ 9 (완 티- 까오) 9일

❷ วัน ที่ 15 (완 티- 씹하-) 15일

❸ วัน ที่ 30 (완 티- 싸-ㅁ 씹) 30일

단어

วัน 명 날, 일

ที่ 수식 ~번째(기수를 서수로 바꾸어 주는 역할을 함)

2

วันนี้ วันจันทร์

완니- 완 짠

오늘은 **월요일**이야.

❶ วันอังคาร (완 앙카-ㄴ) 화요일

❷ วันพุธ (완 풋) 수요일

❸ วันศุกร์ (완 쑥) 금요일

단어

วันอังคาร 명 화요일

วันพุธ 명 수요일

วันศุกร์ 명 금요일

3

วันที่ 18 เดือน หน้า

— ^ / \ \ / — / ^

완티- 씹빼-ㅅ 드-안 나-

다음 달 18일이야.

❶ กุมภาพันธ์ 2월

— — —

꿈파-판

❷ เมษายน 4월

— v —

메-싸-욘

❸ ธันวาคม 12월

— — —

탄와-콤

단어

กุมภาพันธ์ 명 2월

เมษายน 명 4월

ธันวาคม 명 12월

4

ปี หน้า ปี พ.ศ. อะไร

— / ^ / — / — v / \ —

삐- 나- 삐- 퍼-써- 아라이

내년은 불력 몇 년이야?

❶ ปี ที่แล้ว 작년

— ^ /

삐- 티- 래-우

❷ 2 ปี ที่แล้ว 재작년

v — ^ /

써-ㅇ 삐- 티- 래-우

❸ อีก 2 ปี ข้างหน้า 내후년

\ v — ^ ^

이-ㄱ 써-ㅇ 삐- 카-ㅇ 나-

단어

ปี 명 년, 해, ~살

ที่แล้ว 수식 지난

อีก 수식 다시, 더

ข้างหน้า 부 ~의 앞에, ~후에

Practice

실력 다지 GO!

1 녹음을 듣고 빈칸에 들어갈 알맞은 답을 쓰세요.

1 내일은 며칠인가요?

____

2 올해는 불력 몇 년인가요?

____

2 다음 빈칸에 들어갈 알맞은 단어를 <보기>에서 찾아 쓰세요.

★ 중복 정답 선택 가능

보기

วันอาทิตย์ ปีหน้า อะไร พ.ศ.

1 A วันนี้วัน (❶) ครับ

오늘은 무슨 요일인가요?

B วันนี้ (❷) ค่ะ

오늘은 일요일이에요.

2 A (❸) ปี (❹) อะไรครับ

내년은 불력 몇 년인가요?

B (❸) ปี (❹) 2567 ค่ะ

내년은 불력 2567년이에요.

3 다음 문장을 태국어로 말해 보세요.

1 제 생일은 불력 2530년 1월 1일이에요.

 ______________________________

2 오늘은 화요일이에요.

 ______________________________

3 다음 달은 8월이에요.

 ______________________________

4 다음 지문을 읽고 맞으면 O, 틀리면 X 표시하세요.

A ปีหน้าปี พ.ศ. อะไร

B ปีหน้าปี พ.ศ. 2567
งั้นปีหน้าปี ค.ศ. อะไร

A ปีหน้าปี ค.ศ. 2024

1 내년은 불력 2024년이다. 

2 내년은 서력 2567년이다. 

어휘 늘리GO!

녹음을 듣고 12간지 어휘를 따라 말해 보세요.

ชวด 추-앗 쥐

ฉลู 찰루- 소

ขาล 카-ㄴ 호랑이

เถาะ 트ㅓ 토끼

มะโรง 마로-ㅇ 용

มะเส็ง 마쎙 뱀

มะเมีย 마미-아 말

มะแม 마매- 양

วอก 워-ㄱ 원숭이

ระกา 라까- 닭

จอ 쩌- 개

กุน 꾼 돼지

Culture

태국 만나GO!

태국의 연도 표기법

태국 내에서는 불력, 서력, 이슬람력 총 3가지의 연도 표기법을 사용하고 있습니다. 이중에서 일반적으로 통용되는 연도 표기는 불력입니다.

불력은 부처가 열반에 들어간 해를 기준으로 하는데, 사실 불력은 각 나라마다 서로 달랐습니다. 서력보다 948년이 빠르다고 보는 것부터 543년이 빠르다고 보는 것까지 차이가 많았습니다. 그러나 1956년 세계불교도우의회(World Fellowship of Buddhists, WFB)에서 그 해를 불력 2500년으로 통일하면서 서력보다 543년이 빠른 것으로 정했습니다.

또 다른 연도 표기는 서력입니다. 서력은 국제적으로 통용되기 때문에 외국인 혹은 외국과 소통하기 위해 서력을 사용하기도 합니다. 특히 국제화된 사업체에서는 서력을 불력와 함께 표기하기도 합니다. 서력은 예수의 탄생 연도를 기준으로 삼습니다.

마지막으로 이슬람교에서 사용하는 이슬람력입니다. 이슬람력은 무하마드가 메카에서부터 메디나로 이주한 해를 기준으로 삼습니다. 태국의 무슬림은 태국 전체 인구의 약 5%로 알려져 있는데, 주로 태국의 남부와 중부, 그리고 그 외 지역에 거주하고 있습니다. 이슬람력은 이들 그룹에서만 통용되고 있습니다.

DAY

15

กินข้าวเย็นแล้วหรือยัง

저녁 식사하셨어요?

핵심 표현 ▶ MP3 15-01

1 เริ่ม 9 โมง เช้า

르̂ㅓ-ㅁ 까̂오 모̄-ㅇ 차́오

오전 9시에 시작해.

2 ไป เที่ยว กัน ไหม

빠̄이 티̂-아우 깐̄ 마̌이

같이 놀러 갈까?

3 กิน ข้าวเย็น แล้ว หรือ ยัง

낀̄ 카̂우 옌̄ 래́-우 르̌- 양̄

저녁 식사하셨어요?

4 ยัง ไม่ ได้ กิน ครับ

양̄ 마̂이 다̂이 낀̄ 크랍́

아직 먹지 않았어요.

무료 동영상 강의

❶ ~시(時), ~분(分)을 태국어로 말할 수 있습니다.

❷ 취미 생활을 묻고 답할 수 있습니다.

❸ 날씨 관련 어휘를 학습합니다.

Speaking

회화로 말문 트GO! 1

느리게 듣기 MP3 15-02 빠르게 듣기 MP3 15-03

상황1 쏨차이가 민희에게 수업 시간을 물어봅니다.

쏨차이 เริ่ม เรียน กี่ โมง

르ㅓ-ㅁ 리-안 끼- 모-ㅇ

민희 เริ่ม 9 โมง เช้า

르ㅓ-ㅁ 까오 모-ㅇ 차오

Tip

해가 떠 있는 오전 6시부터 오후 6시까지를 나타내는 '시'는 โมง 모-ㅇ이라고 표현합니다.

상황2 쏨차이와 민희가 날씨에 대해 이야기합니다.

쏨차이 วันนี้ อากาศ ดี มาก

완니- 아-까-ㅅ 디- 마-ㄱ

ไป เที่ยว กัน ไหม

빠이 티-아우 깐 마이

민희 มี เมฆ เยอะ

미- 메-ㄱ 여

ฝน น่า จะ ตก

폰(f) 나- 짜 똑

단어 잡GO!

เริ่ม 르ㅓ-ㅁ 동 시작하다 | เรียน 리-안 명 수업 | กี่ 끼- 의문 몇, 얼마 | โมง 모-ㅇ 명 (주중) 시 | เช้า 차오 명 오전, 아침 | อากาศ 아-까-ㅅ 명 날씨 | กัน 깐 수식 같이, 함께 | เมฆ 메-ㄱ 명 구름 | ฝน 폰(f) 명 비 | ตก 똑 동 떨어지다

우리말 → 태국어
MP3 15-04

해석 우리말 해석을 듣고 태국어로 말해 보세요.

상황 1

쏨차이 몇 시에 수업 시작해?

민희 오전 9시에 시작해.

상황 2

쏨차이 오늘 날씨 너무 좋다!
같이 놀러 갈까?

민희 구름이 많이 꼈어.
비가 내릴 거 같아.

꿀팁 챙기GO!

· 시간대 표현

เช้า 차오	เที่ยง 티-앙	บ่าย 바-이	เย็น 옌
오전	정오	오후	저녁, 늦은 오후

· '오후 1시'를 가리키는 다양한 표현

오후 1시는 숫자 1을 생략하여 **บ่ายโมง** 바-이 모-ㅇ이라고 말하거나, 단위와 숫자의 위치를 바꾸어 **บ่ายโมง 1** 바-이 모-ㅇ 능, 또는 **บ่าย 1 โมง** 바-이 능 모-ㅇ이라고도 말할 수 있습니다.

회화로 말문 트GO! 2

느리게 듣기 MP3 15-05 빠르게 듣기 MP3 15-06

상황1 성준과 쑤다가 저녁 식사 여부를 물어봅니다.

성준

กิน ข้าวเย็น แล้ว หรือ ยัง
낀 카-우 옌 래-우 르- 양

> **Tip**
> 저녁 7시부터 밤 11시 사이를 나타내는 '시'는 ทุ่ม 툼이라고 말합니다.

쑤다

ดิฉัน กิน ข้าวเย็น ตอน 1 ทุ่ม แล้ว ค่ะ
디찬 낀 카-우 옌 떠-ㄴ 능 툼 래-우 카

คุณ ซองจุน กิน ข้าวเย็น หรือ ยัง คะ
쿤 써-ㅇ준 낀 카-우 옌 르- 양 카

성준

ยัง ไม่ ได้ กิน ครับ
양 마이 다이 낀 크랍

ผม จะ กิน ตอน 2 ทุ่ม ครับ
폼 짜 낀 떠-ㄴ 써-ㅇ 툼 크랍

상황2 쑤다와 성준이 서로의 취미를 묻습니다.

쑤다

หลัง เลิก งาน คุณ ซองจุน ชอบ ทำ อะไร บ้าง คะ
랑 르ㅓ-ㄱ 응아-ㄴ 쿤 써-ㅇ준 처-ㅂ 탐 아라이 바-ㅇ 카

성준

ปกติ ออกกำลังกาย ครับ แล้ว คุณสุดา ล่ะ
뽁까띠 어-ㄱ 깜랑까-이 크랍 래-우 쿤 쑤다- 라

쑤다

ดิฉัน ชอบ ดู ซีรี่ย์ เกาหลี
디찬 처-ㅂ 두- 씨-리- 까올리-

ข้าวเย็น 카-우 옌 명 저녁 식사 | ยัง 양 수식 아직 | ทุ่ม 툼 명 (저녁, 밤 시간대의) 시 | เลิก 르ㅓ-ㄱ 동 끝나다 | งาน 응아-ㄴ 명 일 | ชอบ 처-ㅂ 동 좋아하다, 즐기다 | ปกติ 뽁까띠 명 보통 | ออกกำลังกาย 어-ㄱ 깜랑까-이 동 운동하다 | ซีรี่ย์ 씨-리- 명 드라마

우리말 ➡ 태국어
MP3 15-07

해석 우리말 해석을 듣고 태국어로 말해 보세요.

상황 1

성준 저녁 식사하셨어요?

쑤다 저는 저녁 7시에 이미 저녁 식사를 했어요.

성준 씨는 저녁 식사를 하셨나요, 아직인가요?

성준 아직 먹지 않았어요.

저는 저녁 8시에 먹을 거예요.

상황 2

쑤다 성준 씨는 퇴근 후 뭐하세요?

성준 저는 보통 운동을 해요. 쑤다 씨는요?

쑤다 저는 한국 드라마 보는 것을 좋아해요.

꿀팁 챙기GO!

· 오전

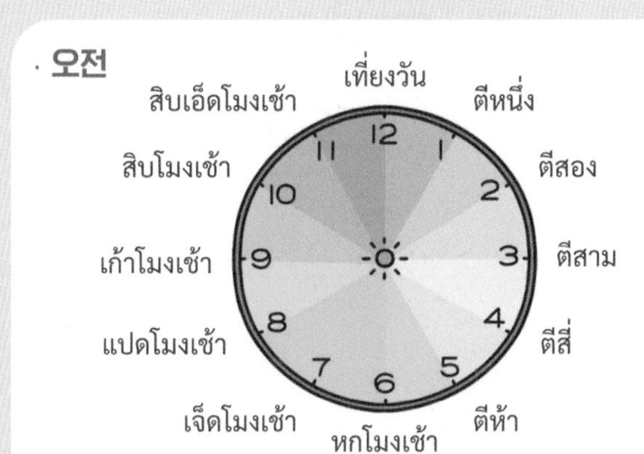

· 오후

Grammar

문법 다지기 GO!

1 주중 시간 표현

❶ 해가 하늘에 떠 있는 시간대의 표현은 โมง 모-ㅇ을 써서 나타냅니다. 여기에는 오전 6시~11시, 오후 1시~3시, 그리고 오후 4~6시가 포함됩니다. 그리고 각각 '오전 เช้า 차오', '오후 บ่าย 바-이', '늦은 오후 혹은 저녁 เย็น 옌'이라는 단어를 써서 어떤 시간대를 이야기하는지를 나타냅니다. 다만 시간대를 나타내는 단어들이 โมง 모-ㅇ의 앞에 위치하는 경우와 뒤에 위치하는 경우로 나누어지므로 각 단어의 위치를 확인하도록 합니다.

오전 6시 ~ 11시	6~11 โมง เช้า	~ 모-ㅇ 차오
오후 1시 ~ 3시	บ่าย 1~3 โมง	바-이 ~ 모-ㅇ
오후 4시 ~ 6시	4~6 โมง เย็น	~ 모-ㅇ 옌

❷ 정오는 해가 하늘에 있는 시간이지만 โมง 모-ㅇ을 사용하지 않습니다. 정오는 เที่ยง 티-앙이라는 단어를 써서 하루 중 가장 중간에 있는 시간이라고 표현합니다. 정오라는 단어 เที่ยง 티-앙과 '날', '일'을 나타내는 단어 วัน 완을 이어서 표현하나, วัน 완은 주로 생략합니다.

정오 12시	เที่ยง(วัน)	티-앙(완)

2 저녁 시간 표현

❶ 저녁과 밤 시간대에는 더 이상 해가 하늘에 떠 있지 않기 때문에 시간을 나타내는 '시'를 โมง 모-ㅇ으로 표현하지 않습니다. 시간대 별로 서로 다른 단어를 사용하는데, 저녁 7시~밤 11시는 ทุ่ม 툼을 사용합니다. 저녁 7시~밤 11시의 시간 표현에서 중요한 점은 본래의 시간을 나타내는 숫자에서 6을 빼고 다시 1부터 시작한다는 점입니다.

저녁 7시	7 - 6 = 1	1 ทุ่ม 능 툼 = ทุ่ม 1 툼 능 = ทุ่ม 툼
저녁 8시	8 - 6 = 2	2 ทุ่ม 써-ㅇ 툼

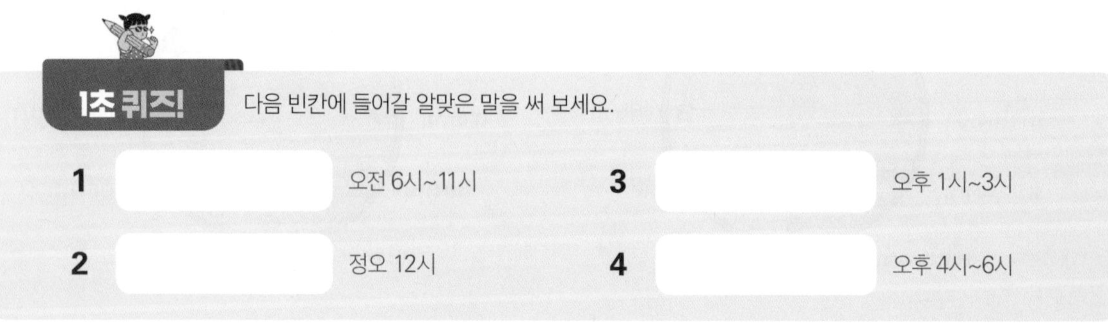

저녁 9시	9 - 6 = 3	3 ทุ่ม 싸-ㅁ 툼
밤 10시	10 - 6 = 4	4 ทุ่ม 씨- 툼
밤 11시	11 - 6 = 5	5 ทุ่ม 하- 툼

② 자정은 밤의 한 중간입니다. 따라서 정오라는 단어 **เที่ยง** 티-앙과 밤을 나타내는 단어 **คืน** 크-ㄴ을 이어 표현합니다.

자정 12시	เที่ยงคืน 티-앙 크-ㄴ

③ 새벽 시간대는 새벽 1시부터 5시를 가리키며, **ตี** 띠-를 숫자 앞에 덧붙여 다음과 같이 표현합니다.

새벽 1시~5시	ตี 1~5 띠- ~

3 ~시, ~분의 표현

'시'와 '분'을 함께 표현할 때는 '시'를 먼저, 그리고 '분'을 나중에 씁니다. '분'을 나타내는 단어는 **นาที** 나-티-이며, 30분의 경우 반, 절반을 나타내는 단어 **ครึ่ง** 크릉으로 대체할 수 있습니다.

① **คโมง** 크롱 뒤에 위치하는 시간대를 나타내는 표현인 '오전 **เช้า** 차오', '오후 **บ่าย** 바-이', '늦은 오후 혹은 저녁 **เย็น** 옌'은 주로 생략됩니다.

오전 7시 15분	7 โมง 15 นาที 쩻 모-ㅇ 씹하- 나-티-
오후 5시 30분, 오후 5시 반	5 โมง 30 นาที 하- 모-ㅇ 싸-ㅁ 씹 나-티- = 5 โมงครึ่ง 하- 모-ㅇ 크릉

② 시간대를 나타내는 '오후 **บ่าย** 바-이'는 숫자 앞에 위치하므로 오히려 '시'를 나타내는 **โมง** 모-ㅇ을 생략할 수 있습니다.

오후 2시 30분, 오후 2시 반	บ่าย 2.30 นาที 바-이 써-ㅇ 싸-ㅁ 씹 나-티- = บ่าย 2 ครึ่ง 바-이 써-ㅇ 크릉

③ 저녁 7시 이후부터의 시간대는 생략되는 부분 없이 그대로 '분'을 뒤에 써 주면 됩니다.

저녁 8시 10분	2 ทุ่ม 10 นาที 써-ㅇ 툼 씹 나-티-
새벽 1시 30분, 새벽 1시 반	ตี 1.30 นาที 띠- 능 싸-ㅁ 씹 나-티- = ตี 1 ครึ่ง 띠- 능 크릉

1초 퀴즈! 다음 빈칸에 들어갈 알맞은 말을 써 보세요.

1 5 โมง 30 นาที 오후 5시 30분 = ______ 오후 5시 반

2 ตี 1.30 นาที 새벽 1시 30분 = ______ 새벽 1시 반

Pattern

말하기 연습하 GO!

MP3 15-08

1

เริ่ม 9 โมง เช้า

르ㅓ-ㅁ 까오 모-ㅇ 차오

오전 9시에 시작해.

❶ 10 โมง เช้า — 오전 10시
씹 모-ㅇ 차오

❷ เที่ยง — 정오
티-앙

❸ 1 ทุ่ม — 저녁 7시
능 툼

단어

โมง 명 (오전 6시부터 오후 6시까지의) 시
เช้า 명 오전
เที่ยง 명 정오, 점심
ทุ่ม 명 (저녁 7시부터 11시까지의) 시

2

ไป เที่ยว กัน ไหม

빠이 티-아우 깐 마이

같이 **놀러 갈**까?

❶ ถ่าย รูป — 사진을 찍다
타-이 루-ㅂ

❷ เดินเล่น — 산책하다
드ㅓ-ㄴ 렌

❸ ดู หนัง — 영화를 보다
두- 낭

단어

ถ่าย 동 (사진을) 찍다
รูป 명 사진
เดินเล่น 동 산책하다
ดู 동 보다
หนัง 명 영화

3

กิน ข้าวเย็น แล้ว หรือ ยัง

낀 카-우 옌 래-우 르- 양

저녁 식사하셨어요?

1. จอง ไว้ (쩌-ㅇ 와이) 예약해 두다
2. ซื้อ ของขวัญ (쓰- 커-ㅇ 콴) 선물을 사다
3. ไป ห้องสมุด (빠이 허-ㅇ 싸뭇) 도서관에 가다

단어

จอง 동 예약하다
ไว้ 동 ~해 두다
ซื้อ 동 사다
ของขวัญ 명 선물
ไป 동 가다
ห้องสมุด 명 도서관

4

ยัง ไม่ ได้ กิน ครับ

양 마이 다이 낀 크랍

아직 **먹지** 않았어요.

1. ตัด ผม (땃 폼) 머리를 자르다
2. ไป ทำงาน (빠이 탐응아-ㄴ) 일하러 가다
3. ล้าง มือ (라-ㅇ 므) 손을 씻다

단어

ตัด 동 자르다
ผม 명 머리카락
ทำงาน 동 일하다
ล้าง 동 씻다
มือ 명 손

Practice

실력 다지기 GO!

1 녹음을 듣고 다음 질문에 알맞은 답을 고르세요. MP3 15-09

1 지금은 몇 시인가요?

❶ 새벽 2시 ❷ 오전 8시

❸ 오후 2시 ❹ 저녁 8시

2 남자는 몇 시에 식사를 했나요?

❶ 오전 7시 반 ❷ 오전 1시 반

❸ 저녁 7시 반 ❹ 오후 1시 반

2 다음 빈칸에 들어갈 알맞은 단어를 <보기>에서 찾아 쓰세요.

보기

8 โมงเช้า กี่โมง 6 โมงครึ่ง 9 โมง 15 นาที

1 A **คุณจะกลับบ้าน (❶) ครับ**

당신은 몇 시에 귀가할 건가요?

B **ดิฉันจะกลับบ้านตอน (❷) ค่ะ**

저는 오후 6시 반에 귀가할 거예요.

2 A **ผมกินข้าวตอน (❸) แล้วครับ**

저는 오전 8시에 식사를 했어요.

B **หรือคะ ดิฉันจะกินข้าวตอน (❹) ค่ะ**

그래요? 저는 오전 9시 15분에 식사할 거예요.

| 녹음 대본 및 정답 p239 참고 |

3 다음 단어들을 어순에 맞게 배열해 보세요.

1 กี่ / ตอนนี้ / ครับ / โมง

지금 몇 시예요?

➡ ______

2 เช้า / ตอนนี้ / 8 / โมง / ครับ

지금은 오전 8시예요.

➡ ______

3 5 / โมง / บ้าน / ครึ่ง / เขา / กลับ / ตอน

그는 오후 5시 반에 귀가했어요.

➡ ______

4 다음 지문을 읽고 맞으면 O, 틀리면 X 표시하세요.

A หลังเลิกงานคุณซองจุนชอบทำอะไรบ้างคะ

B ปกติออกกำลังกายครับ แล้วคุณสุดาล่ะ

A ดิฉันชอบดูซีรี่ย์เกาหลี

1 남자는 퇴근 후 보통 운동을 한다. 

2 여자는 영화 보는 것을 좋아한다. 

Vocabulary

어휘 늘리 GO!

녹음을 듣고 날씨 표현을 따라 말해 보세요

ร้อน
러-ㄴ
덥다

หนาว
나-우
춥다

เย็นสบาย
옌싸바-이
시원하다

อบอุ่น
옵운
따뜻하다

แจ่มใส
째-ㅁ싸이
맑다

มืดครึ้ม
믓-크름
흐리다

ฝนตก
폰(f) 똑
비가 내리다

หิมะตก
히마 똑
눈이 내리다

มีหมอก
미- 머-ㄱ
안개가 끼다

Culture

태국 만나GO!

태국의 시간 표현법

태국의 시간 표현은 다소 복잡하게 느껴집니다. 시간대 별로 '시(時)'를 표현하는 단어가 다른가 하면, 오전, 오후, 저녁…등을 나타내는 각 시간대별 단어와 위치도 다르기 때문에 따로 외워 두어야 합니다.

태국의 시간대를 표현하는 방식은 과거에 시간을 알려주던 방법에서 비롯되었습니다. 옛날에는 지금처럼 모든 사람들이 시계를 가지고 있지 않았기 때문에 정확한 시간을 알 수 없었습니다. 그래서 마을의 중심이 되는 사원에서 해가 뜰 때 징을 치고, 해가 질 때 북을 치는 소리를 듣고 시간을 알 수 있었습니다.

이때 징의 소리는 '몽'이라고 울려서, 주간의 시간은 **โมง** 모-ㅇ으로 부르게 되었고, 북 소리는 '뚬' 혹은 '툼'이라고 울렸다고 해서, 저녁과 밤 시간대를 **ทุ่ม** 툼으로 부르게 되었습니다. 새벽에는 북 대신 금속판을 쳐서 시간을 알렸습니다. 그래서 새벽 시간대는 '치다, 때리다'라는 뜻을 가진 동사 **ตี** 띠-라고 부르게 되었습니다.

이밖에도 오후 4시부터 6시까지는 숫자 뒤에 '시원하다'라는 뜻의 **เย็น** 옌이라는 단어를 붙입니다. 태국인들은 이 시간을 해가 떨어지고 시원한 시간이라고 여겼기 때문입니다. 이처럼 시간 표현을 배울 때 태국의 시간과 얽힌 재미난 이야기를 생각하고 외운다면 더욱 재미있게 외울 수 있을 것입니다.

부록

ช้าๆ ได้พร้าสองเล่มงาม

천천히 하다 보면
아름다운 칼 두 자루를 얻을 수 있다.

마음을 급히 갖지 말고 순차적으로 해나가면
좋은 결과를 얻을 수 있다는 속담이에요!

녹음 대본 및 정답

DAY 01 p34

태국어는 어떤 언어일까?

정답

1 1) ① 2) ③

2 ① ม ② อ ③ ว ④ อือ ⑤ อัอ ⑥ อะ

3 ① 중자음 ② 저자음 ③ 고자음

4 ① 어̄- 아̀-ㅇ ② 처̌- 칭̀ ③ 커̄- 콰̄-이 ④ 퍼̄- 파̄-ㄴ

5 ① ⓑ / ② ⓐ / ③ ⓒ

DAY 02 p46

당신의 이름은 무엇인가요?

녹음 대본

1 ① **A สวัสดีครับ** 안녕하세요.
B สวัสดีค่ะ 안녕하세요.
② **A คุณชื่ออะไรครับ** 당신의 이름은 무엇인가요?
B ดิฉันชื่อมินฮีค่ะ 제 이름은 민희입니다.

정답

1 ① สวัสดีค่ะ ② คุณชื่ออะไรครับ

2 ① ยินดีค่ะ ② สบายดีครับ

3 ① คุณชื่ออะไรครับ
② คุณสมชายก็สบายดีใช่ไหมคะ
③ ผมก็สบายดีครับ

4 ① สวัสดีครับ
② ดิฉันชื่อมินฮีค่ะ
③ คุณมินฮีสบายดีไหม

DAY 03 p60

나는 일본에 놀러 갈 거야.

녹음 대본

1 ① **ผมเป็นคนไทยครับ** 저는 태국 사람이에요.
② **ดิฉันจะไปเที่ยวญี่ปุ่นค่ะ** 저는 일본에 놀러 갈 거예요.

정답

1 ① X ② O

2 ① เธอไม่ใช่คนเวียดนาม
② ผมไม่ไปประเทศญี่ปุ่น
③ ผมไม่ไปเที่ยวประเทศไทย

3 ① คุณเป็นคนประเทศไหนคะ
② ดิฉันเป็นคนเกาหลีค่ะ
③ เธอไม่ใช่คนไทย

4 ① ดิฉันจะไปเที่ยวญี่ปุ่นค่ะ
② เธอเป็นคนเวียดนามครับ
③ คุณมินฮีจะไปเที่ยวประเทศไหนครับ

DAY 04 p74

저 사람은 우리 형이야.

녹음 대본

1 ① **A คนโน้นใคร** 저 사람은 누구야?
B คนโน้นพี่ของผม 저 사람은 우리 형이야.
② **A เธอคือพี่สาวของคุณคะ**
그녀는 당신의 누나가 맞지요?
B เธอคือน้องสาวของผมครับ
그녀는 제 여동생이에요.

정답

1 ① คนโน้นพี่ของผม
② เธอคือน้องสาวของผมครับ

2 1) ① คือ ~이다 ② ไม่ใช่ ~맞지요?, ~이지요?
2) ③ คุณตา 외할아버지 ④ คุณยาย 외할머니

3 ① คนโน้นพี่ชายของผมครับ
② คนนี้คือน้องชายของคุณหรือครับ
③ ท่านคือคุณลุงและคุณป้าครับ

4 ① คนโน้นใครคะ
② ท่านสองคนนี้คือใครคะ
③ วันนี้ดิฉันจะไปหาคุณตาคุณยายค่ะ

DAY 05 p88

우리 가족은 4명이야.

녹음 대본

1 ผมไม่มีปากกา แต่มีดินสอสองแท่งครับ
저는 펜이 없어요. 그런데 연필은 두 자루 있어요.

정답

1 ②

2 1) ① แท่ง 자루 ② เล่ม 권
2) ③ สี่ 4, 넷 ④ หนึ่ง 1, 하나 ⑤ สอง 2, 둘

3 ① ครอบครัวของดิฉันมีสี่คนค่ะ
② ดิฉันมีห้าเล่มค่ะ
③ ผมไม่มีปากกา

4 ① คุณมีปากกากี่แท่งคะ
② ครอบครัวของคุณมีกี่คนครับ
③ ผมมีเล่มเดียวครับ

DAY 06 p102

어제는 며칠이었어요?

녹음 대본

1 A เมื่อวานวันที่เท่าไรครับ 어제는 며칠인가요?
B เมื่อวานวันที่สิบเก้าค่ะ 어제는 19일이에요.
A แล้ววันนี้ล่ะครับ 그러면 오늘은요?

2 A ร้านเสื้อผ้าอยู่ชั้นที่เท่าไรครับ
옷 가게는 몇 층에 있나요?
B ร้านเสื้อผ้าอยู่ชั้น(ที่)สามค่ะ 옷 가게는 3층에 있어요.
A ห้องทำงานล่ะครับ 사무실은요?
B ห้องทำงานอยู่ชั้น(ที่)ห้าค่ะ 사무실은 5층에 있어요.

정답

1 ④

2 ④

3 1) ① เท่าไร 몇, 얼마 ② ปี ~살
2) ③ กี่ขวบ 몇 살 ④ แปด 8, 여덟

4 ① คุณอายุเท่าไรครับ
② ดิฉันอายุยี่สิบปีค่ะ
③ เมื่อวานวันที่เท่าไรครับ

5 ① เมื่อวานวันที่สิบหกค่ะ
② พรุ่งนี้วันที่สิบแปดค่ะ
③ ห้องทำงานอยู่ชั้นที่สิบสองครับ

DAY 07 p116

저것은 얼마예요?

녹음 대본

1 A คุณซื้อตัวนี้มาเท่าไรครับ 이것은 얼마에 사 왔나요?
B นี่สี่ร้อยห้าสิบค่ะ 이것은 450밧이에요.

2 A โค้กขวดละเท่าไรครับ 콜라는 한 병당 얼마인가요?
B โค้กขวดละสามสิบบาทค่ะ
콜라는 한 병당 30밧이에요.

정답

1 ③ (입장권의 분류사는 ใบ임)

2 ④

3 1) ① โน่น 저것 ② โน้น 저
2) ③ คนละ ~ 명당 ④ หนึ่งพัน 1,000

4 ① นี่ราคาเท่าไรครับ
② น้ำเปล่าขวดละสิบห้าบาทค่ะ
③ ราคาไม่แพงนะครับ

5 ① คุณซื้อตัวนี้มาเท่าไรครับ
② บัตรเข้าชมคนละเท่าไรคะ
③ แม่ค้าลดราคาให้ห้าสิบบาทค่ะ

DAY 08 p130

이것은 팟타이예요.

녹음 대본

1 A โน่นคืออะไรครับ
저것은 무엇인가요?
B โน่นคือกางเกง ตัวละ 300 บาทค่ะ
저것은 바지예요. 한 벌당 300밧이에요.
A แพงจัง ลดได้ไหมครับ
너무 비싸요. 깎아줄 수 있나요?
B ได้ค่ะ ตัวละ 250 บาทนะคะ
깎아줄 수 있어요. 한 벌당 250밧이에요.
A งั้นผมขอ 3 ตัวครับ
그러면 저는 세 벌 주세요.

정답

1 1) ④ 2) ③

2 1) ① ได้ไหม ~이 가능한가요? ② ไม่ได้ 안 돼요
2) ③ จาน 접시 ④ ขอ 요구하다

3 ① โน่นกระโปรงครับ
② แพงจังลดได้ไหมครับ
③ งั้นขอข้าวผัด2จานค่ะ

4 ① ข้าวผัด 볶음밥 ② นี่คือเสื้อ 옷
③ ปากกา 펜 ④ ตุ๊กตา 인형

DAY 09 p144

저는 배가 아파요.

녹음 대본

1 ① กินยา 5 วัน วันละ 3 ครั้งหลังกินข้าวค่ะ
약은 5일간 하루에 3번 식후에 드세요.

② วันนี้หมอจะฉีดยาและให้กินยาวันละ 2 ครั้งครับ
오늘 제가 주사를 놓을 거고, 하루에 2번 약을 드세요.

정답

1 1) ② 2) ①, ③

2 1) ① ท่าน 그 분 ② เขา 그
2) ③ แขน 팔 ④ หมอ 의사

3 ① เขาไม่สบายค่ะ
② ผมปวดท้องครับ
③ ปวดตั้งแต่เมื่อวานครับ

4 ① จมูก 코 ② ท้อง 배 ③ แขน 팔 ④ หน้าอก 가슴

DAY 10 p158

저는 아이스 커피를 마시고 싶어요.

녹음 대본

1 ① A คุณสมชายดื่มอะไรดีคะ
쏨차이 씨는 무슨 차를 드시고 싶으세요?
B ผมไม่อยากดื่มชาร้อน
ผมอยากดื่มกาแฟเย็น
저는 뜨거운 커피를 마시고 싶지 않아요.
저는 차가운 커피가 마시고 싶어요.

② A ตอนเที่ยงคุณอยากกินอะไรครับ
점심 때 당신은 무엇을 드시고 싶으세요?
B ดิฉันอยากกินผัดไทยมากกว่าค่ะ
저는 팟타이를 더 먹고 싶어요.
A งั้นตอนเย็นคุณอยากกินอะไรครับ
그러면 저녁 때 당신은 무엇을 드시고 싶으세요?
B ตอนเย็นอยากกินข้าวผัดค่ะ
저녁에는 카우팟을 먹고 싶어요.

정답

1 1) ④ 2) ②

2 1) ① อยาก ~하고 싶다 ② ก๋วยเตี๋ยว 쌀국수
2) ③ เลี้ยง 한턱내다 ④ ครั้งหน้า 다음 번

3 ① ต้มยำกุ้ง 똠얌꿍 ② ข้าวผัด 볶음밥
③ ก๋วยเตี๋ยว 쌀국수 ④ ผัดไทย 팟타이

4 ① ตอนเย็นผมอยากกินผัดไทยครับ
② ผมอยากดื่มกาแฟเย็นครับ
③ เธอไม่ต้องจ่ายนะ

DAY 11 p172

한국어를 배우는 중이에요.

녹음 대본

1 ① A คุณมินซูอยู่ไหนครับ
민수 씨는 어디에 있나요?
B มินซูไปเที่ยวพัทยาแล้วค่ะ
민수 씨는 파타야에 놀러 갔어요.
A หรือครับ ผมจะไม่ไปพัทยา
ผมจะไปหัวหินครับ
그래요? 저는 파타야에 가지 않고, 후아힌에 갈 예정이에요.

② A ดิฉันไม่ได้กินข้าวเช้า หิวมากค่ะ
저는 아침밥을 안 먹었어요. 배가 너무 고파요.
B ผมมีขนมครับ จะกินไหมครับ
저는 과자가 있는데, 드실래요?
A น่ากินจัง ขอบคุณค่ะ
먹음직스럽네요. 감사합니다.

정답

1 1) ② 2) ①

2 모범답안

① A ผม/ดิฉันจะไปพัทยาครับ/ค่ะ

저는 파타야에 갈 거예요.

B ผม/ดิฉันจะไม่ไปหัวหินครับ/ค่ะ

저는 후아힌에 가지 않을 거예요.

② A ผม/ดิฉันไม่ได้กินต้มยำกุ้งครับ/ค่ะ

저는 똠얌꿍을 안 먹었어요.

B ผม/ดิฉัน(ได้)กินผัดไทยแล้วครับ/ค่ะ

저는 팟타이를 먹었어요.

③ A ผม/ดิฉัน(กำลัง)เรียนภาษาไทยอยู่ครับ/ค่ะ

저는 태국어를 배우는 중이에요.

B ผม/ดิฉัน(กำลัง)เรียนภาษาอังกฤษอยู่ครับ/ค่ะ

저는 영어를 배우는 중이에요.

3 ① ดิฉันไม่ได้กินข้าวเช้า

② ดิฉัน(กำลัง)เรียนภาษาไทยอยู่ค่ะ

③ วันนี้ผมจะไม่ไปโรงเรียนครับ

4 ① O ② X

DAY 12 p186

싸얌스퀘어는 어디에 있나요?

녹음 대본

1 ตรงไปประมาณ 10 ม. แล้วเลี้ยวซ้ายค่ะ

โรงเรียนอยู่หลังโรงแรม

약 10미터 직진하고 나서 좌회전해 주세요.

학교는 호텔 뒤에 있어요.

정답

1 ③

2 1) ① (ที่)ไหน 어디 ② หน้า 앞 ③ ซ้ายมือ 왼쪽

2) ④ เข้า 들어가다 ⑤ ตรงไป 직진하다

3 ① ไปโรงแรมบันยันทรีค่ะ

② จอดตรงไหนครับ

③ จอดหน้าโรงแรมหน่อยค่ะ

4 ① O ② X

DAY 13 p200

여기 오는데 시간이 얼마나 걸렸어?

녹음 대본

1 A ผมจะไปเที่ยวตั้งแต่วันที่ 7 ถึงวันที่ 9 ครับ

나는 7일부터 9일까지 놀러 갈 거야.

B หรือคะ ดิฉันจะไปเที่ยวตั้งแต่วันที่ 8 ถึงวันที่ 11

그래? 나는 8일부터 11일까지 놀러 갈 거야.

정답

1 ① 7일부터 9일 ② 8일부터 11일

2 1) ① จาก (장소의) ~부터 ② ถึง (장소의) ~까지

③ เท่าไร 얼마

2) ④ (จน)ถึง (시간의) ~까지 ⑤ ตั้งแต่ (시간의) ~부터

3 ① มาที่นี่ใช้เวลาเท่าไรครับ

② ใช้เวลา 15 นาทีค่ะ

③ ผมนั่งแท็กซี่มาครับ

4 ① จากโรงแรมถึงที่นี่ไม่ไกลครับ

② อยู่ใกล้กันก็ดีแล้วค่ะ

③ งั้นพรุ่งนี้ดิฉันจะพาไปเที่ยวนะคะ

DAY 14 p214

오늘은 월요일이야.

녹음 대본

1 A วันนี้วันที่เท่าไรครับ 오늘은 며칠인가요?
B วันนี้วันที่ 7 오늘은 7일입니다.
A วันพรุ่งนี้วันที่ 8 ใช่ไหมครับ 내일은 8일이지요?
B ใช่ค่ะ 네.
A ปีนี้ปี พ.ศ. อะไรครับ 올해는 불력 몇 년인가요?
B ปีนี้ปี พ.ศ. 2568 ค่ะ 올해는 불력 2568년입니다.

정답

1 ① 8일 ② 2568년

2 1) ① อะไร 무슨 ② วันอาทิตย์ 일요일
2) ③ ปีหน้า 내년 ④ พ.ศ. 불력

3 ① วันเกิดของผม/ดิฉัน วันที่ 1 มกราคม พ.ศ. 2530
② วันนี้วันอังคารครับ
③ เดือนหน้าเดือนสิงหาคมค่ะ

4 ① X ② X

DAY 15 p228

저녁 식사하셨어요?

녹음 대본

1 A ตอนนี้กี่โมงครับ
지금 몇 시예요?
B ตอนนี้ 2 ทุ่มค่ะ
지금은 저녁 8시예요.
A หรือครับ ผมกินข้าวตอน 1 ทุ่มครึ่งแล้ว คุณกินข้าวหรือยังครับ
그래요? 저는 저녁 7시 반에 저녁 식사를 했어요. 당신은 저녁 식사를 했나요? 아직인가요?
B ยังไม่ได้กินค่ะ
아직 안 먹었어요.

정답

1 1) ④ 2) ③

2 1) ① กี่โมง 몇 시 ② 6 โมงครึ่ง 오후 6시 반
2) ③ 8 โมงเช้า 오전 8시 ④ 9 โมง 15 นาที 9시 15분

3 ① ตอนนี้กี่โมงครับ
② ตอนนี้ 8 โมงเช้าครับ
③ เขากลับบ้านตอน 5 โมงครึ่ง

4 ① O ② X

DAY 02 p36

당신의 이름은 무엇인가요?

DAY 03 p50

나는 일본에 놀러 갈 거야.

DAY 04 p64

저 사람은 우리 형이야.

DAY 05 p78

우리 가족은 4명이야.

단어	뜻	Page
ครอบครัว	명 가족	80
มี	동 있다, 가지고 있다	80
กี่	의문 몇, 얼마	80
สี่	수 4, 넷	80
พี่น้อง	명 형제, 자매	80
หนึ่ง	수 1, 하나	80
ปากกา	명 펜	82
แท่ง	분류 자루	82
แต่	접 그런데, 그러나	82
ดินสอ	명 연필	82
หนังสือ	명 책	82
ภาษาไทย	명 태국어	82
เล่ม	분류 권(책, 공책 등을 세거나 지칭하는 단위)	82
ห้า	수 5, 다섯	82
แล้ว	접 그러면, 그리고, 그리고 나서	82
ภาษาเกาหลี	명 한국어	82
เดียว	형 하나의, 유일의, 유일하다	82
สาม	수 3, 셋	86
เสื้อผ้า	명 옷	86
ตัว	분류 마리, 개, 벌(동물, 가구, 인형, 옷 등을 세거나 지칭하는 단위)	86
ยางลบ	명 지우개	87
ขวด	분류 병(병을 세거나 지칭하는 단위)	87
หลัง	분류 채(건물, 집 등을 세거나 지칭하는 단위)	87

DAY 06 p92

어제는 며칠이었어요?

단어	뜻	Page
อายุ	명 나이, 연령	94
เท่าไร	의문 몇, 얼마	94
ยี่สิบ	수 20, 스물	94
ปี	명 ~살, 년, 해	94
ยี่สิบเอ็ด	수 21, 스물 하나	94
ห้องทำงาน	명 사무실	96
อยู่	동 있다, 존재하다	96
ชั้น	명 층	96
สิบสอง	수 12, 열둘	96
เมื่อวาน	명 어제	96
วัน	명 날, 일	96
ที่	수식 제, ~번째(숫자 앞에서 기수를 서수로 바꾸어 주는 역할을 함)	96

DAY 07 p106

저것은 얼마예요?

DAY 08 p120

이것은 팟타이예요.

단어	뜻	Page
กระโปรง	명 치마	122
ผัดไทย	명 팟타이	122
ขอ	동 요구하다, 바라다, 청하다	122
จาน	명 접시, 분류 접시에 담겨 있는 것을 세거나 지칭하는 단위	122
ได้	조동 ~할 수 있다	124
แพง	수식 비싸다	124
จัง	수식 굉장히, 매우	124
ลด	동 깎다, 줄이다, 경감하다	124
กางเกง	명 바지	128
กระเป๋า	명 가방	128
โน้ตบุ๊ค	명 노트북	128
ต้มยำกุ้ง	명 똠얌꿍	128
ข้าวผัด	명 볶음밥	128
ทำอาหาร	동 요리하다	129
ถ่ายรูป	동 사진 찍다	129
ว่ายน้ำ	동 수영하다	129
แก้ว	분류 잔(잔, 컵을 세는 단위)	129
ที่	분류 인분, 자리	129

DAY 09 p134

저는 배가 아파요.

단어	뜻	Page
ปวด	동 아프다, 통증이 있다	136
ท้อง	명 배	136
ตั้งแต่	전 (시간의) ~부터	136
เมื่อไร	의문 언제	136
อาหารทะเล	명 해산물	136
คง	부 아마	136
อาหารเป็นพิษ	명 식중독	136
เดี๋ยว	부 곧, 머지 않아	136
หมอ	명 의사	136
จ่าย	동 (약을) 처방하다	136
ยา	명 약	136
ให้	동 ~하게 하다, ~하도록 하다, 주다	136
อาการ	명 증상	138
บ้าง	부 좀, 약간	138
เกิด	동 일어나다, 생기다	138
ลมพิษ	명 두드러기	138
ทั้งตัว	명 전신, 온몸	138
คัน	형 가렵다	138
ยาทา	명 바르는 약	138

DAY 10 p148

저는 아이스 커피를 마시고 싶어요.

เที่ยง	명 점심, 정오	156
ตอนนี้	명 지금	156
ทำผม	동 머리하다	156
เดินเล่น	동 산책하다	156
ดู	동 보다	156
หนัง	명 영화	156
หวาน	수식 달다	157
เปรี้ยว	수식 시다	157
เผ็ด	수식 맵다	157
สั่ง	동 주문하다	157

DAY 11 p162

한국어를 배우는 중이에요.

단어	뜻	Page
ตอนบ่ายนี้	부 오늘 오후에	164
อยู่	동 ~하고 있다	164
พัทยา	명 파타야	164
แล้ว	수식 동사 또는 형용사 뒤에 쓰여 완료를 나타냄	164
น่าอิจฉา	수식 부럽다, 시기하다	164
เคย	조 ~한 적이 있다	164
อ่าน	동 읽다	166
กำลัง	조동 ~하는 중이다	166
เรียน	동 배우다, 공부하다	166
ว้าว	감탄 와	166
สู้ ๆ	동 파이팅하다, 힘내다	166
คิด	동 생각하다	166
เหมาะ	동 어울리다, 적합하다	166
กับ	전 ~와(과)	166
ขนม	명 간식	170
พักผ่อน	동 쉬다	170
ทำ	동 하다	170
การบ้าน	명 숙제	170
เขียน	동 쓰다	170
จดหมาย	명 편지	170
ถ่าย	동 찍다, 중계하다	170
รูป	명 사진	170
ทำงาน	동 일하다	171
อาบน้ำ	동 샤워하다	171
คัน	분류 자동차, 우산을 세는 단위	171
เครื่อง	분류 휴대 전화, 컴퓨터 등 기계류를 세는 단위	171

DAY 12 p176

싸얌스퀘어는 어디에 있나요?

DAY 13 p190

여기 오는데 시간이 얼마나 걸렸어?

หรอก	어조사 강조의 의미	194
ใกล้	수식 가깝다	194
ก็ดี	접 ~라니 좋다, ~라면 좋다	194
พัก	동 쉬다, 머무르다	194
(จน)ถึง	전 (시간의) ~까지	194
ตั้งแต่	전 (시간의) ~부터	194
คืน	명 밤	194
พาไปเที่ยว	동 ~를 데리고 놀러 가다, ~를 관광시켜주다	194
กลับ	동 돌아가다, 되돌아가다	198
บ้าน	명 집	198
ที่ทำงาน	명 직장	198
ร้านเสริมสวย	명 미용실	198
ตุ๊กตุ๊ก	명 삼륜차	198
สองแถว	명 썽태우 (트럭을 개조한 탈 것)	198
รถไฟฟ้า	명 지상철, BTS	198
ร้านอาหาร	명 음식점	199
สนามบิน	명 공항	199
พุธ	명 수요일	199
ศุกร์	명 금요일	199

DAY 14 p204

오늘은 월요일이야.

단어	뜻	Page
วันจันทร์	명 월요일	206
วันเกิด	명 생일	208
เดือน	명 달, 월	208
หน้า	수식 다음(의)	208
กุมภาพันธ์	명 2월	208
พ.ศ.	명 불력, 불기	208
ค.ศ.	명 서력, 서기	208
วันอังคาร	명 화요일	212
วันพุธ	명 수요일	212
วันศุกร์	명 금요일	212
เมษายน	명 4월	213
ธันวาคม	명 12월	213
ที่แล้ว	수식 지난	213
ข้างหน้า	부 ~의 앞에, ~후에	213

DAY 15 p218

저녁 식사하셨어요?

단어	뜻	Page
เริ่ม	동 시작하다	220
เรียน	명 수업	220
โมง	명 (주중) 시	220
อากาศ	명 날씨	220
กัน	수식 같이, 함께	220
เมฆ	명 구름	220
ฝน	명 비	220
ตก	동 떨어지다	220
ข้าวเย็น	명 저녁 식사	222
ทุ่ม	명 (저녁, 밤 시간대의) 시	222
เลิก	동 끝나다	222
งาน	명 일	222
ชอบ	동 좋아하다, 즐기다	222
ปกติ	명 보통	222
ออกกำลังกาย	동 운동하다	222
ซีรี่ย์	명 드라마	222
ไว้	동 ~해 두다	227
ของขวัญ	명 선물	227
ห้องสมุด	명 도서관	227
ตัด	동 자르다	227
ผม	명 머리카락	227
ล้าง	동 씻다	227
มือ	명 손	227

DAY 01

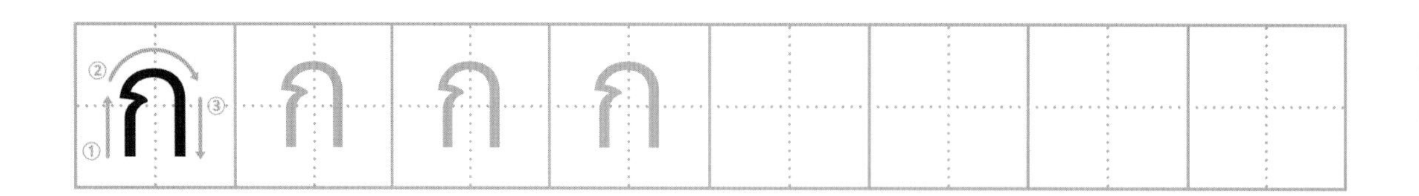

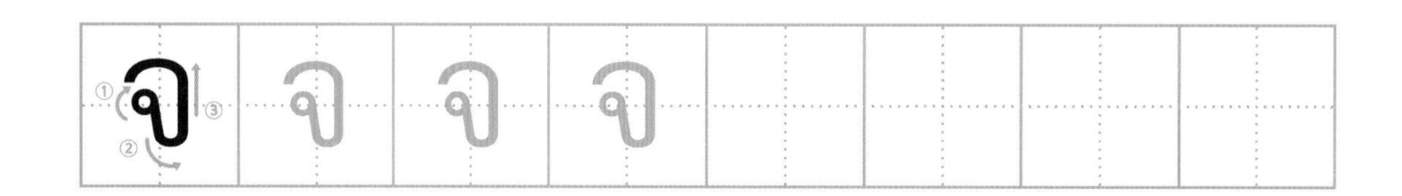

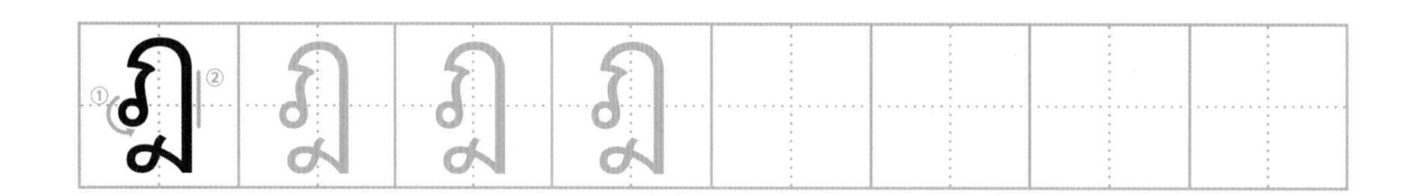

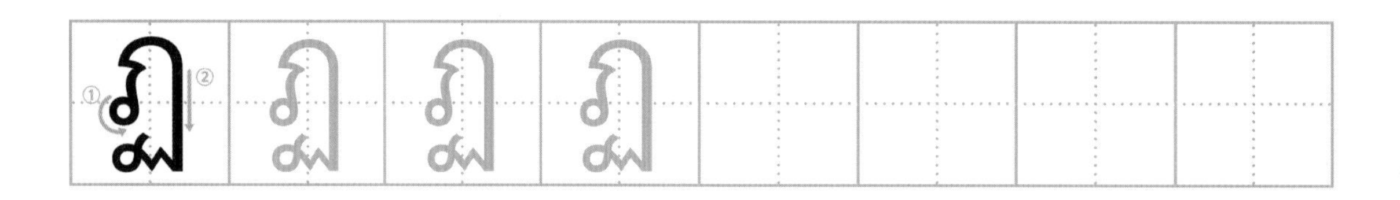

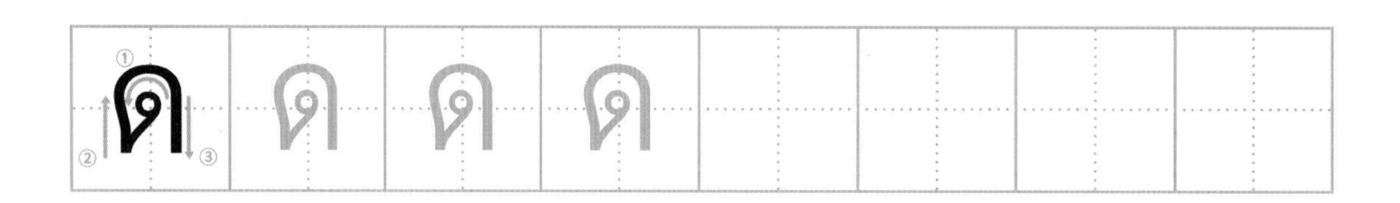

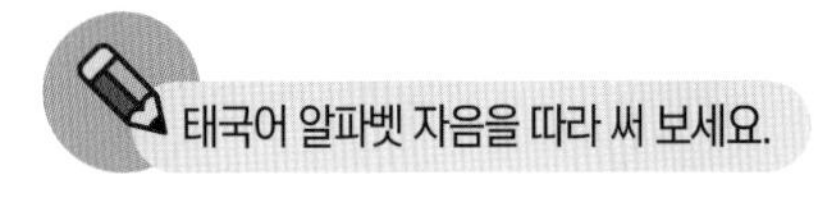
태국어 알파벳 자음을 따라 써 보세요.

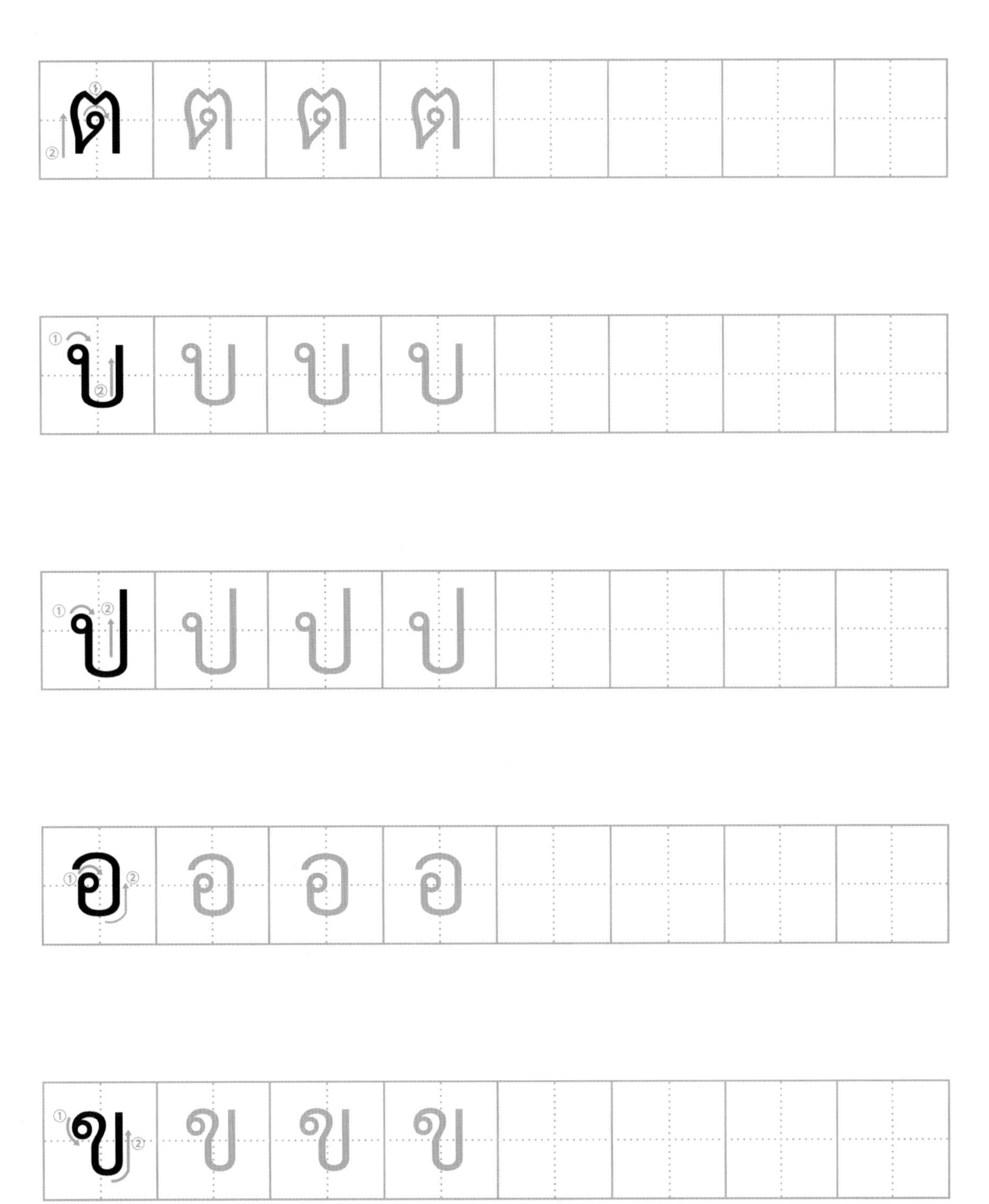
ต ต ต ต
บ บ บ บ
ป ป ป ป
อ อ อ อ
ข ข ข ข

태국어 알파벳 자음을 따라 써 보세요.

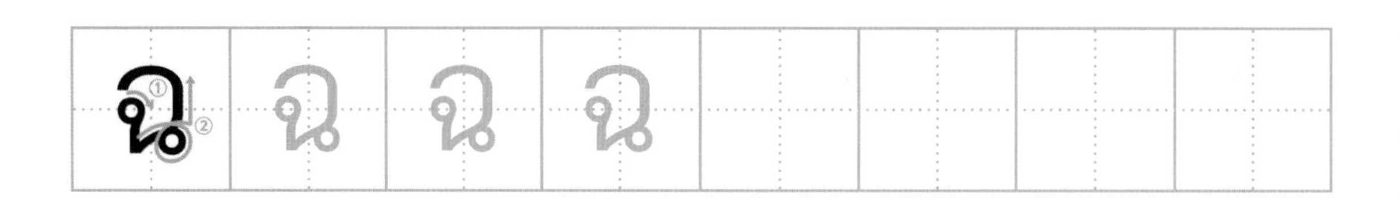

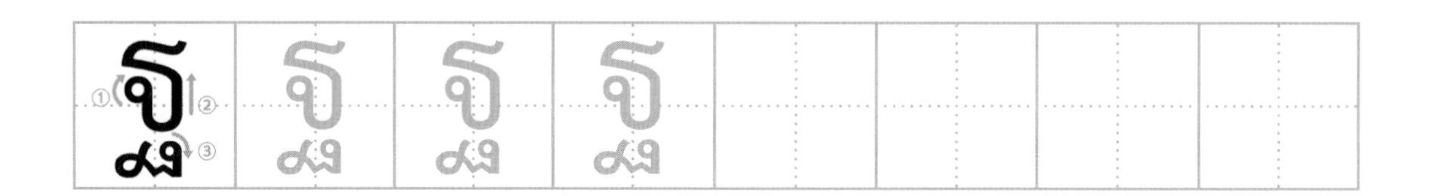

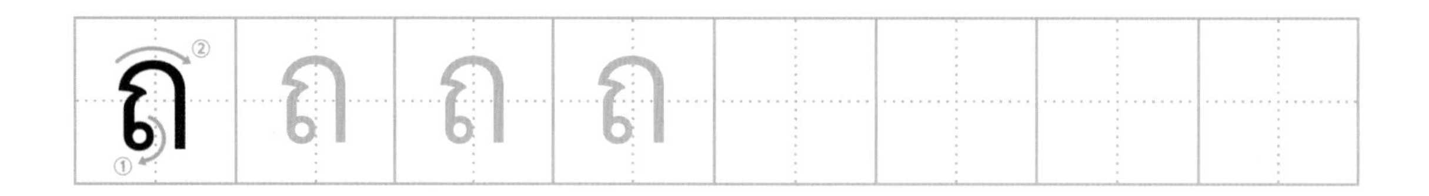

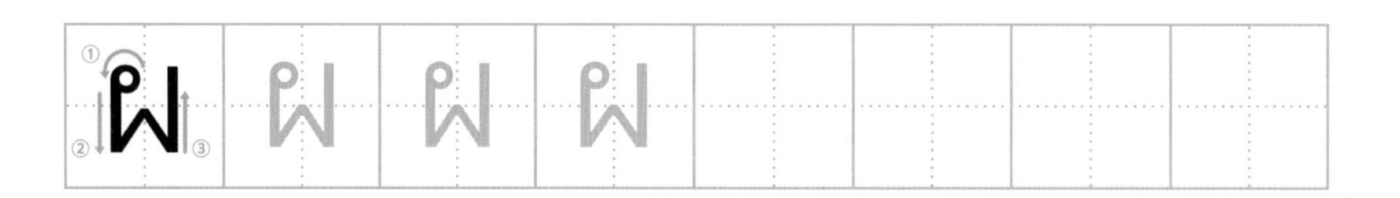

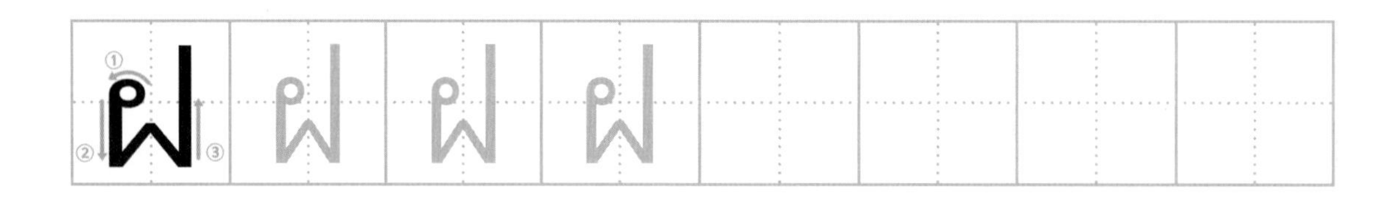

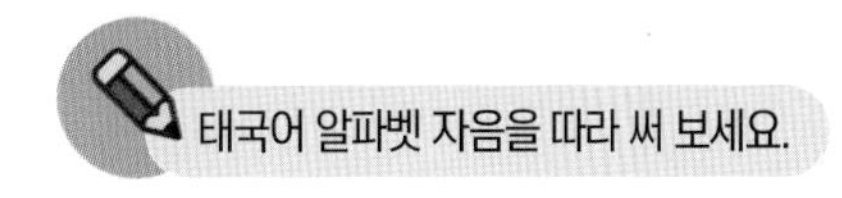
태국어 알파벳 자음을 따라 써 보세요.

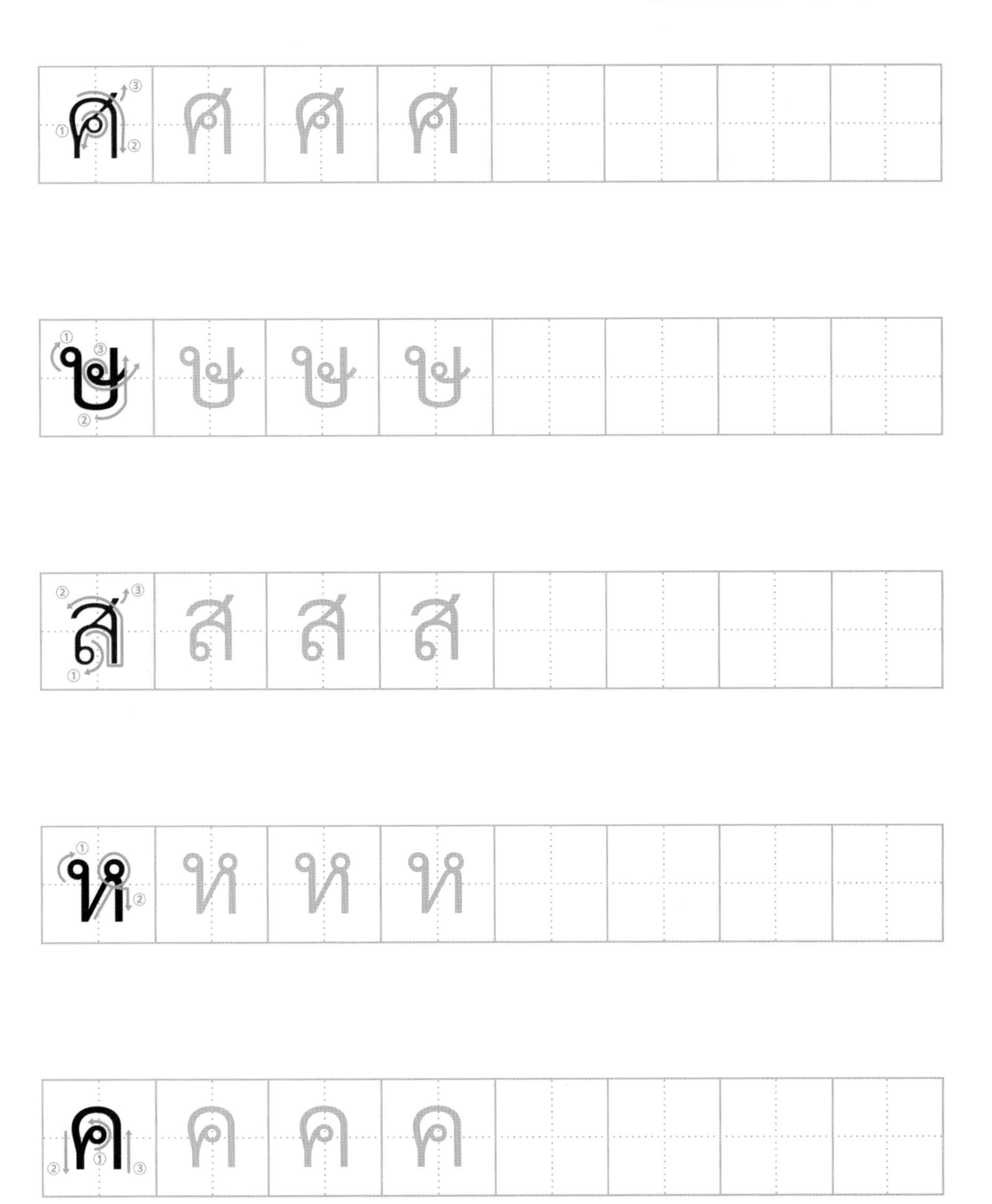
ศ ศ ศ ศ
ษ ษ ษ ษ
ส ส ส ส
ห ห ห ห
ฅ ฅ ฅ ฅ

ฆ	ฆ	ฆ	ฆ				
ช	ช	ช	ช				
ซ	ซ	ซ	ซ				
ฌ	ฌ	ฌ	ฌ				
ฑ	ฑ	ฑ	ฑ				

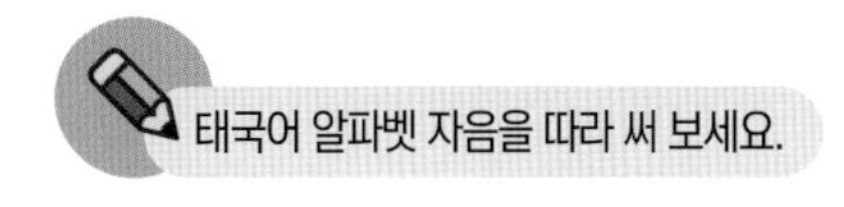
태국어 알파벳 자음을 따라 써 보세요.

ฒ ฒ ฒ ฒ
ท ท ท ท
ธ ธ ธ ธ
พ พ พ พ
ฟ ฟ ฟ ฟ

태국어 알파벳 자음을 따라 써 보세요.

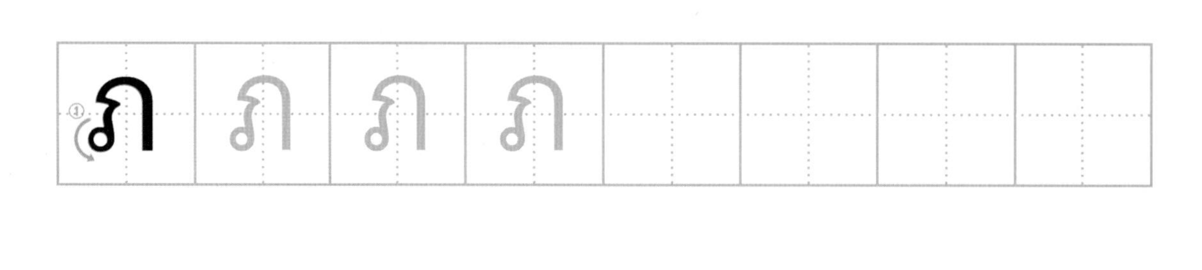
ภ ภ ภ ภ

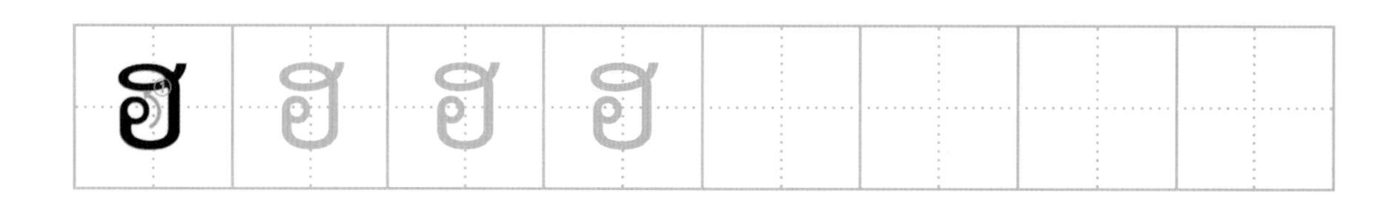
ฮ ฮ ฮ ฮ

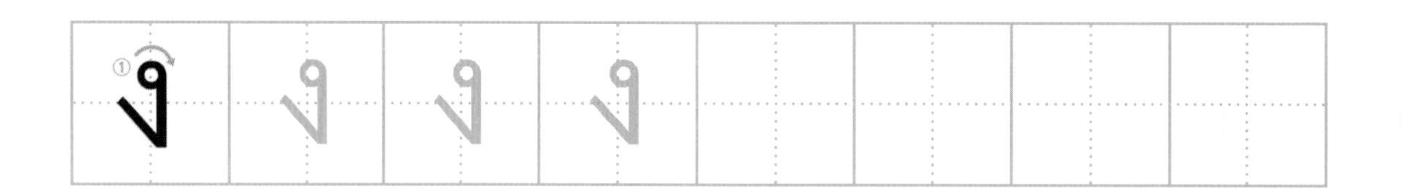
ง ง ง ง

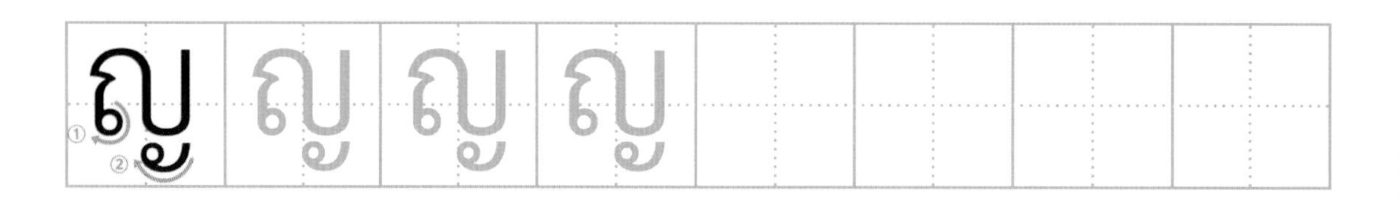
ญ ญ ญ ญ

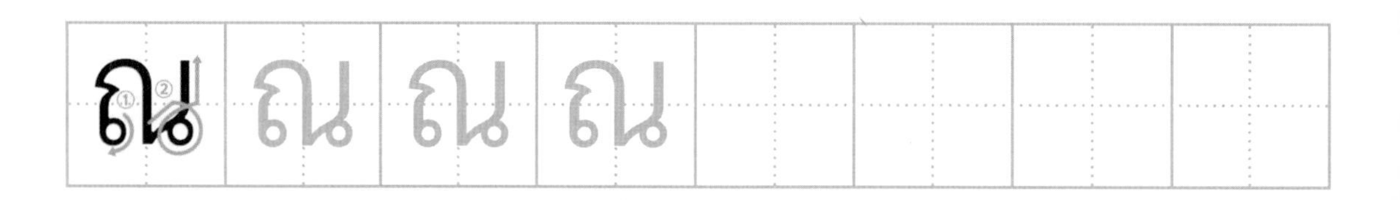
ณ ณ ณ ณ

태국어 알파벳 자음을 따라 써 보세요.

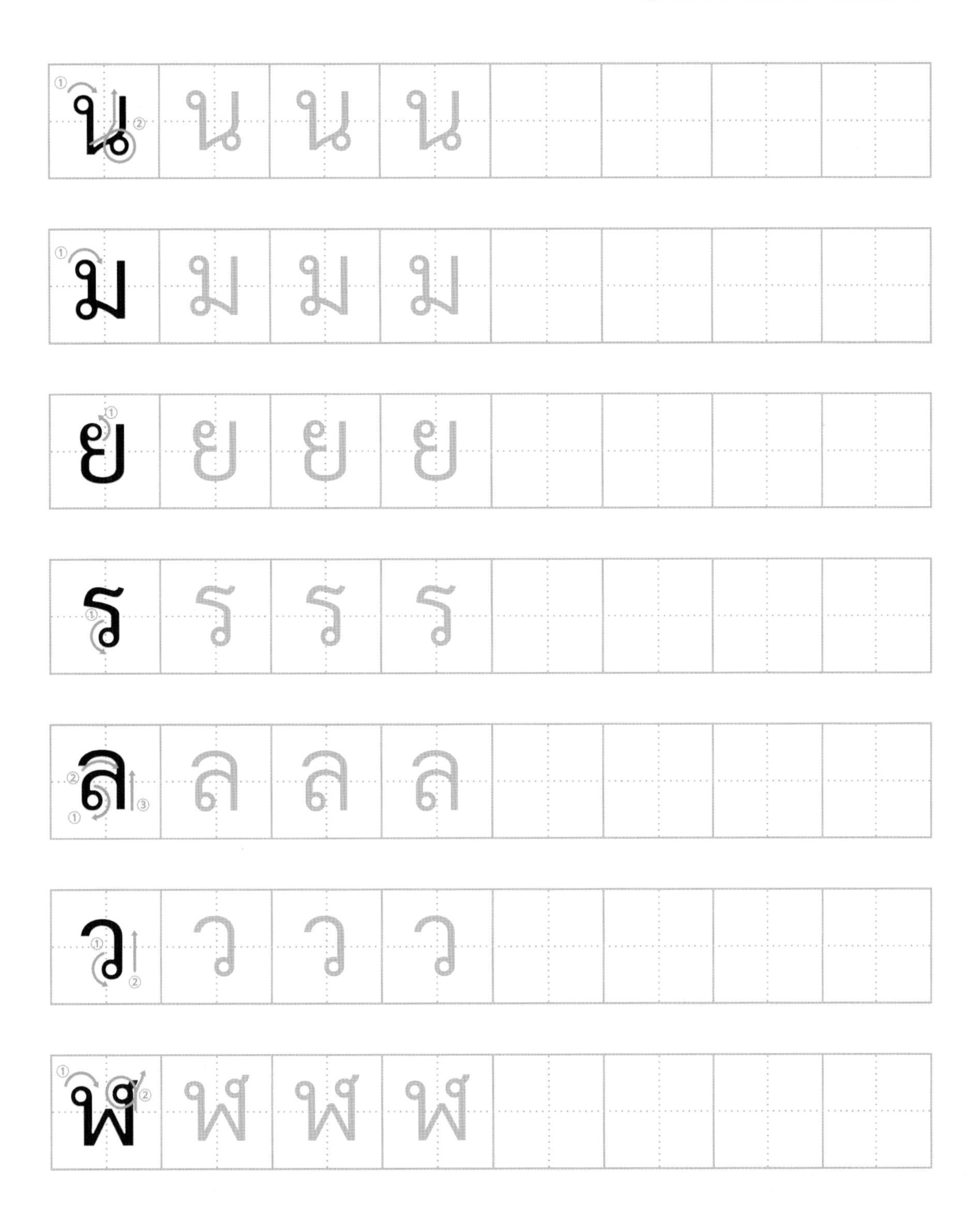

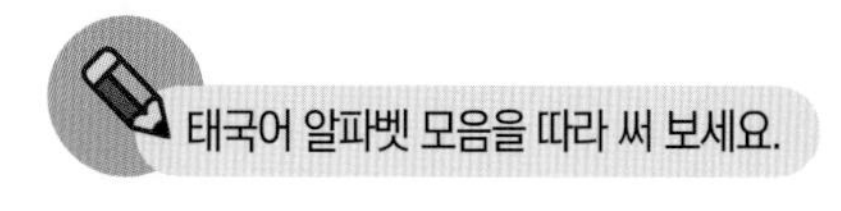
태국어 알파벳 모음을 따라 써 보세요.

อะ อะ อะ

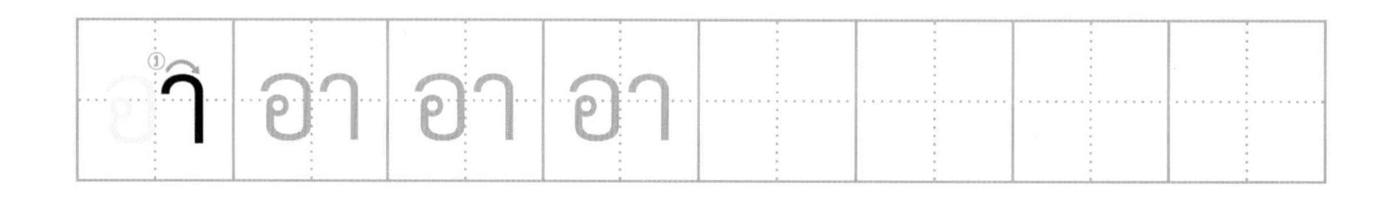
อา อา อา

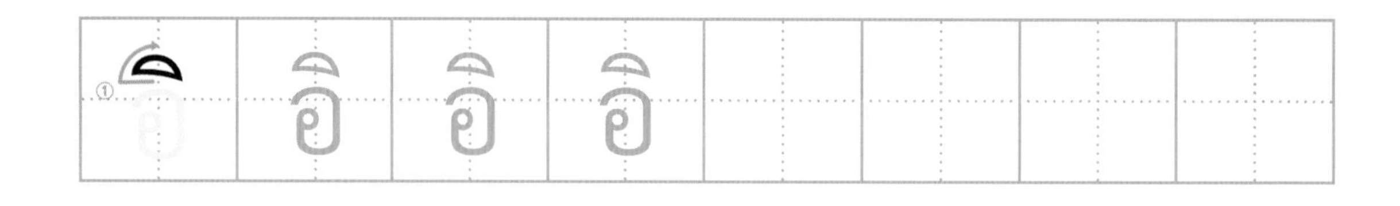
อิ อิ อิ

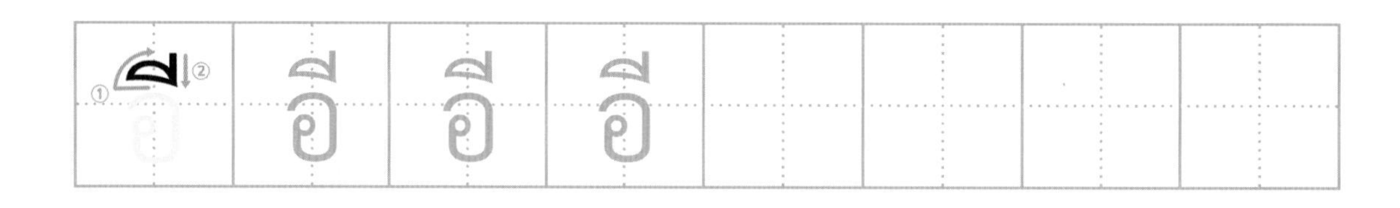
อี อี อี

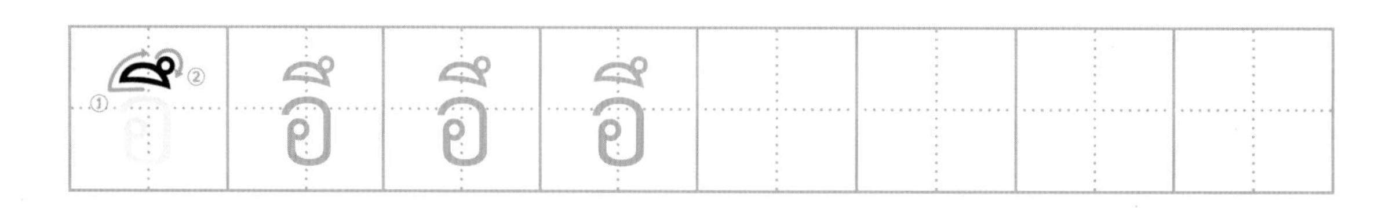
อึ อึ อึ

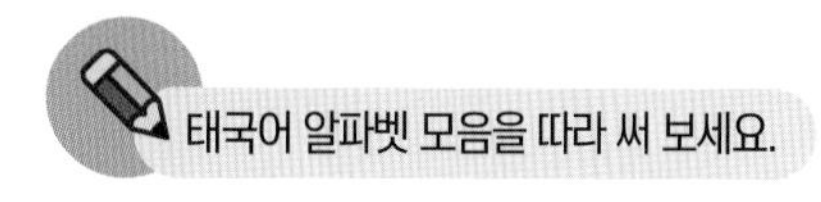
태국어 알파벳 모음을 따라 써 보세요.

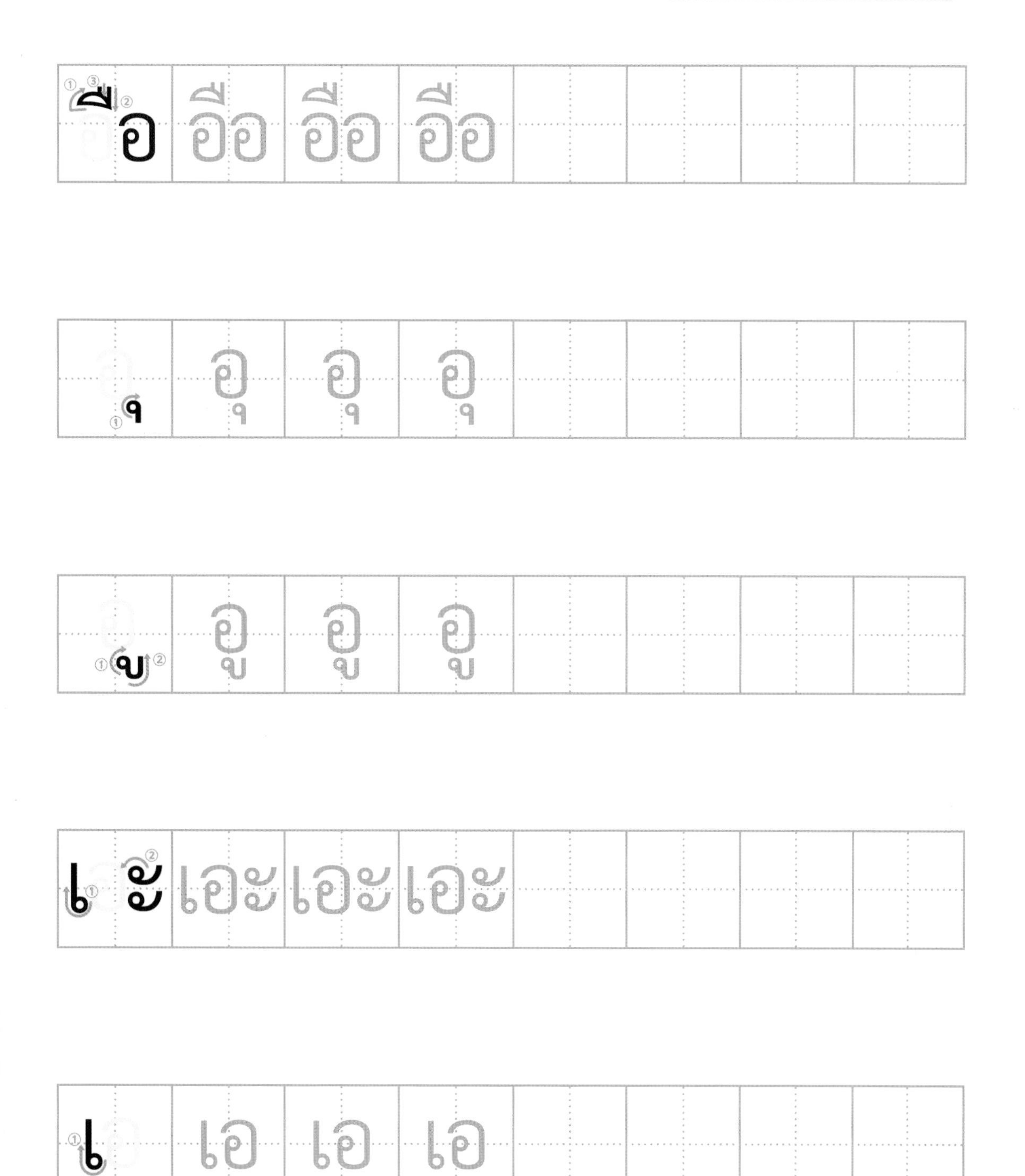
อือ อือ อือ อือ
อุ อุ อุ
อู อู อู
เอะ เอะ เอะ เอะ
เอ เอ เอ

แอะ แอะ แอะ แอะ

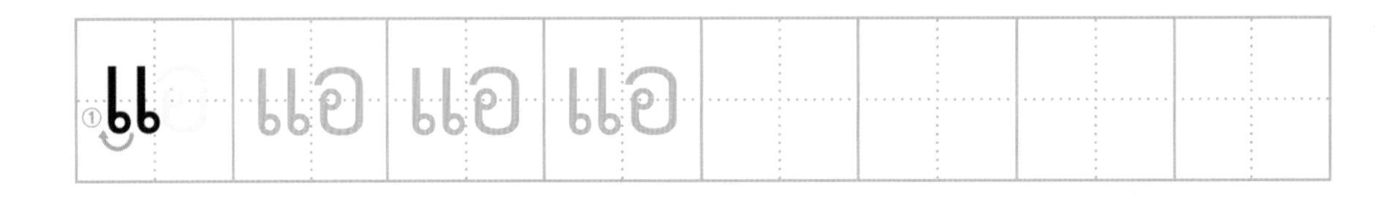

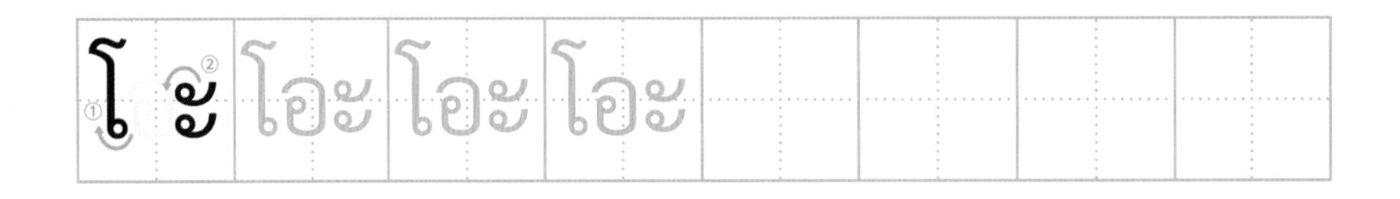

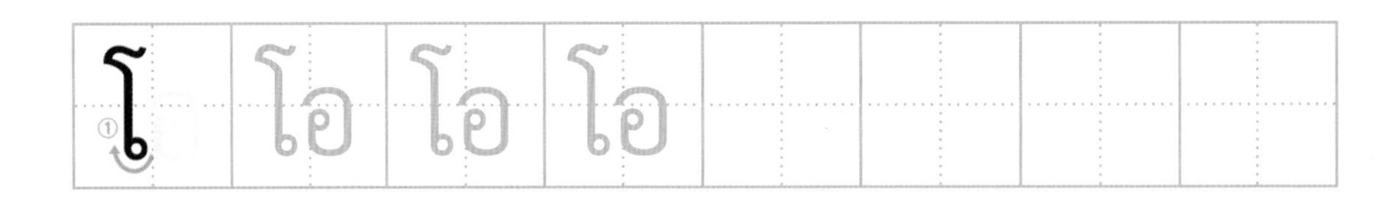

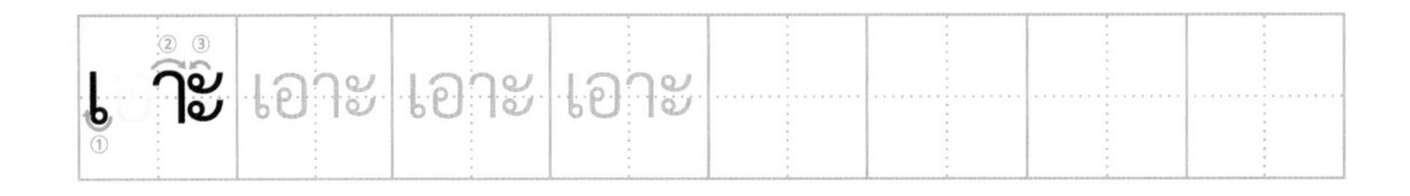

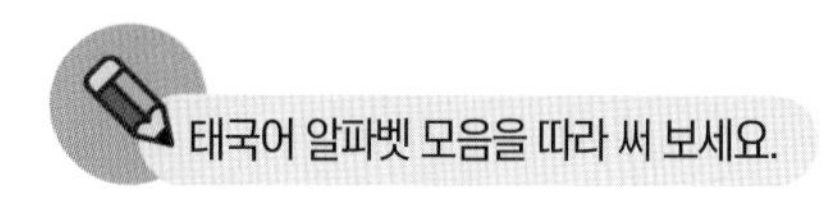
태국어 알파벳 모음을 따라 써 보세요.

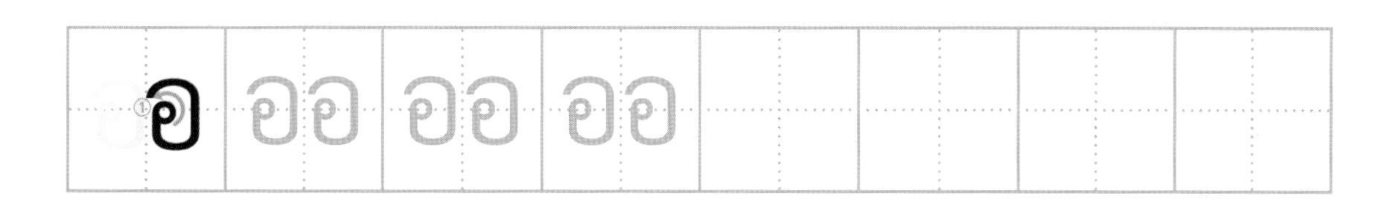
อ
ออ ออ ออ

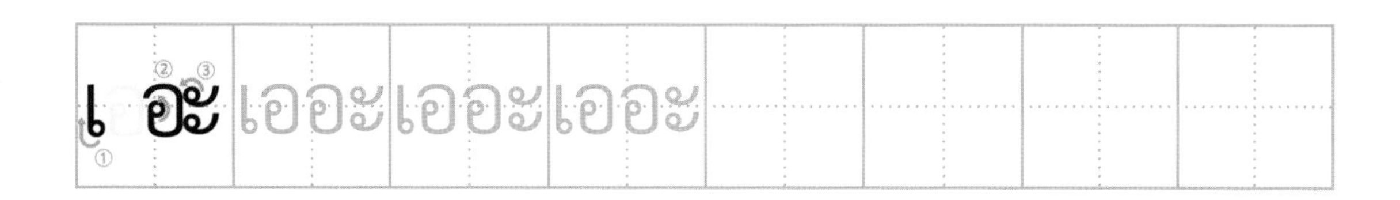
เ อะ
เออะ เออะ เออะ

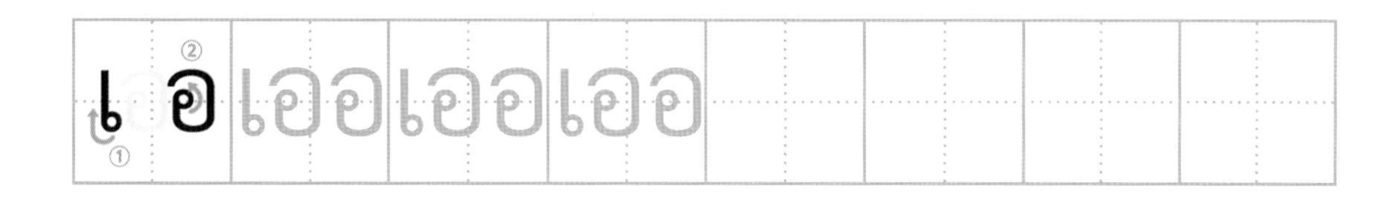
เ อ
เออ เออ เออ

เ ียะ
เอียะ เอียะ เอียะ

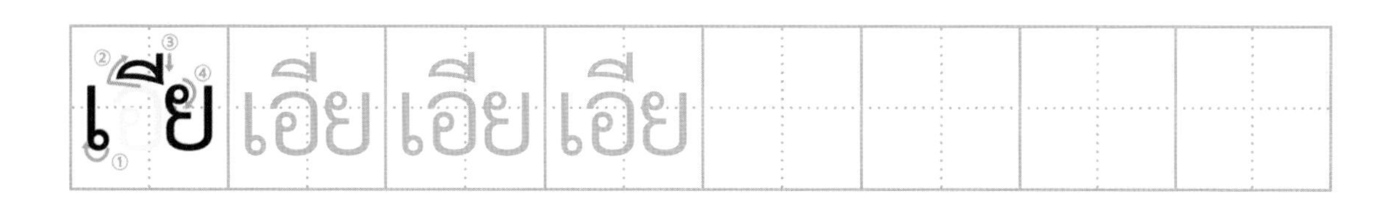
เ ีย
เอีย เอีย เอีย

태국어 알파벳 모음을 따라 써 보세요.

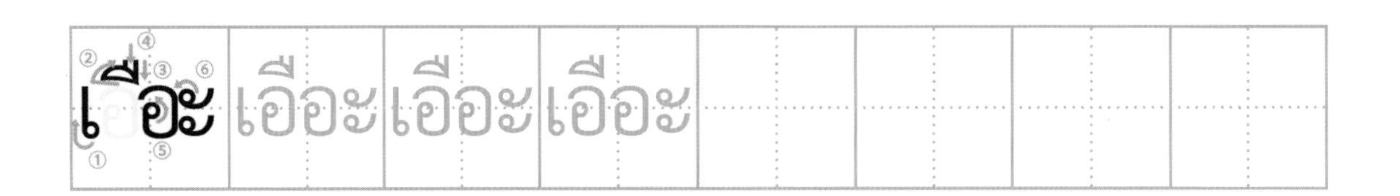
เอือะ
เอือะ
เอือะ
เอือะ

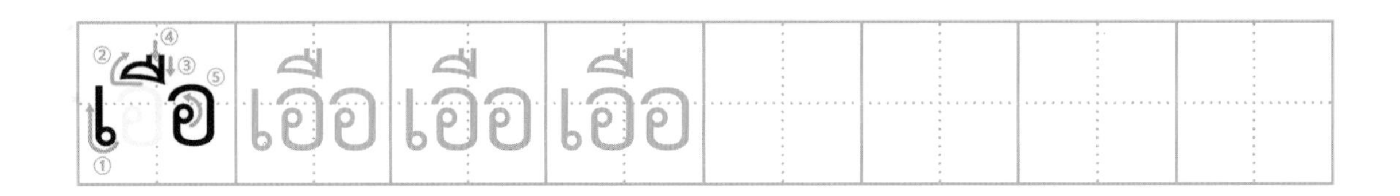
เอือ
เอือ
เอือ
เอือ

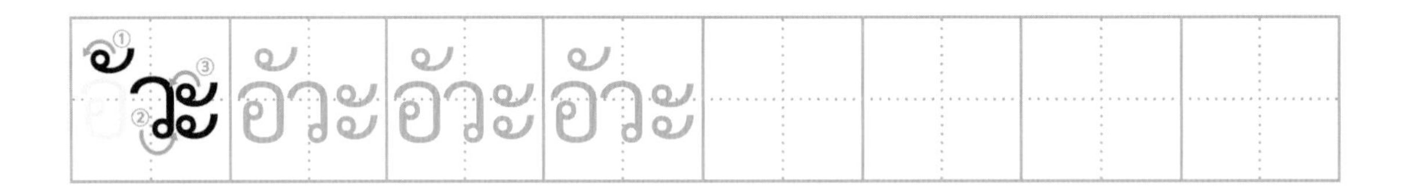
อัวะ
อัวะ
อัวะ
อัวะ

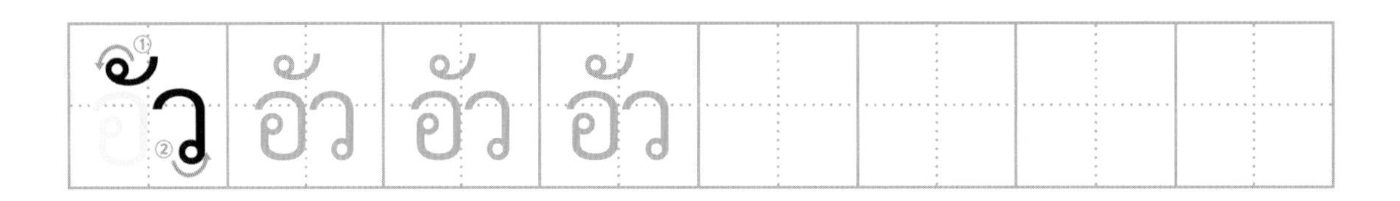
อัว
อัว
อัว
อัว

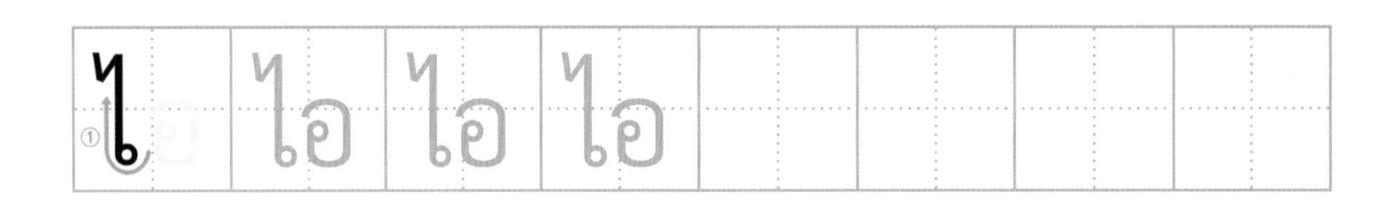
ไอ
ไอ
ไอ
ไอ

태국어 알파벳 모음을 따라 써 보세요.

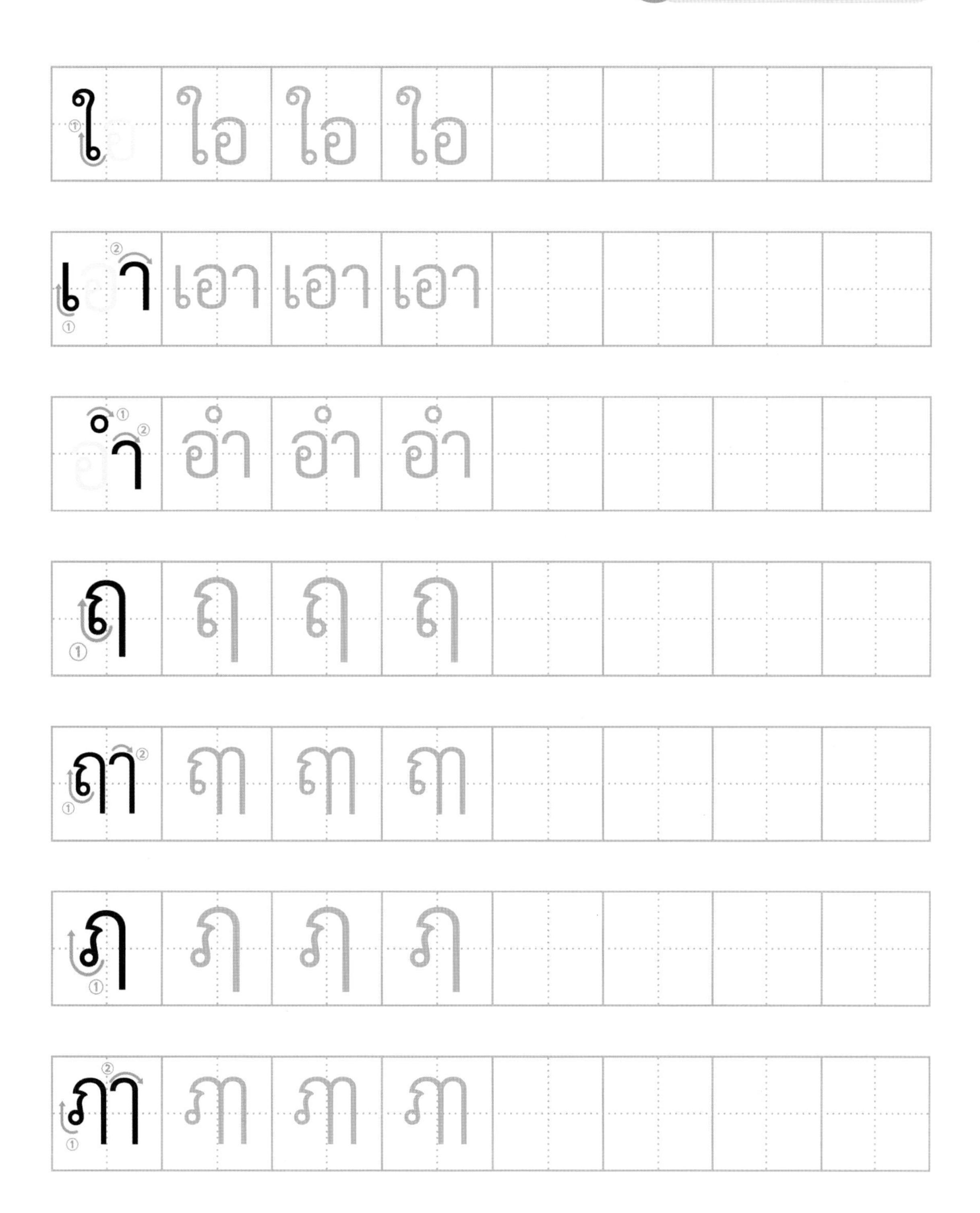

DAY 02

สวัสดีครับ

안녕하세요.(남자)

✎ สวัสดีครับ

สวัสดีค่ะ

안녕하세요.(여자)

✎ สวัสดีค่ะ

คุณชื่ออะไรครับ

당신의 이름은 무엇인가요?

✎ คุณชื่ออะไรครับ

ดิฉันชื่อมินฮีค่ะ

제 이름은 민희예요.

✎ ดิฉันชื่อมินฮีค่ะ

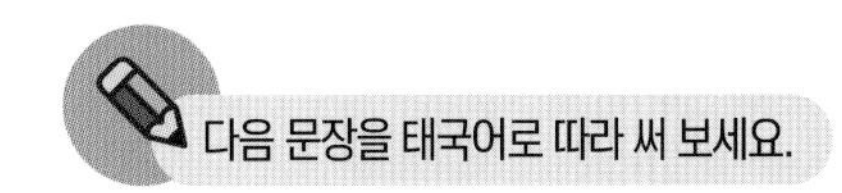

คุณสุดาสบายดีไหมครับ

쑤다 씨, 잘 지내나요?

คุณสุดาสบายดีไหมครับ

ดิฉันสบายดีค่ะ

저는 잘 지내요.

ดิฉันสบายดีค่ะ

คุณซองจุนก็สบายดีใช่ไหมคะ

성준 씨도 잘 지내시죠?

คุณซองจุนก็สบายดีใช่ไหมคะ

ผมก็สบายดีครับ

저도 잘 지내요.

ผมก็สบายดีครับ

DAY 03

เธอเป็นคนประเทศไหน

너는 어느 나라 사람이야?

✎ เธอเป็นคนประเทศไหน

ฉันเป็นคนเกาหลี

나는 한국인이야.

✎ ฉันเป็นคนเกาหลี

เธอก็เป็นคนไทยหรือ

그녀도 태국인이야?

✎ เธอก็เป็นคนไทยหรือ

เธอไม่ใช่คนไทย

그녀는 태국인이 아니야.

✎ เธอไม่ใช่คนไทย

เธอเป็นคนเวียดนาม

그녀는 베트남인이야.

เธอเป็นคนเวียดนาม

มินฮีจะไปเที่ยวประเทศไหน

민희야, 어느 나라에 놀러 갈 거야?

มินฮีจะไปเที่ยวประเทศไหน

ฉันจะไปเที่ยวประเทศญี่ปุ่น

나는 일본에 놀러 갈 거야.

ฉันจะไปเที่ยวประเทศญี่ปุ่น

ผมไม่ไปญี่ปุ่น

나는 일본에 안 가.

ผมไม่ไปญี่ปุ่น

DAY 04

คนโน้นใคร

저 사람은 누구야?

✎ คนโน้นใคร

คนโน้นพี่ของผม

저 사람은 우리 형이야.

✎ คนโน้นพี่ของผม

คนนี้คือน้องชายของเธอหรือ

얘는 네 남동생이야?

✎ คนนี้คือน้องชายของเธอหรือ

ใช่ คนนี้น้องชายของฉัน

맞아. 얘는 내 남동생이야.

✎ ใช่ คนนี้น้องชายของฉัน

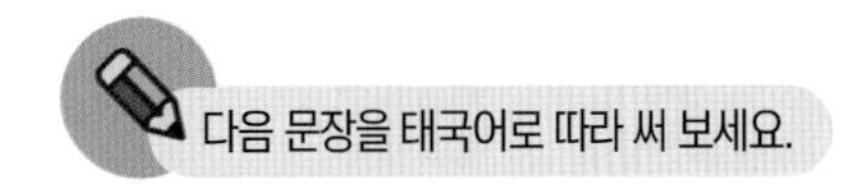

วันนี้คุณซองจุนจะไปไหน

오늘 성준 씨는 어디에 갈 거예요?

วันนี้คุณซองจุนจะไปไหน

วันนี้ผมจะไปหาคุณตา

오늘 저는 외할아버지를 찾아 뵐 거예요.

วันนี้ผมจะไปหาคุณตา

สองท่านนี้คือใครคะ

이 두 분은 누구신가요?

สองท่านนี้คือใครคะ

ท่านคือคุณพ่อและคุณแม่ครับ

이 분들은 아버지와 어머니예요.

ท่านคือคุณพ่อและคุณแม่ครับ

DAY 05

ครอบครัวของเธอมีกี่คน

너희 가족은 몇 명이야?

✎ ครอบครัวของเธอมีกี่คน

ครอบครัวของฉันมีสี่คน

우리 가족은 4명이야.

✎ ครอบครัวของฉันมีสี่คน

เธอมีพี่น้องกี่คน

너는 형제가 몇 명 있어?

✎ เธอมีพี่น้องกี่คน

มีน้องชายหนึ่งคนและฉัน

남동생 한 명과 나야.

✎ มีน้องชายหนึ่งคนและฉัน

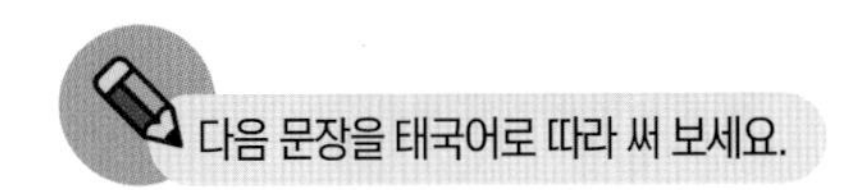

เธอมีปากกากี่แท่ง

너는 펜이 몇 자루 있어?

เธอมีปากกากี่แท่ง

ผมไม่มีปากกา

나는 펜이 없어.

ผมไม่มีปากกา

เธอมีหนังสือภาษาไทยกี่เล่ม

너는 태국어 책이 몇 권 있어?

เธอมีหนังสือภาษาไทยกี่เล่ม

ฉันมีหนังสือห้าเล่ม

나는 책이 다섯 권 있어.

ฉันมีหนังสือห้าเล่ม

DAY 06

เธออายุเท่าไร

너는 몇 살이야?

✎ เธออายุเท่าไร

ฉันอายุยี่สิบปี

나는 스무 살이야.

✎ ฉันอายุยี่สิบปี

ห้องทำงานอยู่ชั้นที่เท่าไรครับ

사무실은 몇 층에 있나요?

✎ ห้องทำงานอยู่ชั้นที่เท่าไรครับ

ห้องทำงานอยู่ชั้นที่สิบสองค่ะ

사무실은 12층에 있어요.

✎ ห้องทำงานอยู่ชั้นที่สิบสองค่ะ

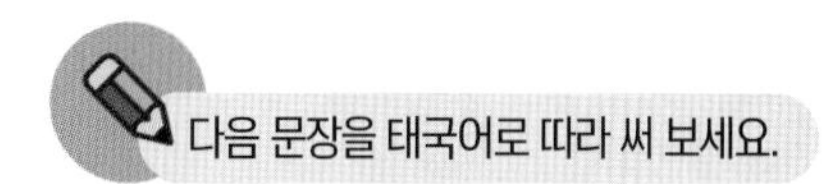

เมื่อวานวันที่เท่าไรครับ

어제는 며칠이었어요?

เมื่อวานวันที่เท่าไรครับ

เมื่อวานวันที่สิบหกค่ะ

어제는 16일이에요.

เมื่อวานวันที่สิบหกค่ะ

แล้วพรุ่งนี้ล่ะครับ

그러면 내일은요?

แล้วพรุ่งนี้ล่ะครับ

พรุ่งนี้วันที่สิบแปดค่ะ

내일은 18일이에요.

พรุ่งนี้วันที่สิบแปดค่ะ

DAY 07

โน่นราคาเท่าไรคะ

저것은 얼마예요?

✎ โน่นราคาเท่าไรคะ

อันโน้นห้าร้อยบาทครับ

저것은 500밧이에요.

✎ อันโน้นห้าร้อยบาทครับ

ราคาไม่แพงนะ

가격이 비싸지 않네.

✎ ราคาไม่แพงนะ

แม่ค้าลดราคาให้ห้าสิบบาท

가게 주인이 50밧을 깎아줬어.

✎ แม่ค้าลดราคาให้ห้าสิบบาท

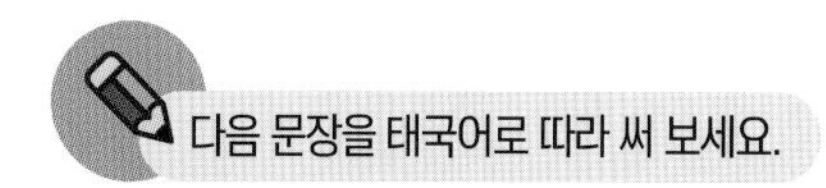

บัตรเข้าชมคนละเท่าไรคะ

입장권은 한 명당 얼마인가요?

บัตรเข้าชมคนละเท่าไรคะ

บัตรเข้าชมคนละหนึ่งพันห้าร้อยบาทค่ะ

입장권은 한 사람당 1500밧이에요.

บัตรเข้าชมคนละหนึ่งพันห้าร้อยบาทค่ะ

น้ำเปล่าขวดละเท่าไรครับ

물은 한 병당 얼마인가요?

น้ำเปล่าขวดละเท่าไรครับ

น้ำเปล่าขวดละสิบห้าบาทค่ะ

물은 한 병당 15밧이에요.

น้ำเปล่าขวดละสิบห้าบาทค่ะ

DAY 08

โน่นอะไรคะ

저것은 무엇인가요?

โน่นอะไรคะ

โน่นกระโปรงครับ

저것은 치마예요.

โน่นกระโปรงครับ

นี่คืออะไรคะ

이것은 무엇인가요?

นี่คืออะไรคะ

นี่คือผัดไทยครับ

이것은 팟타이예요.

นี่คือผัดไทยครับ

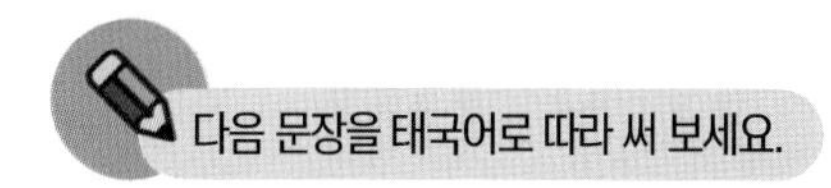

งั้นขอผัดไทย 2 จานค่ะ

그러면 팟타이 두 접시 주세요.

งั้นขอผัดไทย 2 จานค่ะ

2 จาน 100 บาทครับ

두 접시에 100밧이에요.

2 จาน 100 บาทครับ

แพงจัง ลดได้ไหมครับ

너무 비싸요. 깎아줄 수 있나요?

แพงจัง ลดได้ไหมครับ

ได้ค่ะ

깎아줄 수 있어요.

ได้ค่ะ

DAY 09

ผมปวดท้องครับ

저는 배가 아파요.

✎ ผมปวดท้องครับ

ปวดตั้งแต่เมื่อไรคะ

언제부터 아팠나요?

✎ ปวดตั้งแต่เมื่อไรคะ

ปวดตั้งแต่เมื่อวานครับ

어제부터 아팠어요.

✎ ปวดตั้งแต่เมื่อวานครับ

เมื่อวานกินอะไรคะ

어제 무엇을 드셨나요?

✎ เมื่อวานกินอะไรคะ

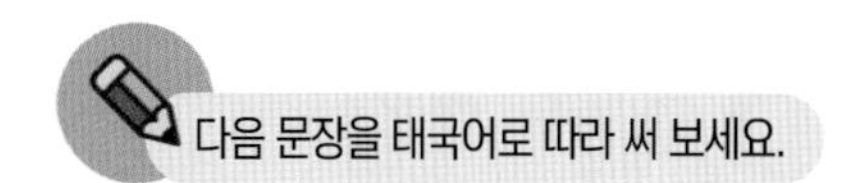

กินอาหารทะเลครับ

해산물을 먹었어요.

กินอาหารทะเลครับ

มีอาการอะไรบ้างครับ

어디가 불편하세요?

มีอาการอะไรบ้างครับ

เกิดลมพิษทั้งตัวและคันค่ะ

온몸에 두드러기가 나고, 가려워요.

เกิดลมพิษทั้งตัวและคันค่ะ

หมอจะให้ยาทาครับ

제가 바르는 약을 드릴게요.

หมอจะให้ยาทาครับ

DAY 10

ตอนเย็นคุณอยากกินอะไรคะ

저녁 때 당신은 무엇을 드시고 싶으세요?

✎ ตอนเย็นคุณอยากกินอะไรคะ

ตอนเย็นผมอยากกินต้มยำกุ้งครับ

저녁 때 저는 똠얌꿍이 먹고 싶어요.

✎ ตอนเย็นผมอยากกินต้มยำกุ้งครับ

ผมอยากดื่มกาแฟเย็นครับ

저는 아이스 커피를 마시고 싶어요.

✎ ผมอยากดื่มกาแฟเย็นครับ

ดิฉันไม่อยากดื่มของเย็นค่ะ

저는 차가운 것을 마시고 싶지 않아요.

✎ ดิฉันไม่อยากดื่มของเย็นค่ะ

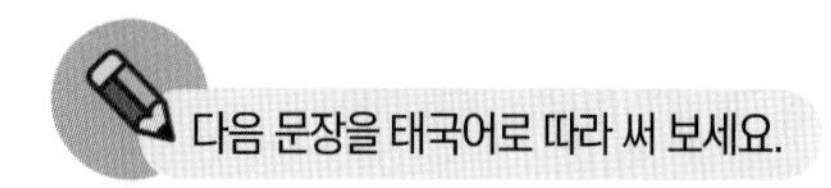

อยากดื่มชาร้อนมากกว่าค่ะ

뜨거운 차가 더 마시고 싶어요.

อยากดื่มชาร้อนมากกว่าค่ะ

ผมต้องจ่ายเท่าไร

내가 얼마를 내야 해?

ผมต้องจ่ายเท่าไร

เธอไม่ต้องจ่ายนะ

너는 비용을 낼 필요 없어.

เธอไม่ต้องจ่ายนะ

วันนี้ฉันเลี้ยง

오늘은 내가 한턱 낼게.

วันนี้ฉันเลี้ยง

DAY 11

ตอนบ่ายนี้จะไปไหน

오늘 오후에 어디에 갈 거야?

ตอนบ่ายนี้จะไปไหน

ตอนบ่ายนี้จะไปโรงเรียน

오늘 오후에 학교에 갈 거야.

ตอนบ่ายนี้จะไปโรงเรียน

คุณอ่านหนังสืออะไรอยู่ครับ

당신은 무슨 책을 읽고 있나요?

คุณอ่านหนังสืออะไรอยู่ครับ

นี่หนังสือภาษาเกาหลีค่ะ

이것은 한국어 책이에요.

นี่หนังสือภาษาเกาหลีค่ะ

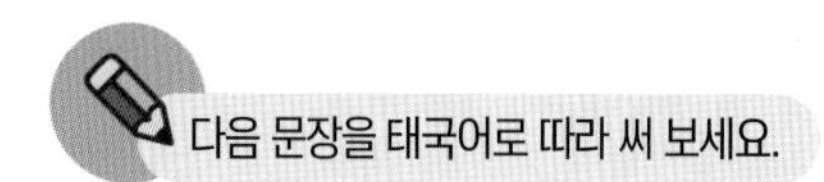

กำลังเรียนภาษาเกาหลีอยู่ค่ะ

한국어를 배우는 중이에요.

กำลังเรียนภาษาเกาหลีอยู่ค่ะ

ว้าวสู้ๆนะครับ

와, 파이팅이에요!

ว้าวสู้ๆนะครับ

คุณจะซื้อตัวไหนคะ

당신은 어떤 옷을 살 거예요?

คุณจะซื้อตัวไหนคะ

ผมกำลังคิดอยู่ครับ

생각 중이에요.

ผมกำลังคิดอยู่ครับ

DAY 12

สยามสแควร์อยู่ที่ไหนครับ

싸얌스퀘어는 어디에 있나요?

✎ สยามสแควร์อยู่ที่ไหนครับ

สยามสแควร์อยู่ตรงข้ามค่ะ

싸얌스퀘어는 건너편에 있어요.

✎ สยามสแควร์อยู่ตรงข้ามค่ะ

ห้องน้ำอยู่ที่ไหนครับ

화장실은 어디에 있나요?

✎ ห้องน้ำอยู่ที่ไหนครับ

ห้องน้ำอยู่ซ้ายมือค่ะ

화장실은 왼쪽에 있어요.

✎ ห้องน้ำอยู่ซ้ายมือค่ะ

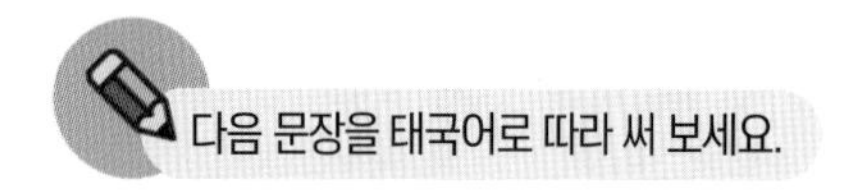

เข้าซอยไหมครับ

골목에 들어갈까요?

เข้าซอยไหมครับ

ไปโรงแรมบันยันทรีค่ะ

반얀트리 호텔로 가 주세요.

ไปโรงแรมบันยันทรีค่ะ

จอดตรงไหนครับ

어디에 세울까요?

จอดตรงไหนครับ

จอดหน้าโรงแรมหน่อยค่ะ

호텔 앞에 좀 세워 주세요.

จอดหน้าโรงแรมหน่อยค่ะ

DAY 13

มาที่นี่ใช้เวลาเท่าไร

여기 오는데 시간이 얼마나 걸렸어?

มาที่นี่ใช้เวลาเท่าไร

ใช้เวลา 15 นาที

15분 걸렸어.

ใช้เวลา 15 นาที

เธอมาที่นี่อย่างไร

너는 어떻게 왔어?

เธอมาที่นี่อย่างไร

ฉันนั่งแท็กซี่มา

나는 택시를 타고 왔어.

ฉันนั่งแท็กซี่มา

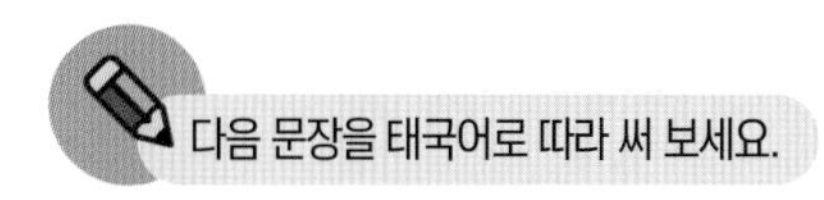

จากโรงแรมถึงที่นี่ไกลไหมคะ

호텔에서 여기까지 머나요?

จากโรงแรมถึงที่นี่ไกลไหมคะ

ไม่ไกลหรอกครับ

호텔에서 여기까지 멀지 않아요.

ไม่ไกลหรอกครับ

ใกล้ครับ

가까워요.

ใกล้ครับ

คือ 3 วัน 2 คืนครับ

2박 3일이요.

คือ 3 วัน 2 คืนครับ

DAY 14

วันนี้วันที่เท่าไร

오늘은 며칠이야?

✎ วันนี้วันที่เท่าไร

วันนี้วันที่ 21

오늘은 21일이야.

✎ วันนี้วันที่ 21

วันนี้วันอะไร

오늘은 무슨 요일이야?

✎ วันนี้วันอะไร

วันนี้วันจันทร์

오늘은 월요일이야.

✎ วันนี้วันจันทร์

วันเกิดของเธอเมื่อไหร่

네 생일은 언제야?

วันเกิดของเธอเมื่อไหร่

วันที่ 18 เดือนหน้า

다음 달 18일이야.

วันที่ 18 เดือนหน้า

ปีหน้าปี พ.ศ. อะไร

내년은 불력 몇 년이야?

ปีหน้าปี พ.ศ. อะไร

ปีหน้าปี พ.ศ. 2567

내년은 불력 2567년이야.

ปีหน้าปี พ.ศ. 2567

DAY 15

เริ่มเรียนกี่โมง

몇 시에 수업 시작해?

เริ่มเรียนกี่โมง

เริ่ม 9 โมงเช้า

오전 9시에 시작해.

เริ่ม 9 โมงเช้า

วันนี้อากาศดีมาก

오늘 날씨 너무 좋다!

วันนี้อากาศดีมาก

ไปเที่ยวกันไหม

같이 놀러 갈까?

ไปเที่ยวกันไหม

มีเมฆเยอะ

구름이 많이 꼈어.

มีเมฆเยอะ

ฝนน่าจะตก

비가 내릴 거 같아.

ฝนน่าจะตก

กินข้าวเย็นแล้วหรือยัง

저녁 식사하셨어요?

กินข้าวเย็นแล้วหรือยัง

ดิฉันกินข้าวเย็นตอน 1 ทุ่มแล้วค่ะ

저는 저녁 7시에 이미 저녁 식사를 했어요.

ดิฉันกินข้าวเย็นตอน 1 ทุ่มแล้วค่ะ

발음부터 회화까지 2주 완성

GO! 독학 태국어 첫걸음

옹지인 지음

워크북

시원스쿨닷컴

발음 강화 훈련집

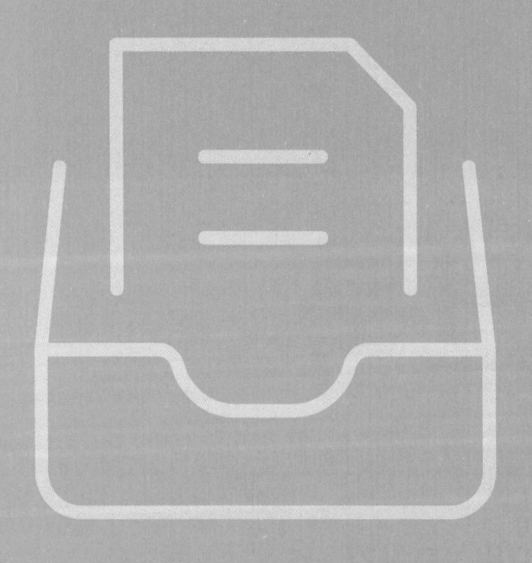

CONTENTS

1 태국어의 성조

태국어는 평성, 1성, 2성, 3성, 4성, 총 5개의 성조를 가진 언어입니다. 한국어 독음으로 같은 음가를 가졌더라도 성조에 따라 서로 의미가 달라질 수 있으므로 성조를 정확히 발음하는 것이 매우 중요합니다.

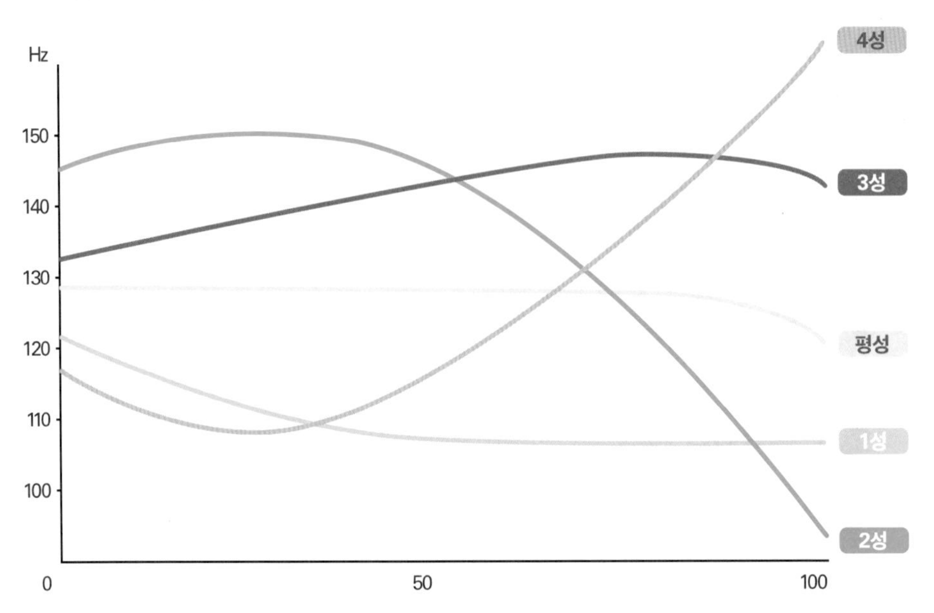

마̄- 평성	평소보다 약간 높은 음에서 유지하다가 마지막에 살짝 음이 떨어집니다.
마̀- 1성	평소보다 더 낮은 음에서 시작해서 더 낮게 떨어지는 음입니다.
마̂- 2성	평소보다 더 높은 음에서 시작해서 올라갔다가 떨어지는 음입니다.
마́- 3성	평소 음보다 살짝 높은 음에서 시작해서 올라갔다가 마지막에 살짝 떨어지는 음입니다.
마̌- 4성	평소보다 더 낮은 음에서 시작해서 더 낮게 떨어졌다가 올라가는 음입니다.

2 태국어의 문장 구조

1) 주어 + 동사 + 목적어

태국어 문장은 '주어 + 동사 + 목적어'의 기본 문장 구조를 갖습니다

나는 먹는다 밥을
주어 동사 목적어

나는 좋아한다 너를
주어 동사 목적어

2) 피수식어 + 수식어

태국어 문장에서는 대부분의 꾸며주는 말이 꾸밈을 받는 말 뒤에 위치합니다.

사람 예쁜
피수식어 수식어

꽃 향기로운
피수식어 수식어

3 태국어의 특징

1) 태국어에는 어형 변화가 없습니다.

태국어는 성, 수, 격, 시제를 비롯해서 수동태, 사동태와 같은 태, 의문, 명령, 청유와 같은 서법 등에 따른 어형 변화가 없습니다. 즉, 어느 한 단어를 익히고 나면 그 단어의 고유 형태가 문장 내 쓰임에 따라 변화하지 않기 때문에 단어의 변화 규칙이나 예외를 따로 외울 필요가 없습니다.

① **단수와 복수**: 단수와 복수는 단어의 반복을 통해 나타낼 수 있습니다.

เด็ก 덱` 어린이

เด็ก ๆ 덱`덱` 어린이들

② **격**: 주격, 목적격 등은 문장 내 위치를 통해 나타냅니다.

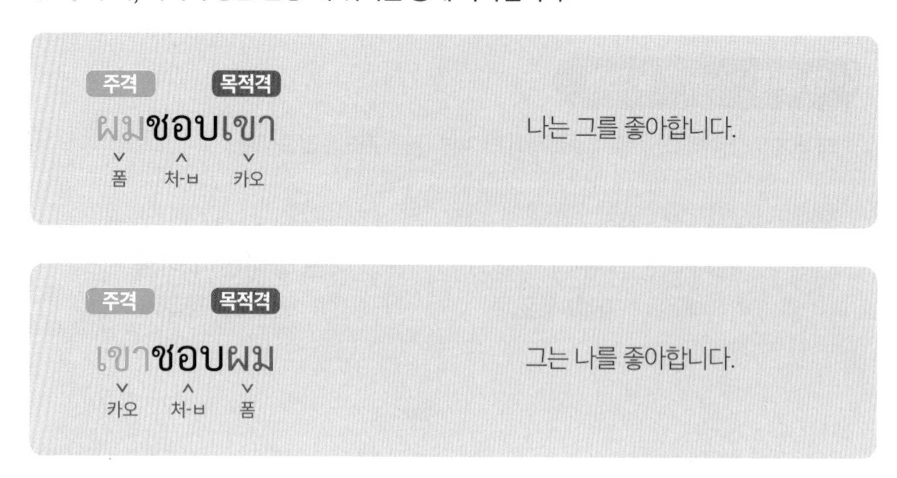

주격
목적격
ผมชอบเขา
폼 처-ㅂ 카오
나는 그를 좋아합니다.
주격
목적격
เขาชอบผม
카오 처-ㅂ 폼
그는 나를 좋아합니다.

③ **시제**: 시제는 조동사를 통해 나타냅니다.

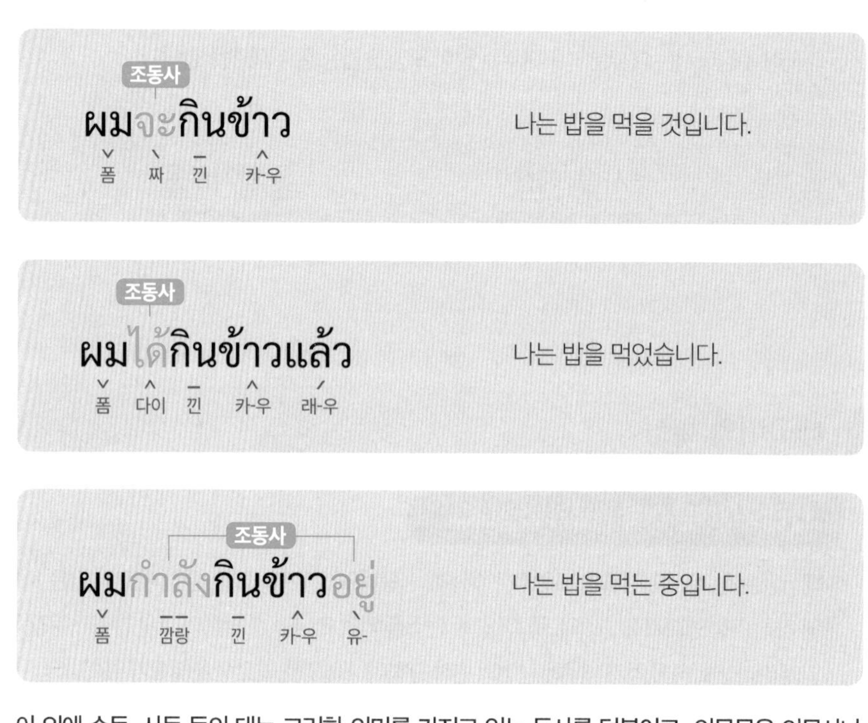

조동사
ผมจะกินข้าว
폼 짜 낀 카-우
나는 밥을 먹을 것입니다.
조동사
ผมได้กินข้าวแล้ว
폼 다이 낀 카-우 래-우
나는 밥을 먹었습니다.
조동사
ผมกำลังกินข้าวอยู่
폼 깜랑 낀 카-우 유-
나는 밥을 먹는 중입니다.

이 외에 수동, 사동 등의 태는 그러한 의미를 가지고 있는 동사를 덧붙이고, 의문문은 의문사나 의문조사를 통해 나타내며, 애원, 명령, 청유와 같은 서법은 어조사를 통해 나타냅니다.

2) 태국어는 띄어쓰기가 없습니다.

태국어 문장에서는 일반적으로 단어 간 띄어쓰기를 하지 않습니다. 단, 문장과 문장 사이, 문장 내 영어나 숫자, ฯ, ๆ, ฯลฯ와 같은 태국어 부호 등이 나오는 경우에는 띄어쓰기를 합니다.

3) 태국어는 문장부호를 사용하지 않습니다.

태국어 문장에서는 일반적으로 쉼표, 마침표, 물음표, 느낌표 등의 문장부호를 사용하지 않습니다.

4) 성조는 모든 음절에 필수 요소입니다.

하나의 음절에 한 개의 성조가 반드시 존재합니다. 성조는 성조부호가 있는 유형성조와 성조부호가 없는 무형성조로 나누어집니다.

① 성조부호가 없는 경우

ปา 빠- 던지다

② 성조부호가 있는 경우

ป่า 빠- 숲, ป้า 빠- 아주머니, 큰이모, 큰고모

5) 문장 내 위치에 따라 역할이 정해집니다.

주격, 목적격, 소유격 등 격에 따른 어형변화가 없기 때문에, 문장 내 위치에 따라 역할이 정해집니다. 따라서 기본 문장구조를 반드시 알고 있어야 합니다.

ผม의 사용

주격

ผมชอบเขา
폼 처-ㅂ 카오

저는 그를 좋아합니다.

목적격

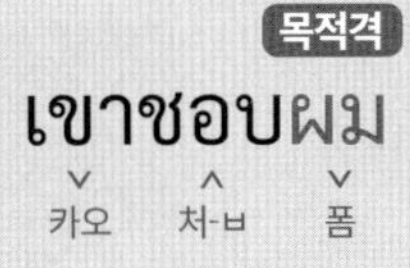

เขาชอบผม
카오 처-ㅂ 폼

그는 저를 좋아합니다.

소유격

เขาเป็นน้องของผม
카오 뻰 너-ㅇ 커-ㅇ 폼

그는 저의 동생입니다.

4 태국어의 자음

1) 태국어 자음의 개수

태국어의 자음은 모두 44개가 있습니다. 이 중 현대 태국어에서 사용되지 않는 2개 글자(ฃ 커- 쿠-앗, ฅ 커- 콘)를 제외하면, 모두 42개의 자음이 사용되고 있습니다.

	태국어 자음	자음 이름	초자음 음가	종자음 음가	대표 단어
1	ก	꺼- 까이	ㄲ	ㄱ	닭
2	ข	커- 카이	ㅋ	ㄱ	알
3	ฃ *현재는 사용되지 않음	커- 쿠-앗	-	-	병
4	ค	커- 콰-이	ㅋ	ㄱ	물소
5	ฅ *현재는 사용되지 않음	커- 콘	-	-	사람
6	ฆ	커- 라캉	ㅋ	ㄱ	종
7	ง	응어- 응우-	응(ŋ)	ㅇ(ŋ)	뱀
8	จ	쩌- 짜-ㄴ	ㅉ	ㅅ	접시

9	ฉ	처-칭	ㅊ	-	태국 악기
10	ช	처-차-ㅇ	ㅊ	ㅅ	코끼리
11	ซ	써-쏘-	ㅆ	ㅅ	쇠사슬
12	ฌ	처-츠ㅓ-	ㅊ	-	나무
13	ญ	여-잉	이(y)	ㄴ	여자
14	ฎ	더-차다-	ㄷ	ㅅ	무용수가 쓰는 관
15	ฏ	떠-빠딱	ㄸ	ㅅ	장대
16	ฐ	터-타-ㄴ	ㅌ	ㅅ	받침
17	ฑ	터-몬토-	ㄷ, ㅌ	-	여자 이름 라마끼안
18	ฒ	터-푸-타오	ㅌ	ㅅ	노인

19	ณ	너-네-ㄴ	ㄴ	ㄴ	동자승
20	ด	더-덱	ㄷ	ㅅ	어린이
21	ต	떠-따오	ㄸ	ㅅ	거북이
22	ถ	터-퉁	ㅌ	ㅅ	자루, 봉지
23	ท	터-타하-ㄴ	ㅌ	ㅅ	군인
24	ธ	터-통	ㅌ	ㅅ	깃발
25	น	너-누-	ㄴ	ㄴ	쥐
26	บ	버-바이 마이	ㅂ	ㅂ	나뭇잎
27	ป	뻐-쁘ㄹㄹㅏ-	ㅃ	ㅂ	생선
28	ผ	퍼-픙	ㅍ	-	벌

29	ฝ	풔-퐈-(f)	f	-	뚜껑
30	พ	퍼-파-ㄴ	ㅍ	ㅂ	태국식 쟁반
31	ฟ	풔-퐌(f)	f	ㅂ	치아
32	ภ	퍼- 쌈파오	ㅍ	ㅂ	돛단배
33	ม	머- 마	ㅁ	ㅁ	말
34	ย	여- 약	이(y)	이(y)	도깨비
35	ร	러- 르-아	ㄹ(r)	ㄴ	배
36	ล	ㄹㄹㅓ-링	ㄹㄹ(l)	ㄴ	원숭이
37	ว	워- 왜-ㄴ	우(w)	우(w)	반지
38	ศ	써- 싸-ㄹㄹㅏ-	ㅆ	ㅅ	정자

번호	자음	이름	초자음	종자음	대표 단어
39	ษ	써-르-씨-	ㅆ	ㅅ	수도승
40	ส	써-쓰-아	ㅆ	ㅅ	호랑이
41	ห	허-히-ㅂ	ㅎ	-	상자
42	ฬ	ㄹㄹㅓ-쭈 ㄹㄹㅏ-	ㄹㄹ(l)	ㄴ	태국식 연
43	อ	어-아-ㅇ	ㅇ	-	대야
44	ฮ	허-녹후-ㄱ	ㅎ	-	부엉이

2) 태국어 자음의 이름

태국어 자음의 이름은 ก 꺼- 까이와 같이 이루어져 있는데, 첫 부분의 꺼-는 해당 자음의 음가를 나타내며, 까이는 그 자음이 사용되는 대표적인 단어를 나타냅니다.

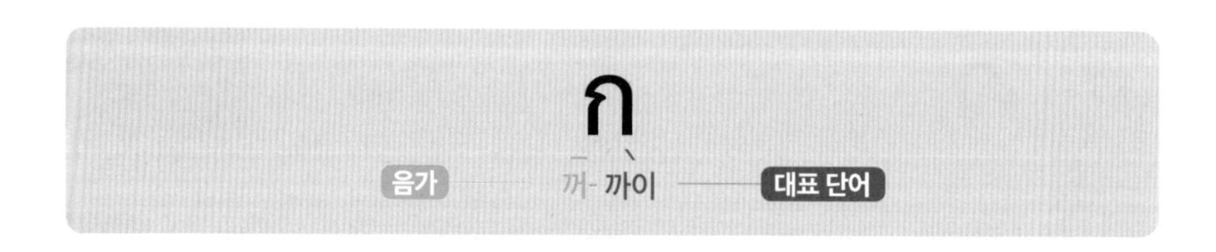

3) 태국어 자음의 종류

태국어 자음의 소리는 초자음 음가와 종자음 음가로 나누어질 수 있습니다. 초자음 음가는 해당 자음이 음절의 첫 소리로 쓰였을 때 나는 소리를 의미하고, 종자음 음가는 우리나라의 받침소리와 같이 쓰일 때 나는 소리를 의미합니다. 다만, 태국어는 한 줄로 늘여 쓰기 때문에 맨 처음에 쓰이는 자음을 '초자음', 맨 끝에 쓰이는 자음을 '종자음'이라고 구분하여 부릅니다.

아래의 표는 태국어 자음과 그 음가를 사전 순서대로 나타낸 것입니다.

4) 태국어 자음의 삼분법

앞서 익힌 44개의 태국어의 자음을 중자음, 고자음, 저자음 세 개의 부분으로 구분할 수 있습니다. 각 자음이 어느 그룹에 속하는 지에 따라 성조 규칙이 다르게 적용되므로 각각의 자음이 속하는 그룹을 반드시 알아야 합니다.

❶ 중자음 (9글자)

중자음은 홀로 평성, 1성, 2성, 3성, 4성의 5개 성조를 만들 수 있는 유일한 자음 그룹입니다.

ก	จ	ฎ	ฏ	ด
— \ 꺼- 까이	— — 쩌- 짜-ㄴ	— / — 더- 차다-	— \ \ 떠- 빠딱	— \ 더- 덱
ต	**บ**	**ป**	**อ**	
— \ 떠- 따오	— — / 버- 바이 마이	— — 뻐- 쁘ㄹㄹㅏ-	— \ 어- 아-ㅇ	

❷ 고자음 (11글자)

고자음은 홀로 1성, 2성, 4성을 만들 수 있는 자음 그룹입니다.

ข	ฃ	ฉ	ฐ	ถ	ผ
v \ 커- 카이	v \ 커- 쿠-앗	v \ 처- 칭	v v 터- 타-ㄴ	v v 터- 퉁	v ^ 퍼- 픙
ฝ	**ศ**	**ษ**	**ส**	**ห**	
v v 풔- 퐈-(f)	v v — 써- 싸-ㄹㄹㅏ-	v — v 써- 르-씨-	v v 써- 쓰-아	v \ 허- 히-ㅂ	

❸ 저자음 (24글자)

저자음은 홀로 평성, 2성, 3성을 만들 수 있는 자음 그룹입니다.

· **저자음의 짝음자음 (14글자)**

ค	ฅ	ฆ	ช	ซ
커- 콰-이	커- 콘	커- 라캉	처- 차-ㅇ	써- 쏘-
ฌ	**ฑ**	**ฒ**	**ท**	**ธ**
처- 츠ㅓ-	터- 몬토-	터- 푸- 타오	터- 타하-ㄴ	터- 통
พ	**ฟ**	**ภ**	**ฮ**	
퍼- 파-ㄴ	풔- 퐌(f)	퍼- 쌈파오	허- 녹후-ㄱ	

· **저자음의 홀음자음 (10글자)**

ง	ญ	ณ	น	ม
응어- 응우-	여- 잉	너- 네-ㄴ	너- 누-	머- 마-
ย	**ร**	**ล**	**ว**	**ฬ**
여- 약	러- 르-아	ㄹㄹㅓ- 링	워- 왜-ㄴ	ㄹㄹㅓ- 쭈 ㄹㄹㅏ-

5) 태국어 자음에서 주의할 점

❶ 한국어에는 없는 음가

· ง 응어- 응우-는 '응(ŋ)' 음가를 가지고 있습니다. 한국어에서는 이 음가가 받침으로만 사용되지만, 태국어에서는 초자음과 종자음에서 모두 사용됩니다. 따라서 응어-와 응우-를 한 음절로 읽어야 합니다.

· ฝ 풔-퐈-(f)와 ฟ 풔-퐌(f)은 한국어에 없는 음가로 영어의 f 음가를 가지고 있습니다.

❷ 한국어에서는 모음이지만, 태국어에서는 자음인 음가

· ญ 여-잉과 ย 여-약은 '이(y)' 음가를 가지고 있습니다. 이 음가는 한국어에서는 모음으로 취급되지만, 태국어에서는 자음으로 취급됩니다.

· ว 워-왜-ㄴ은 '우(w)' 음가를 가지고 있습니다. 이 음가 역시 한국어에서는 모음으로 취급되지만, 태국어에서는 자음으로 취급됩니다.

❸ ㄹ(r)과 ㄹㄹ(l) 음가의 구분

· ร 러-르-아는 'ㄹ(r)' 음가를 ล ㄹㄹㅓ-링과 ฬ ㄹㄹㅓ-쭈ㄹㄹㅏ-는 각각 'ㄹㄹ(l)' 음가를 가지고 있습니다. 한국어에서는 이를 모두 'ㄹ'로 표기하지만, 태국어에서는 두 음가가 서로 다른 자음이므로 구분하여 발음하여야 합니다.

5 태국어의 모음

1) 태국어 모음의 개수

태국어의 모음은 모두 32개가 있습니다. 특수모음의 반음절 모음을 제외한 단순모음과 이중모음, 음절모음은 단모음과 장모음의 짝을 이루고 있습니다.

단모음	소리	장모음	소리
อะ	아	อา	아-
อิ	이	อี	이-
อึ	으	อือ	으-
อุ	우	อู	우-
เอะ	에	เอ	에-
แอะ	애	แอ	애-

โอะ	오	โอ	오-
เอาะ	어	ออ	어-
เออะ	으ㅓ	เออ	으ㅓ-
เอียะ	이아	เอีย	이-아
เอือะ	으아	เอือ	으-아
อัวะ	우아	อัว	우-아
ไอ	아이	ใอ	아이
เอา	아오	อำ	암
ฤ	르, 리, 르ㅓ(r)	ฤๅ	르-(r)
ฦ	르(l)	ฦๅ	르-(l)

❶ 단순모음

· 단순모음은 처음과 끝이 하나의 소리로 이루어진 모음으로, 중간에 입모양이 바뀌지 않습니다. เอะ 에와 เอ 에-, แอะ 애와 แอ 애-의 소리를 명확히 구분하여 발음해야 합니다. 또한 เออะ 으ㅓ와 เออ 으ㅓ-는 한국어에는 없는 모음으로, '으'와 '어'의 중간 소리로 입모양을 '으-'하듯이 좌우로 길게 만들어주되, 윗니와 아랫니를 벌려 입안의 공간을 만들어줍니다. 중간에 '으'에서 '어'로 입모양이 바뀌지 않도록 주의합니다.

단모음	소리	장모음	소리
อะ	아	อา	아-
อิ	이	อี	이-
อึ	으	อือ	으-
อุ	우	อู	우-
เอะ	에	เอ	에-
แอะ	애	แอ	애-
โอะ	오	โอ	오-
เอาะ	어	ออ	어-
เออะ	으ㅓ	เออ	으ㅓ-

❷ 이중모음

· 이중모음은 시작과 끝소리가 다른 모음으로 발음하는 동안 입모양이 바뀌게 됩니다. 그러나 하나의 모음이므로 음절 단위로 나눌 때 하나의 음절이 되며, 하나의 성조만 붙습니다. 또한 이중모음의 장모음은 앞부분을 길게 소리 내며, 뒷부분이 같이 길어지지 않게 주의합니다.

단모음	소리	장모음	소리
เอียะ	이아	เอีย	이-아
เอือะ	으아	เอือ	으-아
อัวะ	우아	อัว	우-아

❸ 특수모음

· 반음절모음 : 반음절 모음은 '모음 + 종자음 음가(생음)'가 있는 형태의 모음입니다. 단모음과 장모음의 짝이 없으며, 모두 단모음으로 짧게 발음합니다. 한편, 반음절 모음의 경우, 비록 단모음처럼 짧게 발음하지만, 추후 성조법에 따라 무형성조를 계산할 때는 생음 규칙을 적용합니다. 이는 종자음으로 생음을 가지고 있는 소리와 같기 때문입니다.

단모음	소리	장모음	소리
ไอ	아이	ใอ	아이
เอา	아오	อำ	암

· 음절모음 : 음절모음은 '초자음 + 모음'의 음가를 가지고 있는 형태의 모음입니다. 음절모음은 대개 현대 태국어에서는 사용빈도가 낮습니다. 다른 음절모음에 비해 비교적 자주 쓰이는 ฤ의 경우, 소리가 세 가지로 날 수 있으므로 단어를 외울 때 어떻게 발음하는지 주의깊게 살펴보도록 합니다.

단모음	소리	장모음	소리
ฤ	르, 리, 르ㅓ(r)	ฤๅ	르-(r)
ฦ	르(l)	ฦๅ	르-(l)

2) 태국어 모음에서 주의할 점

❶ 태국어 모음의 위치

· 태국어의 모음은 좌, 우, 위, 아래에 모두 위치할 수 있으므로 어떤 모음이 어떤 자리에 위치하는 지를 알고 있어야 합니다. 모음을 쓸 때도 동그라미가 있는 경우는 동그라미부터 시작해서 그리며, 모음 อิ 이와 같이 동그라미가 없는 경우는 오른쪽에서 왼쪽, 모음 อา 아와 같은 글자는 위에서 아래로 그립니다.

❷ 단모음과 장모음 구분

· 태국어의 모음은 단모음과 장모음이 짝을 이루고 있습니다. 단모음과 장모음의 구분에 따라 성조가 달라질 수 있으며, 비록 성조가 달라지지 않는 경우라도 장단음에 따라 뜻이 달라지므로 반드시 구분하여 발음하여야 합니다.

① 단모음과 장모음의 구분에 따라 성조가 달라지는 경우

รัก 락 사랑하다	**ราก** 라-ㄱ 뿌리

② 성조가 달라지지 않아도 단모음과 장모음의 구분에 따라 뜻이 달라지는 경우

กัน 깐 서로, 같이	**การ** 까-ㄴ 일, 업무(동사 앞에 붙여 명사화)

❸ 일부 모음 중 자음의 형태와 같은 모양을 가진 모음

· **อือ** 으-, **ออ** 어-, **อัว** 우-아 등과 같이 일부 모음 중에는 자음의 형태와 같은 모양을 가진 모음이 있습니다. 이는 단순히 모양이 같을 뿐 자음이 아닙니다. 한편 종자음이 올 때 형태가 생략되거나 바뀌는 모음은 아래의 표에 표기하였습니다. 형태가 바뀌더라도 혼동하지 않도록 합니다.

① 종자음이 올 때 형태가 생략되는 모음

โอะ 단모음 오 → **ก** (ㄲ) + **โอะ** (ㅗ) + **ด** (ㅅ) = **กด** (꼿)

② 종자음이 올 때 형태가 바뀌는 모음

단모음의 변화				
	단모음 아	**อะ**	→	**อัม**
	단모음 에	**เอะ**	→	**เอ็ม**
	단모음 애	**แอะ**	→	**แอ็ม**
	단모음 어	**เอาะ**	→	**อ็อม** *외래어를 표기할 때만 나타남

장모음의 변화			
장모음 으-	อือ	→	อืม
장모음 으ㅓ-	เออ	→	เอิม *종자음이 ย일 경우, เอย 형태로 바뀜
장모음 우-아	อัว	→	อวม

6 태국어의 기호 및 문장 부호

태국어에서만 사용되는 기호 및 문장 부호가 있습니다.

기호의 모양	이름	기능 및 역할
อ็	ไม้ไต่คู้ 마이 따이 쿠-	เอาะ 어, เอะ 에, แอะ 애와 같은 단모음이 종자음을 가질 때, อ็อ 어, เอ็ 에, แอ็ 애로 바뀝니다.
อ์	ไม้ทัณฑฆาต 마이 탄 타 카-ㅅ	자음 위에 위치해서 해당 자모음을 묵음시킵니다.(단, 모음 อิ 위에 위치 가능)
ๆ	ไม้ยมก 마이 야 목	단어나 구 뒤에 위치하여 반복하여 읽도록 합니다. 이를 통해 단수의 복수, 의미의 강조, 의미의 약화 등의 의미 변화를 표현합니다.
ฯ	ไปยาลน้อย 빠이 야-ㄴ 너-이	단어의 뒤에 위치하여 긴 명칭을 줄여서 표기하였음을 나타내거나, 일부 특수 단어에 나타납니다.
ฯลฯ	ไปยาลใหญ่ 빠이 야-ㄴ 야이	나열을 하는 문장 뒤에 위치하여, 뒤를 생략하였음을 나타냅니다. '등등', '기타 등등'의 의미를 가집니다. 이 기호가 문장에 있을 때는 **ละ** 라 혹은 **และอื่นๆ** 래 은으-ㄴ이라고 소리를 내어 읽습니다.

7 태국어의 음절

태국어 음절은 '초자음 + 모음' 혹은 '초자음 + 모음 + 종자음'의 결합으로 이루어집니다. 음절은 모음을 기준으로 나누어지며, 모든 음절은 반드시 하나의 성조를 가집니다.

1) 초자음 + 모음

태국어에서 초자음은 1-2개 위치할 수 있습니다.

① 초자음이 1개인 경우

	초자음	+	모음	=	음절	뜻
중자음	ก ㄲ	+	อา ㅏ-	=	กา 까-	까마귀
중자음	ด ㄷ	+	อู ㅜ-	=	ดู 두-	보다
고자음	ข ㅋ	+	ออ ㅓ-	=	ขอ 커-	요청하다, 부탁하다
고자음	ฝ f	+	อา ㅏ-	=	ฝา 퐈-	뚜껑
저자음	น ㄴ	+	อา ㅏ-	=	นา 나-	논
저자음	ม ㅁ	+	อี ㅣ-	=	มี 미-	가지고 있다

② 초자음이 2개인 경우

소리의 결합	초자음 자음 결합	예시
ㄲ, ㅋ + ร, ล, ว	กร-, กล-, กว- คร-, คล-, คว- ขร-, ขล-, ขว-	กวาง 꽈-ㅇ 사슴 ครัว 크루-아 주방 ขวา 콰- 오른쪽
ㄸ + ร	ตร-	ตรา 뜨라- 도장
ㅃ, ㅍ + ร, ล	ปร-, ปล- พร-, พล-	ปลา 쁘ㄹㄹㅏ- 물고기, 생선 พระ 프라 승려

* 위의 제시된 자음의 결합 이외의 자음이 연속되어 있을 때는 초자음이 연속된 것이 아닙니다.

2) 초자음 + 모음 + 종자음

종자음은 생음과 사음으로 나누어집니다.

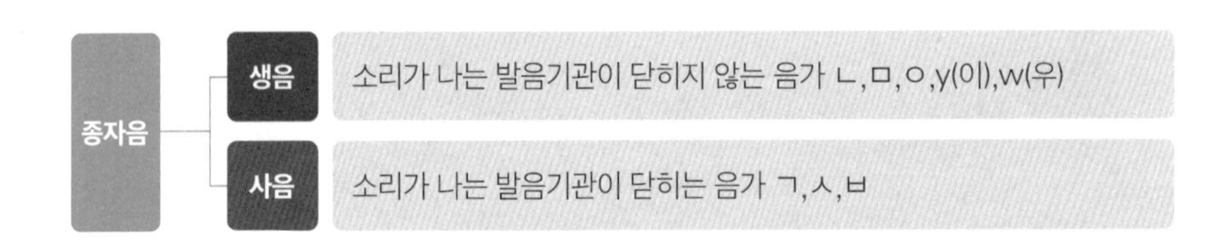

종자음
생음
소리가 나는 발음기관이 닫히지 않는 음가 ㄴ, ㅁ, ㅇ, y(이), w(우)
사음
소리가 나는 발음기관이 닫히는 음가 ㄱ, ㅅ, ㅂ

종자음

ก (ㄲ) + อา (ㅏ-) + ว (w(우)) = กาว (까-우) 풀

ด (ㄷ) + อู (우-) + ด (ㅅ) = ดูด (두-ㅅ) 흡입하다, 빨아들이다

고자음

ข ㅋ	+	ออ 어-	+	ง ㅇ	=	ของ ˇ 커-ㅇ	물건, ~의
ฝ ㅍ	+	อา 아-	+	ก ㄱ	=	ฝาก ˋ 퐈-ㄱ	맡기다

저자음

น ㄴ	+	อา 아-	+	ย y(이)	=	นาย ˉ 나-이	주인, Mr., ~씨
ม ㅁ	+	อา 아-	+	ก ㄱ	=	มาก ˆ 마-ㄱ	많이, 매우

8 태국어의 유형성조

1) 유형성조란?

유형성조란 성조를 나타내는 부호를 가지고 있는 것을 말합니다. 평성은 부호가 따로 없고, 1-4성은 부호를 가지고 있습니다. 성조 부호는 초자음의 약간 오른쪽 위, 혹은 위에 위치하는 모음이 있는 경우 그 모음의 약간 오른쪽 위에 자음보다 작게 그립니다.

1성 부호	อ่	위에서 아래로 씁니다. 중, 고, 저자음에 모두 쓸 수 있습니다.
2성 부호	อ้	동그라미부터 씁니다. 중, 고, 저자음에 모두 쓸 수 있습니다.
3성 부호	อ๊	동그라미부터 씁니다. 중자음에만 쓸 수 있습니다.
4성 부호	อ๋	위에서 아래로 쓴 뒤, 왼쪽에서 오른쪽으로 씁니다. 중자음에만 쓸 수 있습니다.

2) 유형성조 규칙

유형성조는 음절에 성조 부호가 표시되어 있는 것으로 성조 부호는 초자음의 오른쪽 상단에 위치합니다. 유형성조의 규칙에서 먼저 알아야 하는 것은 초자음의 종류입니다. 초자음의 종류는 중자음, 고자음, 저자음으로 나뉩니다.

❶ 중자음

1-4성 부호와 모두 결합할 수 있으며, 성조 부호가 나타내는 성조 그대로 발음합니다.

1성 부호	ป่า 빠-	삼림, 숲
2성 부호	ป้า 빠-	아주머니, 큰 이모, 큰 고모
3성 부호	ก๊ก 꼭	나라
4성 부호	เดี๋ยว 디-아우	잠시, 잠깐

❷ 고자음

1성과 2성 부호만 결합할 수 있으며, 성조 부호가 나타내는 성조 그대로 발음합니다.

1성 부호	ข่าว 카-우	뉴스, 소식
2성 부호	ข้าว 카-우	밥, 쌀

❸ 저자음

저자음 위에 1성 표시가 있으면 2성으로, 저자음 위에 2성 표시가 있으면 3성으로 발음합니다.

1성 부호	น่า 나-	~함 직하다
2성 부호	น้า 나-	작은 이모, 외삼촌

9 태국어의 무형성조

1) 무형성조란?

무형성조란 성조 부호가 없이 초자음과 모음, 종자음의 결합을 통해 규칙을 적용하여 성조를 발음해야 하는 단어를 뜻합니다.

2) 무형성조의 규칙

초자음은 유형성조에서 언급한 바와 같이 중자음, 고자음, 저자음으로 나뉘며, 모음은 단모음과 장모음으로, 그리고 종자음은 생음 종자음과 사음 종자음으로 나누어집니다.

❶ 중자음

규칙	성조	예
중자음 + 장모음	평성	ด + อี ➡ ดี 디- 좋다
중자음 + 단모음/장모음 + 생음 종자음	평성	ก + อิ + น ➡ กิน 낀 먹다
중자음 + 단모음	1성	จ + อะ ➡ จะ 짜 ~할 것이다
중자음 + 단모음/장모음 + 사음 종자음	1성	ป + อิ + ด ➡ ปิด 삣 닫다

❷ 고자음

규칙	성조	예
고자음 + 장모음	4성	ข + อา ➡ ขา 카- 다리
고자음 + 단모음/장모음 + 생음 종자음	4성	ส + อา + ม ➡ สาม 싸-ㅁ 3, 셋
고자음 + 단모음	1성	ส + อิ ➡ สิ 씨 ~해라, 하시오 (명령 어조사)
고자음 + 단모음/장모음 + 사음 종자음	1성	ส + อิ + บ ➡ สิบ 씹 10, 열

❸ 저자음

구성	성조	예
저자음 + 장모음	평성	ม + อา ➡ มา 마- 오다
저자음 + 단모음/장모음 + 생음 종자음		ย + อา + ย ➡ ยาย 야-이 외할머니
저자음 + 단모음	3성	ย + เออะ ➡ เยอะ 여 많다
저자음 + 단모음 + 사음 종자음		ค + อิ + ด ➡ คิด 킷 생각하다
저자음 + 장모음 + 사음 종자음	2성	ท + ออ + ด ➡ ทอด 터-ㅅ 튀기다

❹ 생음 종자음과 사음 종자음

구분	발음	종자음
생음 종자음 소리가 나는 발음기관이 닫히지 않는 음가	ㄴ	น, ญ, ณ, ร, ล, ฬ
	ㅁ	ม
	ㅇ	ง
	Y(이)	ย
	W(우)	ว
사음 종자음 소리가 나는 발음기관이 닫히는 음가	ㄱ (ㄲ, ㅋ)	ก, ข, ค, ฆ
	ㅅ (ㅉ, ㅊ, ㅆ, ㄷ, ㄸ, ㅌ)	จ, ฉ, ช, ซ, ฌ, ฎ, ฏ, ฐ, ฑ, ฒ, ด, ต, ถ, ท, ธ, ศ, ษ, ส
	ㅂ (ㅂ, ㅃ, ㅍ)	บ, ป, พ, ฟ, ภ

3) 선도자음

선도자음이란 고자음이나 중자음이 저자음의 홀음자음 앞에 위치할 때, 뒤에 오는 저자음의 홀음자음에 자신의 성조 규칙을 빌려주는 것을 의미합니다.

❶ ห 선도자음

ห + 홀음자음의 형태로 나타날 경우, ห ˇ허-ˋ히-ㅂ은 발음하지 않고, 대신 홀음자음(저자음*)에 고자음의 규칙을 적용하여 읽습니다.

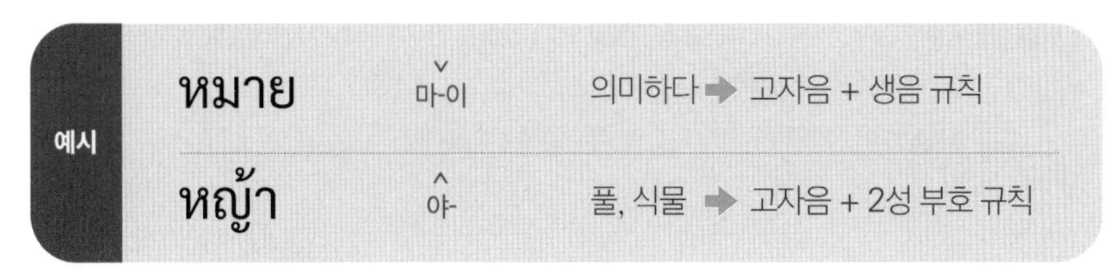

예시
หมาย ˇ마-이 의미하다 ➡ 고자음 + 생음 규칙
หญ้า ˆ야- 풀, 식물 ➡ 고자음 + 2성 부호 규칙

Tip *저자음의 홀음자음은 저자음 중에서 고자음에 같은 음가가 없는 자음들을 의미하며, 모두 10개가 있습니다. ง, ญ, ณ, น, ม, ย, ร, ล, ว, ฬ

❷ อ 선도자음

초자음에서 อ + ย의 형태로 나타날 경우, อ ¯어-ˋ아-ㅇ은 발음하지 않고, 대신 ย을 중자음의 규칙을 적용하여 읽습니다.

예시			
	อยาก	ˋ야-ㄱ	~하고 싶다 ➡ 중자음 + 사음 규칙
	อยู่	ˋ유-	있다, 살다 ➡ 중자음 + 1성 부호 규칙

❸ 고자음 + 홀음자음 / 중자음 + 홀음자음

'고자음 + 홀음자음' 혹은 '중자음 + 홀음자음'의 경우에는 첫 번째 자음에 단모음 อะ를 첨가하여 읽지만, 두 번째 자음에 위치한 저자음의 홀음자음을 읽을 때는 고자음 혹은 중자음의 성조 규칙을 빌려서 발음합니다.

· **고자음 + 홀음자음**

예시			
	สนาม	ˋ싸ˇ나-ㅁ	광장, 운동장 ➡ 고자음 + 단모음 / 고자음 + 생음 규칙
	สว่าง	ˋ싸ˋ와-ㅇ	밝다, 환하다 ➡ 고자음 + 단모음 / 고자음 + 1성 부호 규칙

· **중자음 + 홀음자음**

예시				
	จมูก	짜무-ㄱ	코	➡ 중자음 + 단모음 / 중자음 + 사음 규칙
	อร่อย	아러-이	맛있다	➡ 중자음 + 단모음 / 중자음 + 1성 부호 규칙

Tip (예외) 중자음 중에서 บ와 홀음자음 ร나 ว이 결합한 경우 즉, บร-, บว-의 경우는 첫번째 자음인 บ에 모음 ออ 어-를 결합하여 발음합니다.

บริษัท 버-리쌋 회사 | บวร 버-워-ㄴ 탁월하다, 고상하다

4) 가성 복합자음

가성 복합자음은 초자음이 2개 있는 형태이지만, 두 개가 합쳐져서 완전히 다른 소리가 나거나, 둘 중 하나만 소리가 나는 경우를 의미합니다.

❶ ท +ร의 결합

ท + ร 두 개의 자음이 합쳐지면, ซ 써- 쏘- 로 발음이 바뀝니다.

예시			
	ทราบ	싸-ㅂ	알다(존대 어휘)
	ทราย	싸-이	모래

❷ ซ, ส, ศ +ร의 결합

ㅆ 음가를 가진 자음 **ซ, ส, ศ**이 **ร**와 결합하면, **ร**는 묵음이 되고, ㅆ 음가만 남습니다.

예시			
	ไซร้	싸이	~한다면
	ทราย	싸-ㅇ	세우다, 건설하다
	เศร้า	싸오	슬프다

5) 발음의 예외 규칙

❶ -ร 읽기

모음 없이 자음 + -ร형태인 경우, ‘ -ร’는 -어-ㄴ으로 발음됩니다. 성조를 계산할 때는 생음 종자음 규칙을 적용합니다.

예시		
พร	퍼-ㄴ	복, 축복
จร	쩌-ㄴ	유랑하다

❷ -รร 읽기

모음 없이 자음 + -รร 형태인 경우, ‘ -รร’는 -안으로 발음됩니다. 성조를 계산할 때는 생음 종자음 규칙을 적용합니다.

예시		
กรรไกร	깐 끄라이	가위
บรรทุก	반 툭	싣다, 적재하다

❸ -รร- 읽기

모음 없이 자음 + -รร- + 자음 형태인 경우, ‘-รร-’는 아로 발음됩니다. 성조를 계산할 때는 단모음 아가 활용된 것과 똑같이 적용합니다.

예시		
กรรม	깜	업, 업보
พรรค	팍	정당, 당

실력 다지기 GO!

1 알파벳을 보고 태국어 자음의 삼분법 중 어느 것에 해당하는 지 답을 고르세요.

1 จ ❶ 중자음 ❷ 고자음 ❸ 저자음

2 ฌ ❶ 중자음 ❷ 고자음 ❸ 저자음

3 ห ❶ 중자음 ❷ 고자음 ❸ 저자음

4 ง ❶ 중자음 ❷ 고자음 ❸ 저자음

2 다음의 모음이 종자음이 있을 때 어떠한 형태로 변화하는지 쓰세요.

보기
터- 퉁
뻐- 쁘ㄹㄹㅏ-
풔-퐌(f)
커-콘
1 ป ( )
2 ถ ( )
3 ฅ ( )
4 ฟ ( )

3 다음 내용을 읽고 맞으면 O, 틀리면 X 표시하세요.

1 태국어 문장은 주어 + 동사 + 목적어의 기본 문장 구조를 갖는다. O X

2 꾸며주는 말이 꾸밈을 받는 말 앞에 위치한다. O X

3 태국어는 어형 변화가 있다. O X

4 태국어는 일반적으로 단어 간 띄어쓰기를 하지 않는다. O X

4 다음 빈칸에 들어갈 알맞은 한국어 음가를 쓰세요.

단모음	소리	장모음	소리
อะ	아	อา	아-
อิ	❶	อี	❷
อึ	우	อือ	우-
เอาะ	❸	ออ	❹
เออะ	애	เออ	애-
เอียะ	❺	เอีย	❻
อัวะ	❼	อัว	❽
เออะ	으ㅓ	เออ	으ㅓ-

5 다음 내용을 읽고 맞으면 O, 틀리면 X 표시하세요.

1 태국어는 4개의 성조를 가진 언어이다. O X

2 평성은 평소보다 더 낮은 음에서 시작해서 더 낮게 떨어지는 음입니다. O X

3 태국어 모음의 개수는 모두 34개이다. O X

4 태국어는 쉼표, 마침표, 물음표, 느낌표 등의 문장부호를 사용하지 않는다. O X

6 다음의 모음이 종자음이 있을 때 어떠한 형태로 변화하는지 쓰세요.

모음의 소리	종자음이 없을 때 형태	종자음이 있을 때 형태
단모음 **아**	อะ	❶
단모음 **에**	เอะ	❷
단모음 **애**	แอะ	❸
단모음 **어**	เอาะ	❹
장모음 **으-**	อือ	❺
장모음 **으ㅓ-**	เออ	❻
장모음 **우-아**	อัว	❼

7 다음의 단어가 어떤 발음이 나는지 빈칸에 한국어 발음을 쓰세요.

태국어 단어	한국어 발음	성조
นาย ~씨	❶	평성
กวาง 사슴	❷	평성
มาก 많이, 매우	❸	2성
พร้อม 일제히, 동시에	❹	3성
เดี๋ยว 잠시, 잠깐	❺	4성

8 다음 단어를 보고 같은 성조가 나는 단어끼리 짝지어 보세요.

1 แฟน 애인 · · ⓐ แต่ 그러나

2 จาก ~에서 · · ⓑ ให้ 주다

3 ได้ 받다 · · ⓒ มี 있다

9 다음의 무형성조 규칙에 알맞은 성조를 써 보세요.

> **보기**
> **중자음 + 장모음**
> **중자음 + 단모음/ 장모음 + 생음 종자음** → **평성**

1 중자음 + 단모음
중자음 + 단모음/ 장모음 + 사음 종자음 → ___성

2 고자음 + 장모음
고자음 + 단모음/ 장모음 + 생음 종자음 → ___성

3 고자음 + 단모음
고자음 + 단모음/ 장모음 + 사음 종자음 → ___성

4 저자음 + 장모음
저자음 + 단모음/ 장모음 + 생음 종자음 → ___성

5 저자음 + 단모음
저자음 + 단모음 + 사음 종자음 → ___성

6 저자음 + 장모음 + 사음 종자음 → ___성

10 다음의 단어들이 어떻게 발음되는지 한국어로 쓰고, 성조를 구분해 보세요.

태국어 단어	한국어 발음	성조
พร 복, 축복	퍼-ㄴ	❶
กรรไกร 가위	❷	평성
ทราย 모래	❸	평성
กรรม 업, 업보	깜	❹
สร้าง 세우다, 건설하다	싸-ㅇ	❺

빠른 정답

1 ① 중자음 ② 저자음 ③ 고자음 ④ 저자음

2 ① 빠̄- 쁘̄ㄹㄹㅏ- ② 터̌- 퉁̌ ③ 커̄- 콘̄ ④ 풔̄-퐌̄(f)

3 ③

4 ① 이 ② 이- ③ 에 ④ 에- ⑤ 오 ⑥ 오- ⑦ 어 ⑧ 어-

5 ① X ② X ③ X ④ O

6 ① อัม ② เอ็ม ③ เอ็ม ④ อ็อม ⑤ อึม ⑥ เอิม ⑦ อวม

7 ① 나-이 ② 꽈-ㅇ ③ 마-ㄱ ④ 프러-ㅁ ⑤ 디-아우

8 ① c ② a ③ b

9 ① 1성 ② 4성 ③ 1성 ④ 평성 ⑤ 3성 ⑥ 2성

10 ① 평성 ② 깐 끄라이 ③ 싸-이 ④ 평성 ⑤ 2성

핵심 표현집

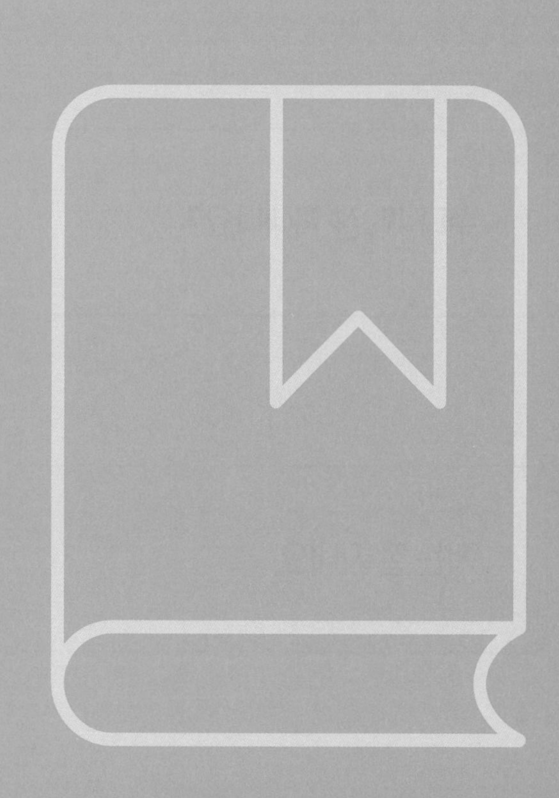

Day 02 당신의 이름은 무엇인가요?

우리말을 보고 태국어로 따라 말해 보세요.

1. 당신의 이름은 무엇인가요?

2. 제 이름은 민희예요.

3. 쑤다 씨, 잘 지내나요?

4. 저는 잘 지내요.

MP3 02-01

คุณ ชื่อ อะไร ครับ

쿤 츠- 아라이 크랍

ดิฉัน ชื่อ มินฮี ค่ะ

디찬 츠- 민희- 카

คุณ สุดา สบาย ดี ไหม ครับ

쿤 쑤다- 싸바-이 디- 마이 크랍

ดิฉัน สบาย ดี ค่ะ

디찬 싸바-이 디- 카

Day 03 나는 일본에 놀러 갈 거야.

우리말을 보고 태국어로 따라 말해 보세요.

1 나는 한국인이야.

2 그녀는 태국인이 아니야.

3 나는 일본에 놀러 갈 거야.

4 나는 일본에 안 가.

MP3 03-01

ฉัน เป็น คน เกาหลี
찬 뻰 콘 까올리-

เธอ ไม่ ใช่ คน ไทย
트ㅓ- 마이 차이 콘 타이

ฉัน จะ ไปเที่ยว ประเทศ ญี่ปุ่น
찬 짜 빠이 티-아우 쁘라테-ㅅ 이-뿐

ผม ไม่ ไป ญี่ปุ่น
폼 마이 빠이 이-뿐

Day 04 저 사람은 우리 형이야.

우리말을 보고 태국어로 따라 말해 보세요.

1. 저 사람은 우리 형이야.

2. 얘는 네 남동생이야?

3. 오늘 저는 외할아버지를 찾아 뵐 거예요.

4. 이 분들은 아버지와 어머니예요.

MP3 04-01

คน โน้น พี่ ของ ผม

콘 노-ㄴ 피- 커-ㅇ 폼

คน นี้ คือ น้อง ชาย ของ เธอ หรือ

콘 니- 크- 너-ㅇ 차-이 커-ㅇ 트ㅓ- 르-

วันนี้ ผม จะ ไปหา คุณตา

완니- 폼 짜 빠이 하- 쿤 따-

ท่าน คือ คุณพ่อ และ คุณแม่ ครับ

탄 크- 쿤 퍼- 래 쿤 매 크랍

Day 05 우리 가족은 4명이야.

우리말을 보고 태국어로 따라 말해 보세요.

1 우리 가족은 4명이야.

2 너는 펜이 몇 자루 있어?

3 나는 펜이 없어.

4 나는 책이 다섯 권 있어.

MP3 05-01

ครอบครัว ของ ฉัน มี สี่ คน

크러-ㅂ 크루-아 커-ㅇ 찬 미- 씨- 콘

เธอ มี ปากกา กี่ แท่ง

트ㅓ- 미- 빠-ㄱ까- 끼- 탱

ผม ไม่ มี ปากกา

폼 마이 미- 빠-ㄱ까-

ฉัน มี หนังสือ ห้า เล่ม

찬 미- 낭쓰- 하- 렘

Day 06 어제는 며칠이었어요?

우리말을 보고 태국어로 따라 말해 보세요.

1. 사무실은 12층에 있어요.

2. 어제는 며칠이었어요?

3. 어제는 16일이에요.

4. 그러면 내일은요?

MP3 06-01

ห้องทำงาน อยู่ ชั้น ที่ สิบสอง ค่ะ
허-ㅇ 탐 응아-ㄴ 유- 찬 티- 씹 써-ㅇ 카

เมื่อวาน วัน ที่ เท่าไร ครับ
므-아 와-ㄴ 완 티- 타오라이 크랍

เมื่อวาน วัน ที่ สิบหก ค่ะ
므-아 와-ㄴ 완 티- 씹 혹 카

แล้ว พรุ่งนี้ ล่ะ ครับ
래-우 프룽니- 라 크랍

Day 07 저것은 얼마예요?

우리말을 보고 태국어로 따라 말해 보세요.

1. 저것은 얼마예요?

2. 저것은 500밧이에요.

3. 가격이 비싸지 않네.

4. 물은 한 병당 15밧이에요.

MP3 07-01

โน่น ราคา เท่าไร คะ

노-ㄴ 라-카- 타오라이 카

อัน โน้น ห้า ร้อย บาท ครับ

안 노-ㄴ 하- 러-이 바-ㅅ 크랍

ราคา ไม่ แพง นะ

라-카- 마이 패-ㅇ 나

น้ำเปล่า ขวด ละ สิบห้า บาท ค่ะ

나-ㅁ 쁠라오 쿠-앗 라 씹 하- 바-ㅅ 카

Day 08 이것은 팟타이예요.

우리말을 보고 태국어로 따라 말해 보세요.

1. 저것은 치마예요.

2. 이것은 팟타이예요.

3. 깎아줄 수 있나요?

4. 그러면 저는 두 벌 주세요.

MP3 08-01

โน่น กระโปรง ครับ
노-ㄴ 끄라쁘로-ㅇ 크랍

นี่ คือ ผัดไทย ครับ
니- 크- 팟타이 크랍

ลด ได้ ไหม ครับ
롯 다이 마이 크랍

งั้น ผม ขอ 2 ตัว ครับ
응안 폼 커- 써-ㅇ 뚜-아 크랍

Day 09 저는 배가 아파요.

우리말을 보고 태국어로 따라 말해 보세요.

1. 저는 배가 아파요.

2. 어제부터 아팠어요.

3. 제가 바르는 약을 드릴게요.

4. 약은 식후에 드세요.

MP3 09-01

ผม ปวด ท้อง ครับ

폼 뿌-앗 터-ㅇ 크랍

ปวด ตั้งแต่ เมื่อวาน ครับ

뿌-앗 땅때- 므-아 와-ㄴ 크랍

หมอ จะ ให้ ยาทา ครับ

머- 짜 하이 야-타- 크랍

กิน ยา หลัง กิน ข้าว นะ ครับ

낀 야- 랑 낀 카-우 나 크랍

Day 10 저는 아이스 커피를 마시고 싶어요.

우리말을 보고 태국어로 따라 말해 보세요.

1. 저녁 때 저는 똠얌꿍이 먹고 싶어요.

2. 저는 아이스 커피를 마시고 싶어요.

3. 저는 차가운 것을 마시고 싶지 않아요.

4. 너는 비용을 낼 필요 없어.

MP3 10-01

ตอน เย็น ผม อยาก กิน ต้มยำกุ้ง ครับ
떠-ㄴ 옌 폼 야-ㄱ 낀 똠얌꿍 크랍

ผม อยาก ดื่ม กาแฟ เย็น ครับ
폼 야-ㄱ 드-ㅁ 까-풰- 옌 크랍

ดิฉัน ไม่ อยาก ดื่ม ของ เย็น ค่ะ
디찬 마이 야-ㄱ 드-ㅁ 커-ㅇ 옌 카

เธอ ไม่ ต้อง จ่าย นะ
트ㅓ- 마이 떠-ㅇ 짜-이 나

Day 11 한국어를 배우는 중이에요.

우리말을 보고 태국어로 따라 말해 보세요.

1. 오늘 오후에 학교에 갈 거야.

2. 그는 어제 파타야에 놀러 갔어.

3. 한국어를 배우는 중이에요.

4. 당신은 어떤 옷을 살 건가요?

MP3 11-01

ตอนบ่ายนี้ จะ ไป โรงเรียน
떠-ㄴ 바-이 니- 짜 빠이 로-ㅇ 리-안

เขา ไปเที่ยว พัทยา แล้ว เมื่อวาน
카오 빠이 티-아우 팟타야- 래-우 므-아 와-ㄴ

กำลัง เรียน ภาษาเกาหลี อยู่ ค่ะ
깜랑 리-안 파-싸- 까올리- 유- 카

คุณ จะ ซื้อ ตัว ไหน คะ
쿤 짜 쓰- 뚜-아 나이 카

Day 12 싸얌스퀘어는 어디에 있나요?

우리말을 보고 태국어로 따라 말해 보세요.

1. 싸얌스퀘어는 어디에 있나요?

2. 싸얌스퀘어는 건너편에 있어요.

3. 약 5미터 직진해 주세요.

4. 호텔 앞에 좀 세워 주세요.

MP3 12-01

สยามสแควร์ อยู่ ที่ไหน ครับ
싸야-ㅁ 싸-쾌- 유- 티-나이 크랍

สยามสแควร์ อยู่ ตรงข้าม ค่ะ
싸야-ㅁ 싸-쾌- 유- 뜨롱 카-ㅁ 카

ตรงไป ประมาณ 5 ม. ค่ะ
뜨롱 빠이 쁘라마-ㄴ 하- 멧- 카

จอด หน้า โรงแรม หน่อย ค่ะ
쩌-ㅅ 나- 로-ㅇ래-ㅁ 너-이 카

Day 13 여기 오는데 시간이 얼마나 걸렸어?

우리말을 보고 태국어로 따라 말해 보세요.

1

여기 오는데 시간이 얼마나 걸렸어?

2

나는 택시를 타고 왔어.

3

호텔에서 여기까지 머나요?

4

호텔에 오늘부터 모레까지 머물 거예요.

MP3 13-01

มา ที่นี่ ใช้ เวลา เท่าไร

마- 티-니- 차이 웨-ㄹ라- 타오라이

ฉัน นั่ง แท็กซี่ มา

찬 낭 택씨- 마-

จาก โรงแรม ถึง ที่นี่ ไกล ไหม คะ

짜-ㄱ 로-ㅇ래-ㅁ 틍 티-니- 끌라이 마이 카

จะ พัก ที่ โรงแรม ตั้งแต่ วันนี้ ถึง มะรืนนี้ ครับ

짜 팍 티- 로-ㅇ래-ㅁ 땅때- 완니- 틍 마르-ㄴ니- 크랍

Day 14 오늘은 월요일이야.

우리말을 보고 태국어로 따라 말해 보세요.

1. 오늘은 21일이야.

2. 오늘은 월요일이야.

3. 다음 달 18일이야.

4. 내년은 불력 몇 년이야?

MP3 14-01

วันนี้ วัน ที่ 21

완니- 완 티- 이-십 엣

วันนี้ วันจันทร์

완니- 완 짠

วันที่ 18 เดือนหน้า

완티- 씹 빼-ㅅ 드-안나-

ปี หน้า ปี พ.ศ. อะไร

삐- 나- 삐- 퍼-써- 아라이

Day 15 저녁 식사하셨어요?

우리말을 보고 태국어로 따라 말해 보세요.

1. 오전 9시에 시작해.

2. 같이 놀러 갈까?

3. 저녁 식사하셨어요?

4. 아직 먹지 않았어요.

MP3 15-01

เริ่ม 9 โมง เช้า

르ㅓ̂-ㅁ 까̂오 모̄-ㅇ 차́오

ไป เที่ยว กัน ไหม

빠̄이 티̂-아우 깐̄ 마̌이

กิน ข้าวเย็น แล้ว หรือ ยัง

낀̄ 카̂-우 옌̄ 래́-우 르̌- 양̄

ยัง ไม่ ได้ กิน ครับ

양̄ 마̂이 다̂이 낀̄ 크랍́

MEMO

MEMO

MEMO

S 시원스쿨닷컴